淘宝卖家生存指南

胡子叔叔　编著

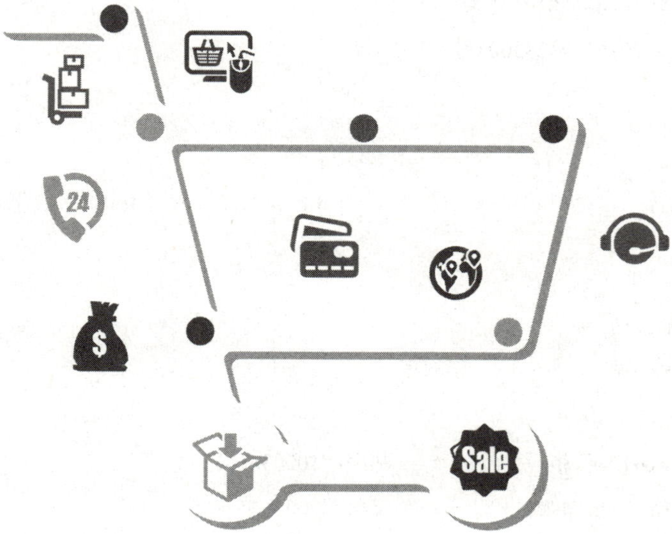

電子工業出版社
Publishing House of Electronics Industry
北京•BEIJING

内 容 简 介

淘宝发展到2016年，已经不再是发布商品即出售的网购野蛮生长模式，随着无线购物和碎片浏览习惯的便宜，淘宝运营也不再是基于PC端的泛技巧运营，随之发展成为品质化、内容化为主线，穿插多媒体互动、合理化产品布局、电商品牌经营技巧的运营模式。本书将枚举在新电商模式下的多产品类目案例，深入浅出讲解新淘系电商运营技巧，让卖家（掌柜）了解并掌握如何成为优秀、优质的淘宝商家。

图书在版编目（CIP）数据

淘宝卖家生存指南 / 胡子叔叔编著. —北京：电子工业出版社，2017.1

ISBN 978-7-121-30454-5

Ⅰ.①淘… Ⅱ.①胡… Ⅲ.①网络营销－指南 Ⅳ.①F713.365.2-62

中国版本图书馆CIP数据核字（2016）第283003号

策划编辑：高洪霞
责任编辑：徐津平
特约编辑：赵树刚
印　　刷：北京季蜂印刷有限公司
装　　订：北京季蜂印刷有限公司
出版发行：电子工业出版社
　　　　　北京市海淀区万寿路173信箱　　　　邮编：100036
开　　本：720×1000　1/16　印张：17　　　字数：300千字
版　　次：2017年1月第1版
印　　次：2017年2月第2次印刷
定　　价：49.80元

凡所购买电子工业出版社图书有缺损问题，请向购买书店调换。若书店售缺，请与本社发行部联系，联系及邮购电话：（010）88254888，88258888。

质量投诉请发邮件至zlts@phei.com.cn，盗版侵权举报请发邮件至dbqq@phei.com.cn。

本书咨询联系方式：010-51260888-819　faq@phei.com.cn。

前言

2003 年 5 月，淘宝网开始正式运营，2014 年 9 月在纽约证券交易所挂牌上市。

截至 2016 年，淘宝网已拥有中国总人口半数的注册用户，开店卖家数以千万计，被消费者称为“万能的淘宝”：只要你想买，没有找不到的商品。

在如此规模庞大的商品信息（文字、图片、视频等）里进行快速查找，对于消费者来说是一种幸福；对于淘宝网来讲，如何让消费者更快速、方便、准确地找到自己喜欢的商品，是网站一直不断进行技术创新，商品展示分类排序优化的“初心”，也是淘宝网的核心价值；对于卖家来说，怎样让自己的商品在众多竞争对手中脱颖而出，被更多喜欢自己商品的消费者看到，是店铺生存发展的核心。

从淘宝网诞生那一天起，人们便开始对淘宝网搜索机制、展现逻辑、变化适应等展开各种研究，演变到如今，这已然成为一个“学科门类”。平台消费者心理研究、搜索优化、商品优化、数据化分析、客户关系维护、品牌打造、产权保护、供应链、仓储、物流……这些分支构成了一个复杂的研究体系——淘宝运营。

如果我们幻想读完某一本书或几篇文章，就想掌握淘宝的运营核心方法，这显然是天方夜谭。在编写这本书之前，笔者心中矛盾重重：写书的过程中淘宝也在随时发生改变，同时很多经验、技巧都是建立在某个商品类目、某个特殊时期、某些条件中，笔者希望你在阅读本书的时候，本着“举一反二”（笔者常开玩笑说不要求别人举一反三，反二足矣）、“实事求是”的态度，结合自身条件来理解文中意思，而不是一味盲从。

人们提到淘宝掌柜、做淘宝的人，总是赋予一个“草根”的关键词，甚至在长辈们的理解中是“不务正业”的。还记得几年前在一档很火的电视相亲节目中，一位淘宝帅哥卖家上台一开口说“我是一个淘宝卖家”便惨遭全体女嘉宾灭灯的尴尬场景。随着网购的不断普及，人们对网商的理解日益增多，对淘宝创业者这个群体，表达出更多的理解和支持。

在写这本书之前，笔者和淘宝官方热心的小二共同发起了一个公益活动：邀请淘宝的卖家来讲述他们的故事。仅仅是小规模发起的活动，笔者就收到了100多个卖家发来的邮件：归国游子、弱势群体、退休老干部、幸福的小两口、民营企业家……他们的故事里有一个共通点——不管淘宝怎么变，不忘初心地坚持自己的创业梦想。笔者和淘宝小二在看这些故事的时候，多次被感动得热泪盈眶。13年了，淘宝发生了很多故事，浓缩在这些卖家身上的不仅是淘宝正在发生的，更是中国新兴互联网产业的人文精华。经过他们的允许，笔者将挑选部分真实的故事在本书中叙述。正是这种日常中的大白话，恰恰是能够让人启迪、感悟的文字，相信你能从他们身上找到你的影子甚至共鸣。

目录

第1章

青春期的淘宝

现在的淘宝分为PC端淘宝（电脑端）和无线端淘宝（手机端）两部分，随着智能手机的普及和人们对手机碎片式阅读习惯的偏移，无线淘宝从2012年开始发力至今，已经度过了它的懵懂期，进入了一个高速发展、呈现蓬勃生机的青春期。在聚会餐桌、KTV包间、地铁等地方经常可以看到一些人手握几个手机指尖滑动，他们极可能是淘宝创业者，他们的口头禅是：穿着短裤、拖鞋月入百万元，我骄傲了吗？

2016年3月29日，阿里巴巴集团CEO张勇为淘宝的未来明确了战略：社区化、内容化和本地生活化。纵观淘宝2016上半年，是近13年历史上变化速度很快、幅度很大的时期。淘宝自身培养的“达人”在导购上抢尽风头，流量疏导上无人能及；网红直播带来的甩货速度让人叹为观止；而具有较多粉丝的店铺，在店铺活跃度和商品平销上也甩开竞争对手几条大街。这三块，无疑成为2016年淘宝卖家关注的热点。

1.1 淘宝达人内容化的无限商机

淘宝达人是一群活跃于淘宝上的本土明星，他们爱挑、会买、爱分享，他们会被媒体轮番轰炸，他们会成为商家尊崇的VIP客户，他们的一言一行在淘宝有着举足轻重的江湖地位。因为他们更专业，受到数万粉丝的追捧，他们是粉丝的代言人，所以受到卖家的尊崇。

1.1.1 什么是淘宝达人

淘宝达人是指在淘宝平台内，运用买家账号或卖家账号进行“达人资质开通、认证”后的特殊群体账户，这些账户可以代表某些消费主张、时尚观点、独特解读、个性思维……达人通过在文章或多媒体中巧妙穿插商品来达到引导消费、快速成交的目的。是不是看起来很像我们熟知的软文写手？其实可以理解为淘宝达人把软文写手平台化、规范化并丰富化了。

1.1.2 淘宝达人的原则

在互联网思维极其发达的现在，其实我们从文体的内容和传播度来看，呈现“天下文章一大抄”的现象。大有其人“抄得”有理有据：将其他地方的内容稍加篡改便放到平台上进行展播，更有人将国外一些网站的图片、内容稍加“本土化”便引入平台。这种“小聪明”的做法在淘宝达人初期随处可见。

Tips

我们要知道：诚信是淘宝（阿里）所奉行的第一道德要术。这里引用一下淘宝达人小二的原话：“淘宝‘达人’基础的要求之一便是，账号背后的是一个‘人’，是做人的‘人’，即阿里人的‘人’”。

对抄袭的内容，淘宝管理方往往是零容忍！从2015年底到2016年初，达人官方清退了很多已经认证过的“大V”达人，其中有很多是大肆“抄袭”的“人”，还不乏知名的媒体公司。如果你想搭上淘宝达人这股“大风”，就要先保证自己或团队成员有一定的文案创作、编排能力，并且要恪守底线，才能顺风快行。

淘宝是一个消费网站，场景要术是商品和人，而作为内容的承载者，我们很难去控制内容的偏向：要么会往自己推荐的产品上狠狠倾斜，要么就背离产品相去甚远。

Tips

在这里，我们不是要哭诉淘宝达人内容创作有多难，而是想厘清一个态度：用心写，去陈铺、营造，才能打动消费者，靠质量取胜，而不是数量。初创期的达人创作需遵循的要诀是：先深深地打动数百人，再浅浅地影响千万人。

1.1.3　淘宝达人的存在形式

现在很多媒体人和淘宝人会说“PC 时代已死，天下归一于手淘”，这种说法既有点夸大却不乏现实地交代出了淘宝场景化的变迁。这里先举个例子来阐述一下达人的存在形式。

如图 1-1 所示，我们打开手机淘宝 APP，在其间的这些板块里随意浏览便可发现：达人无处不在。“淘宝头条”、“有好货”里面的“单品”与“专题”、“爱逛街”、“必买清单”随处可见达人的影子，这些板块因为手淘的大力推荐，浏览量大到惊人！

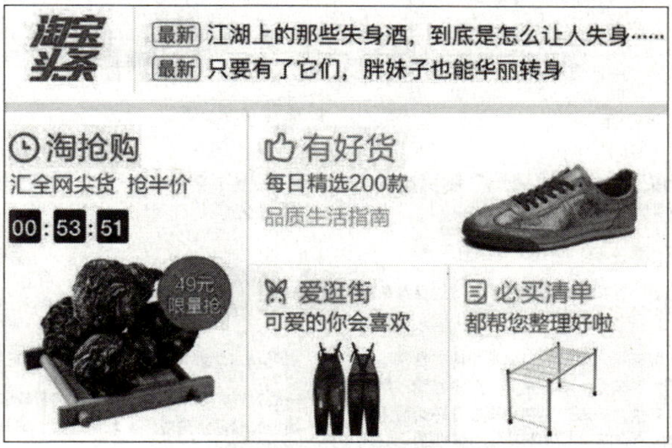

图 1-1　手淘 APP 模块

如图 1-2 所示，在淘宝头条里面：经由淘宝达人创作的内容如果符合当下的社情舆论或热点、时尚元素、消费热点，其产生的浏览量就少则一两万，多则数十万甚至上百万。

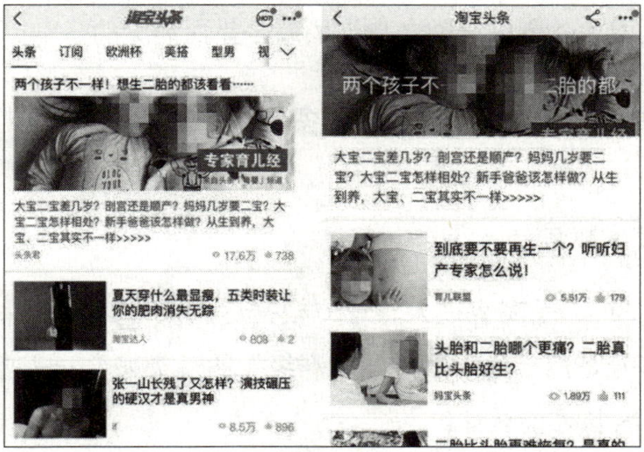

图 1-2　淘宝头条

在淘宝头条这个场景里面，达人的目的只有 2 个：商品投放进行引导成交或者吸粉。前者是快速变现，需要极高的引导文案功底和“新、奇、特”且优质的产品资源；“吸粉”这个词大家就很容易理解了，吸引粉丝。

Tips

现在所有人都知道粉丝经济，达人粉丝越多，覆盖面就越广，就会带来更多的阅读量甚至更高的变现能力。

如图 1-3 所示，这两条“头条”文章分别来自两个不同的淘宝达人号：“妈宝头条”和“育儿联盟”，文中都如实注明作者和版权，禁止翻抄。

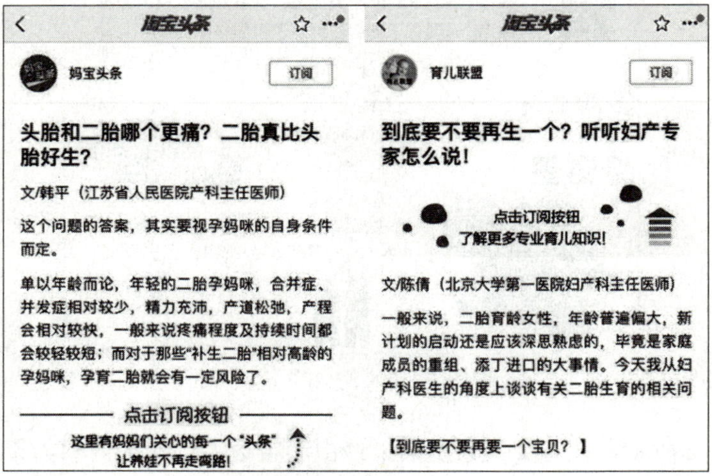

图 1-3　淘宝头条详情

我们都知道时下是二胎讨论的高潮时期，而淘宝的买家人群在生儿育女这个阶段的用户明显增加，所以这类文章上头条是显而易见的。

1.1.4　什么样的账号才能在淘宝头条里发布文章

1. 白名单达人账号

所谓“白名单”，是淘宝达人管理方根据达人账号分级进行的一个设置，你可以理解这类账号是淘宝达人账号里“高级”的一类账号。需要先认证 V 达人，然后经过筛选、考核才能认证。

2. 投放的文章需经过审核、排期

并不是“白名单”达人提交的所有文章都会直接呈现在“淘宝头条”里，这块资源位地处手淘核心的内容资源带，跟现实生活中的商业街的“黄金广告位”类似，投放的文章需要经过达人管理的审核后进行内容排期，然后定期展现。所以消费者在“淘宝头条”看到的文章，基本都会符合时下的热点，当然浏览量也很高。

以上我们通过“淘宝头条”的内容了解了达人的存在形式。不过，这只是达人的一种存在形式，若我们要将达人细细说道完，恐怕本书就要改名为《淘宝达人指南》洋洋洒洒写上 10 多万字了。

Tips

手淘里每一个有达人存在的板块都会有不同的呈现形式和达人存在形式，不能一概而论。

1.1.5　怎么把内容做到“达人”里面去

对于淘宝卖家而言，目前有两种方式可以把产品或文字投放进去。

1. 自己成为达人（甚至“白名单”达人）

这是一条艰辛的路！除了前面我们说的要遵守淘宝的底线，具备一定的文章、内容创作编排能力，你还需要敏锐的市场嗅觉、品类商品理解能力、品类消费者心理、舆论感知能力，同时你还要持续不断地坚持创作，才可能走到红红火火的那一天，正所谓：淘宝达人加 V 不难，进白名单难于上天。

Tips

当然，如果你自身是知名的媒体、自媒体、机构，具备一定的自有粉丝，那么，淘宝当然愿意优先采纳你的内容。

第一步：开通达人。你需要登录 http://we.taobao.com，完善达人账号信息，如图 1-4 所示。

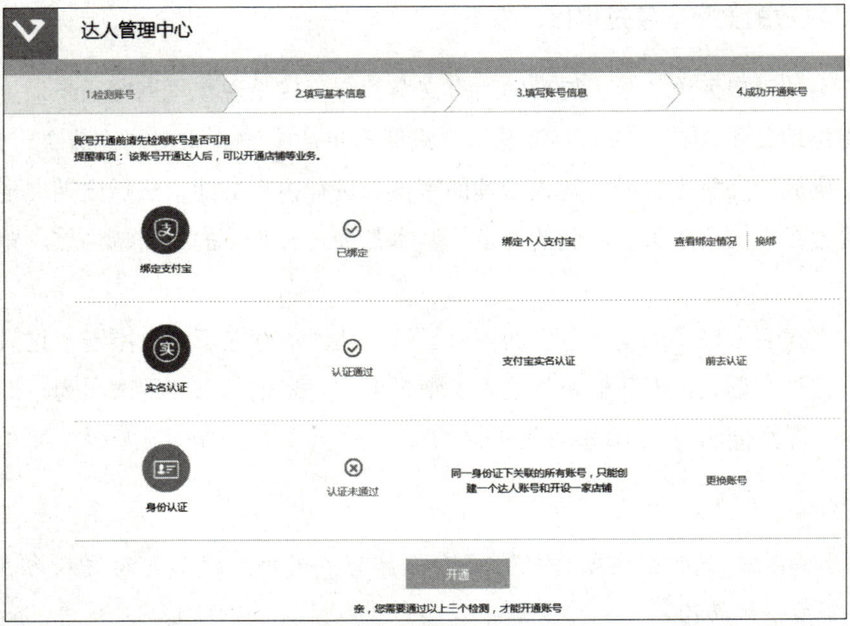

图 1-4　达人申请页面

第二步：进行达人加 V 认证，也是在上一步所示网址里面进行的。

第三步：晋升白名单达人。白名单达人会定期扩招，你需要关注达人论坛的招募信息，网站为 https://bbs.taobao.com/catalog/12798010.htm；白名单达人的“升级之路”如图 1-5 所示。

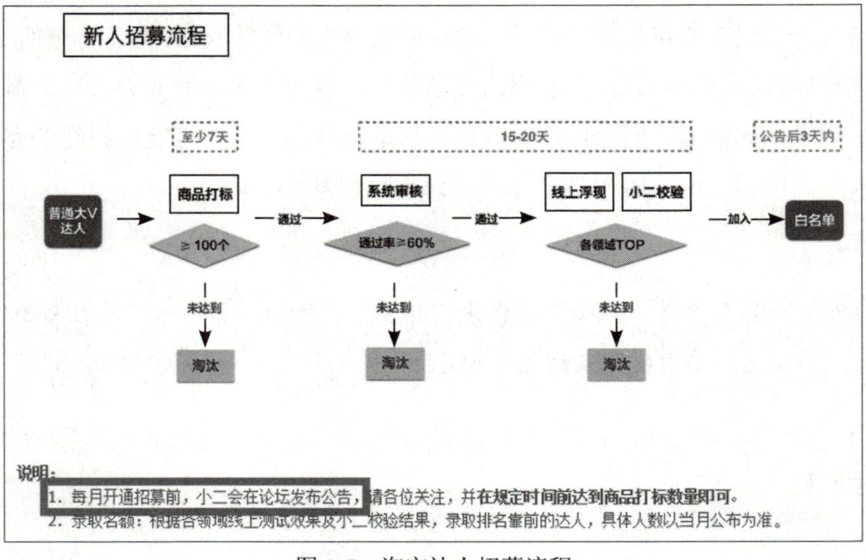

图 1-5　淘宝达人招募流程

2. 找达人（或者找“白名单”达人）合作

要知道，因为淘宝是禁止达人与商家私下交易的，所以我们会发现通过旺旺号找到他们后，很难跟他们直接沟通。如图 1-6 所示，很多文章结尾都会提供该达人的旺旺号。

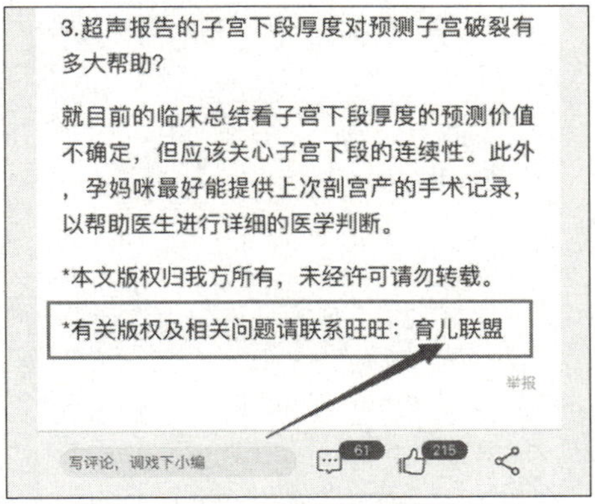

图 1-6　达人旺旺号位置

既然这些人“不理人”，官方总要提供渠道让商家跟达人“合法化”对接，目前开放了一个地方让你直接去招募、征集、对接达人，网址为 https://da.taobao.com（见图 1-7）。

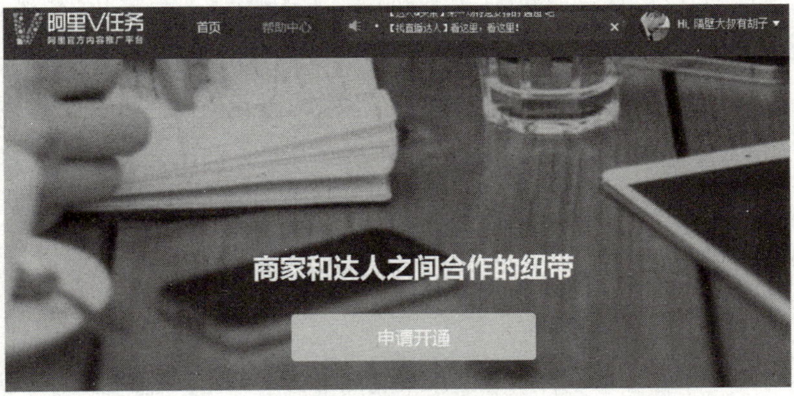

图 1-7　阿里 V 任务

1.1.6　达人在手淘的“渗透率”

如今的手淘，达人可以参与的场景可以达到甚至超过整个手淘模块布局的 6

成（官方说法是要达到7成），除了上面我们介绍过的“淘宝头条”以外，还有如下场景已经被淘宝达人“入侵”（截至2016年7月）：

- 有好货——单品。
- 有好货——专题。
- 淘宝直播。
- 必买清单。
- 爱逛街。
- 阿里拍卖。
- 天猫国际。
- 极有家。
- 玩客。
- 潮电街。
- 酷动城。
- 亲宝贝。
- 全球购。
- 中国质造质客。
- 淘宝DIY。

这些场景不仅根植于手机淘宝（手淘），也会慢慢在淘宝PC端随处可见。每一个模块的达人内容需求和编排格式、账户及内容定位都会不同，而淘宝商家本身的优势应该是关注自身品类的消费者需求，不断创新完善产品体系，刺激买家购买欲望来完成店铺的体系塑造或者品牌升级。因此，到底是选择自己去“玩”达人，还是跟达人合作，这是摆在新时代千千万万淘宝掌柜面前一道非常难解的题。

Tips

因为商家自身参与达人创作是很难实现两仪平衡的，所以在2016年6月淘宝开始切断商家账号进行达人加V认证的通道也给很多商家提了个醒：如果你本身团队能力、精力有限，就专注在你的产品和服务上面吧！

专业的事情委托专业的达人去干就行了，官方给匹配对接模式（如上面的阿里V任务），商家和达人谈好佣金就可以开始合作。当然如果商家自身团队有这个创作能力和精力甚至有自媒体资源，那就更好办了！分精力去做达人账号不仅可以为自身产品进行桥接，还能服务同类或相似类商家、商品，甚至收取佣金，扩大合作范围等。

这是一大片的碧海蓝天。

1.2 网红的“一招鲜”吃遍天

网红的概念由来已久，顾名思义：网络红人。这些年我们见识了大大小小诸多网络红人的崛起：有摄影社区论坛被众人抬起的天仙妹妹，还有自诩情商超常的凤姐……从芙蓉姐姐到如今依靠短视频大红大紫的 papi 酱，不难发现网红们正随着手机时代的到来变得更高效、全面且多媒体化：不再单单依靠几张照片、几段“超神”的文字。网络红人给我们一个共同的启示:走不寻常的路,吸引“正常人”的关注。

1.2.1 淘宝网红

随着短视频的风靡和直播热的兴起，平台如雨后春笋般涌出：微博直播、各种 APP 直播、平台直播……其中夹杂着各种兴趣组，吸引着不同类型人关注：游戏直播、聊天直播、吃饭直播、搞怪直播、搬砖直播……

淘宝网红有没有上述的这些门道？有，目前是少数。基于淘宝这个消费场景的网红，肯定要具备“卖货”的潜质。明星有没有？有，信任可以产生溢价。微博“大 V”有没有？有,知名度产生跟风效应。民间艺人有没有？有,用情怀引导消费是大多“70 后”、“80 后”特别擅长的……总体来说，淘宝网红现在分两类：

- 商家自己做网红，因为商家有自己的用户粉丝。
- 明星、“大 V”等，因为他们有自己的粉丝和群众基础。

1.2.2 淘宝直播

你也许应该知道了，淘宝要想让手淘这个 APP 活跃起来，必须紧紧跟随时代变化的脚步，牢牢地跟消费者的感官刺激需求扯上关系，这样才能不断地提升平台的受欢迎程度，说得“高大上”一点，叫平台品质。而手淘这个在手机端爆红的消费 APP 把网红和消费者串在一起的工具，就是“淘宝直播”（见图 1-8）。

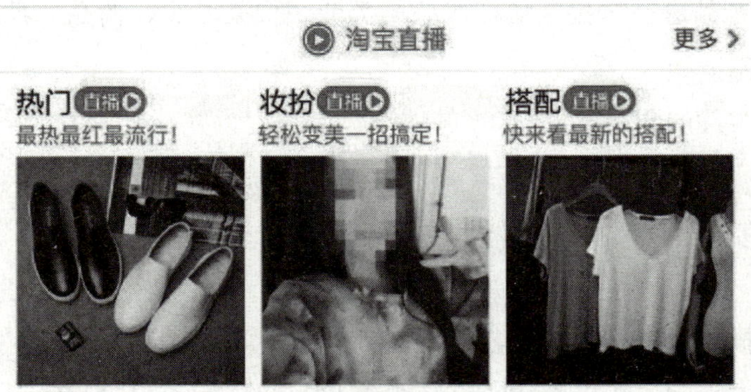

图 1-8　手淘首页“淘宝直播”

1.2.3　淘宝网红们的“一招鲜”

直播能干什么？

你别想歪了，直播属于公共场合。一场直播少则数千人观摩，多则（被平台推荐）数万人在场，就算是久经沙场的明星大腕，到了“淘宝直播”现场一看到这么多人（屏幕上鲜花和文字如雪花飞舞）也会发憷。我们不妨来还原一下明星直播的现场和数据。

2016 年 5 月底，柳岩、“聚划算”、佰草集面膜、周大生吊坠、艺福堂柠檬片、楼兰蜜语核桃、太阳镜、修甲机……通过“淘宝直播”进行了一次奇妙的组合。

直播开始 5 分钟，1 万人。柳岩开始打招呼，介绍产品，神情紧张……很快镇定下来开始互动，如“如何美白”。观众问：“你是真的柳岩吗？”机智的柳岩用湖南话说：“我真的是我。”你是不是觉得犹如一场粉丝视频见面会？直播后半段，柳岩口干舌燥，现场打开柠檬片泡水喝，讲柠檬作用，讲她朋友院子里那一棵柠檬树的故事……到这里，星味儿伴着情怀飘荡在直播间，一直飘到手机旁看视频的每一个消费者身边。

直播结束后，核桃卖出 2 万余件，柠檬片 4500 余件，面膜和太阳镜卖出 2000 余件，客单价高于 1000 元的手链卖出 52 件……

还能说什么呢？有些淘宝店铺恐怕一个季度，花上几十万元的广告费都达不到这个效果。这是明星代言加上接地气的面对面沟通带来的效果，是信任溢价和多媒体场景化融入的高效化学反应。

明星固然可以靠一张脸、一次带着商品的表演甚至一段文字就能吸引成千上万的人。你也注意到了，以上我们提到的这些品牌，对于大多数劳动人民来讲是“大品牌”、非富即贵。也只有这些品牌敢于尝鲜，也能够让明星敢于去代言，甚至玩命帮助引导消费。

Tips

在这里，请一定要注意那些我们很多人比较排斥的“万人脸”——蛇精脸、玻尿酸脸的所谓“网红”们。他们或许有自己的粉丝，并且还很多，但是大多缺乏信任溢价的基础，很多人是出于猎奇、猎艳的原因去关注他们的。

从淘宝直播开放以来，也有不少商家请了一些类似的“网红”来做直播，大多效果了了：打骂嬉笑，热热闹闹，出场费没少挣，结果货没卖出几个。对于商家而言，赔了夫人又折兵。

1.2.4　网红“加工产业链”

现如今诞生了一个新的模式：网红加工。

太多的女孩天天做着明星梦，但成为明星的没有几个，于是退而求其次，做个网红。有需求就会有市场，甚至产业链。2016 年诞生了很多大大小小的“网红培训机构”，专门快速打造网红，进行网红培育甚至网红输送。输送给谁？给商家，给品牌方。姑且不论红人是否可以快速打造、复制，一撇一捺写成个“人”字简单，做人何其难？何况加个“红”字。

若人人都可以通过打玻尿酸，文眉就能打造一张明星脸，不知要闹出多少笑话。比如，我们妈妈都不认识我们了，走丢了警察叔叔拿着身份证件都无法确认本人啊！长久地吸引人的关注，依靠的毕竟不仅是“一招鲜”的脸，还有知识、内涵、勇敢创新。只有这样的网红才能取悦观众，吸纳粉丝，形成裂变。

在这儿不是一竿子打死所有网红培育机构，说他们都不靠谱，是想提醒有此心的女孩一定要慎重：有些东西是培育不了的，需要你自己内心健康“发育”成长。

若一定要举个例子，那么可以看看微博爆红的张大奕（淘宝也爆红），你可以浏览她的微博继而了解她是如何成长起来的，你会发现要成长为一个人气超高的网红，需要付出的岂止是扎几针的疼痛，而是背后那些日日夜夜的艰辛付出和辛勤劳作……为避免广告嫌疑，就不多举例了。

1.2.5 淘宝“草根”网红

其实这才是讨论淘宝网红的目的，也符合大多数人的切身利益。

这里需要分为两类，是根据淘宝的两个 APP 定制的。

2016 年 5 月，淘宝 APP 开放“淘宝直播”，允许商家自己申请直播入口和话题进行直播；拉开了“草根商家网红”的直播大幕。关于如何开通和操作，你可以关注微信公众号“胡子叔叔电商教育”去翻阅 2016 年 5 月 16 日的原创推送文章，鉴于篇幅原因，这里不再赘述。

2016 年 7 月 1 日，天猫 APP 开放“天猫直播”，面对天猫商家自己开启直播模式（见图 1-9）。

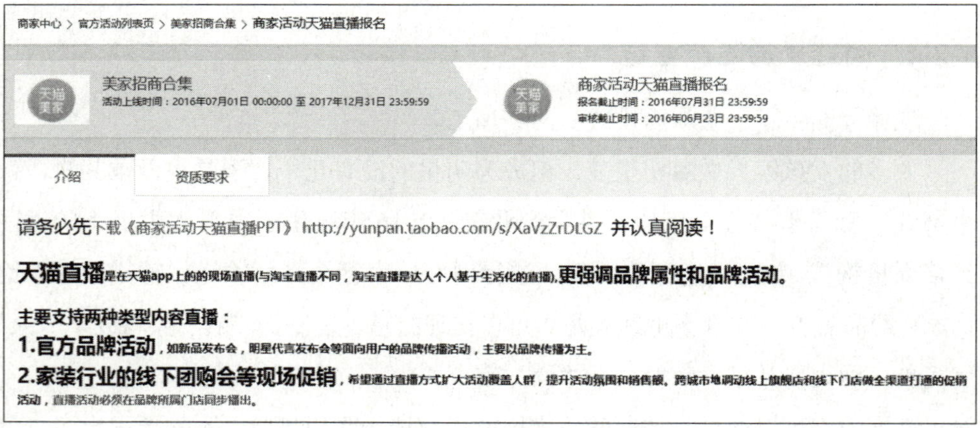

图 1-9　天猫直播招商

天猫商户可以直接在商家中心进入“官方活动列表页”，找到“招商合集”，进而找到天猫类目直播的活动申请页面，申请开通。

Tips

有的人会说：我们商家又不是明星，开个直播能有多少人看？当然，如果你是个新店铺，那么，别说店铺粉丝，你连直播权限都没有。

1.2.6 “草根”商家直播两三事

我们来看看“草根”商家的直播效果，如图 1-10 和图 1-11（注意图片右上角的观看数和右下角的互动数）所示。

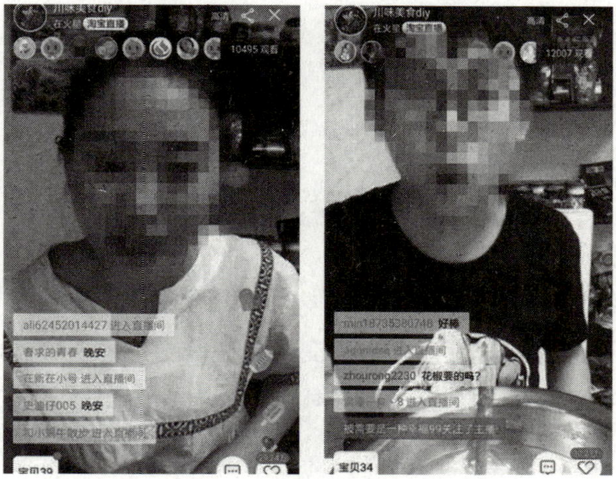

图 1-10　草根掌柜直播

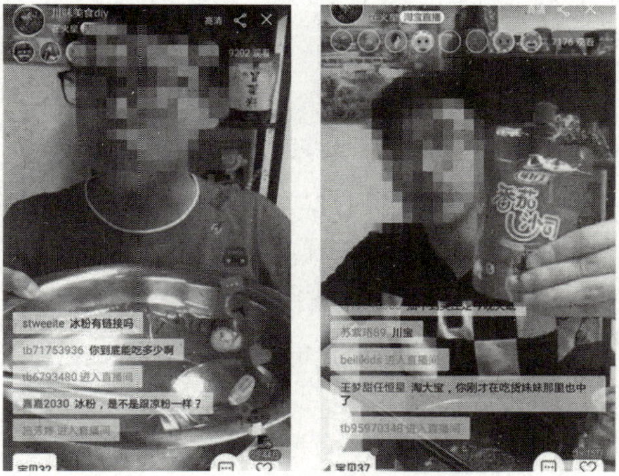

图 1-11　调味品掌柜直播

这些“淘宝直播”上的“网红”是不是就显得特别接地气？就是你身边的人。笔者也可以明确地告诉你，这种形式做农特产品，正是今年的“风口”。以这样的形式将产品在成千上万人面前开封甚至演示制作过程，明确告知消费者是放心食品、良心食品，在食品安全问题日趋严重的社情背景下，不正是消费者喜闻乐见的吗？

通过这种直播形成预热，在大促、店铺活动、官方活动（如“聚划算”、“淘抢购”等）开始前蓄势，势必比花几万元甚至几十万元广告费用带来的效果更加让人震撼！

Tips

这就是淘宝“草根”网红的“一招鲜”：可以不靠脸，靠的是真诚！

1.3 “微博 +”让人瞠目结舌

早在 2013 年 4 月底，阿里巴巴就以 5.86 亿美元购得新浪微博 18% 的股份。其后更是快速地进行了账户互通、数据交换、在线支付等无缝合作，开始了各种营销活动。新浪微博作为拥有庞大用户体量的平台，为淘宝带来了无限的用户流量和内容传导。

而在 2016 年，新浪微博也快速打通了视频多媒体的通道、淘宝商品无缝结合的通道。所以，在这里新版的微博被称为“微博 +”。

1.3.1 “微博 +”的流量红利

笔者作为一个微博的新军，没有足够的资历去谈论微博如何运营，书市里诸多关于微博运营的工具书、干货，你可以自行去淘，建议选择出版年份较新的书籍，毕竟微博这半年变化就如同淘宝一样可谓翻天覆地。

我们重点说一下“微博 +”是个什么概念（见图 1-12）。

图 1-12 “微博 +”

点击这个“+”号，进去看看（见图 1-13）。

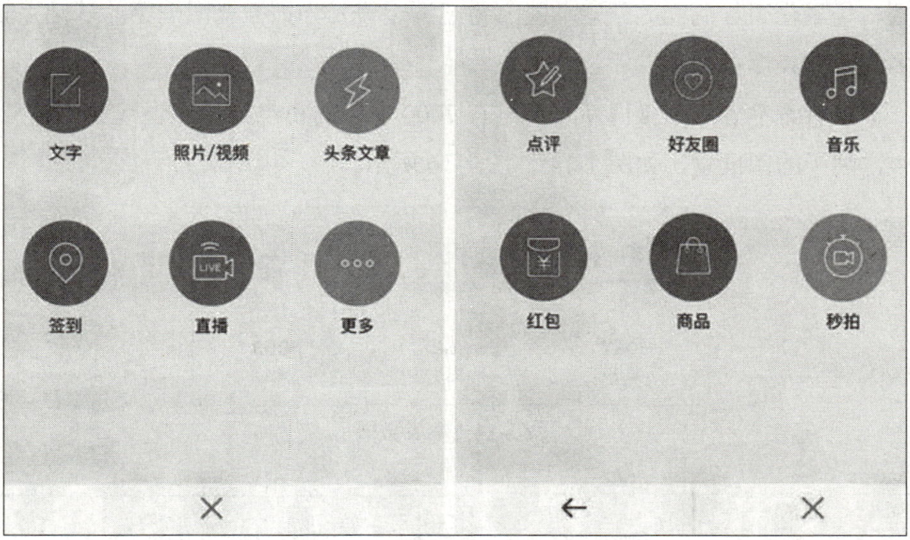

图 1-13　“微博 +”功能界面

除了常见的微博功能，文字、图片、文章等，赫然多了视频、直播，而点击“更多”进入里面，更是可以看到“商品”的功能模块。

1.3.2　微博 2016 强势回归，场景应用

诚然，微博和淘宝是两个完全不同的场景。微博是一个扁平化的信息流平台，很多时候在传统媒体还没有对某个突发事件及时曝光报道的时候，我们就能从微博上第一时间找到准确的内容甚至现场报道，也能够从微博上近距离观察我们喜欢的某个遥不可及的明星，甚至撞大运地与他们互动，这是“威力无边”的微博让很多人昼夜不停狂刷手机的一些简单缘由。而淘宝是一个纯消费化的场景，我需要，我买单，仅此而已。

若要论“感情”和沟通，我们可能会说微信是更好的方式。但鉴于公开化、裂变速度、宣导模式等因素，微博肯定更胜一筹。不难发现进入 2016 年，很多知名媒体从业人员从微信或其他媒介转战微博，振臂高呼 :“我回来了！”强势回归微博。不是说微博比其他工具好，而是就应用场景而言，微博更显得宽广、强势。

我们可以大胆地说 : 2016 年是微博获得新生的一年，将是微博二次焕发青

春的“+”年，随着传统的纯文字、图片模式传播力减弱，“微博 +”置入的短视频、直播、场景化引导购物等新老功能，将在淘宝模式赤裸裸意图购物的基础上新增更多的看点、爆点和亮点。

不妨看看笔者这个微博新军（只有 7000 不到的粉丝号），当一些内容恰当的时候，帖子的阅读量，如图 1-14 ～图 1-16 所示。

图 1-14　笔者微博

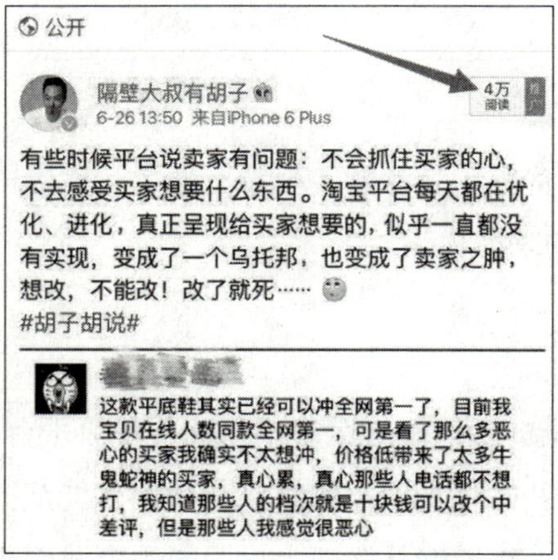

图 1-15　单条微博阅读量

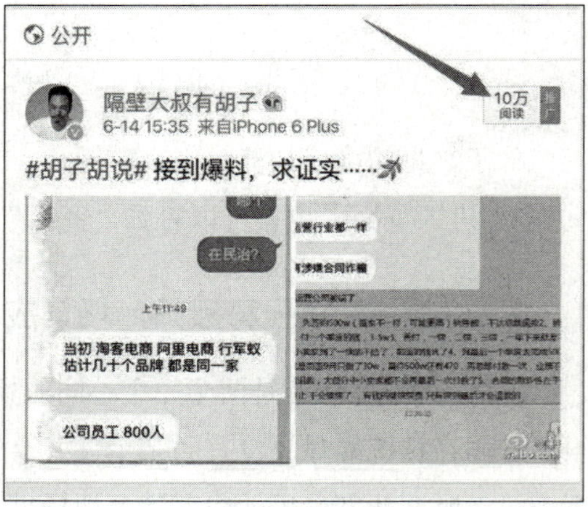

图 1-16　热点事件微博阅读量

Tips

这是一个微博已经被大众接受并成为一种生活习惯的时期，如果你还是观望、看热闹，那么，势必会错过这个风口，不可否认风口上不一定每一头猪都能飞起来，但是你若是不动弹一下，那么恐怕是个纸片也无风可乘甚至起飞。

1.3.3 “微博 +”的视频红利和商品通道

从图 1-17 可以看出：微博视频的互动率是最高的，其次是原创的图片（如照片），最后才是文字。

图 1-17　视频 / 图片 / 文字阅读量

耐心翻看微博上的众多账户，也可发现大多呈现这个特性：互动率的大小顺序为直播≥短视频≥图文≥纯文字。

一个 6000 多粉丝的新军小号可以做到这样的阅读和互动，你又有何借口做不到呢？

通过“微博 +”的商品功能，可以快速地在手机上完成商品的添加和编辑，同时无缝链接到“淘宝”，在“购买链接”这个地方填写好你的淘宝店铺商品链接即可，如图 1-18 所示。

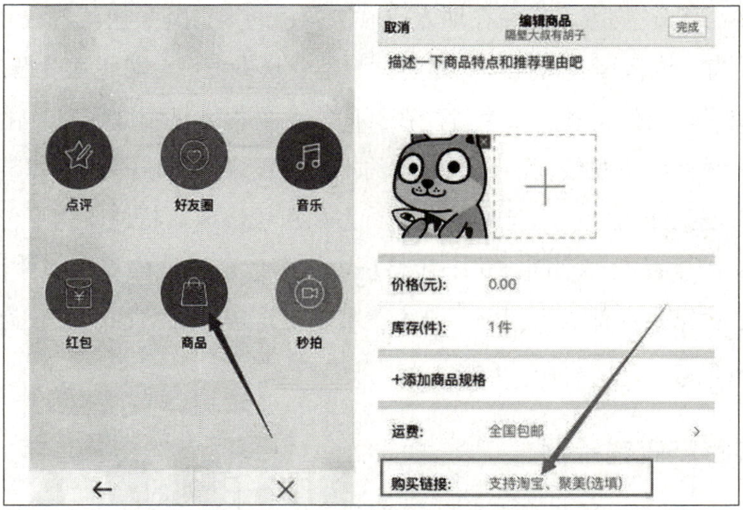

图 1-18　“微博 +”的商品功能

Tips

你可以畅想一下：当你的微博直播、短视频等热火朝天之余，灵活地穿插你的商品，粉丝和消费者就可以快速地在你的微博账户下找到商品链接，甚至在淘宝商品链接下直接拍下、购买，微博变现、店铺引流、粉丝互动不是一举多得了？

1.4 农特电商人“再下乡”

近年来国家一直强调农业扶持，国家财政部更是在2015年发布相关的文件来促进农业产业化发展，见“财发〔2015〕42号”。作为电子商务的领衔主演：淘宝网，凭借自身的平台优势理应响应国家号召，对农业、农特产业给予重点帮助。事实证明，淘宝网确实在这方面给予了前所未有的帮助、关怀和直接的支持。

1.4.1 农特产品线的春天

淘宝至今已在全国范围内建成数百个淘宝村，甚至亲派小二下基层到淘宝重点发展县进驻“村淘办公楼”，笔者作为奋战在一线的淘宝知识普及参与者，多次跑到基层跟村淘创业者们近距离沟通。在这期间，困扰淘宝在农村发展的最后“100米距离”——物流，已经在地方政府协调帮助下得到了快速解决。

众所周知，淘宝诸多商品中，因为女装是受众很宽广、购买强度很高的商品，所以女装类目可谓淘宝第一大类目，在其间的竞争程度已经进入白热化。

随着天猫开始重视线下品质商家邀约上线，很多资本雄厚的品牌甚至知名品牌大幅度跨越到线上，携本身品牌的号召力和粉丝快速地超越原有平台卖家，使得中小卖家的生存发展空间被进一步挤压，很多以前单纯依靠“一件代发”、代理模式的小卖家生存都成为问题。与大类目情况形成鲜明对比的，较为显著的便是农特产品类目。

1.4.2 农特产店铺示例

如图1-19所示，这是一个地方特色农产品店的客户活跃数据（数据取自淘宝 ECRM 系统，后续章节将详细讲解)。图中我们可以看到，横坐标是交易周期（0 ＜ R ≤ 30 即表示交易周期在 30 天以内)，纵坐标是交易频次（14 ＜ F ≤ 20 即表示交易次数在 14 ～ 20 次之间)。在列合计里面详细描述了店铺的老客户活跃度：30 天以内再次回店购买（回购）的用户占比达到 2.68%，在 30 天到 90 天内再次回购的客户占比是 6.04%，抛开产品的使用生命周期，这样的回购率除了证明产品本身品质很棒，还表明农特产品的回购率确实很高。

我们可以在图中清晰可见一个月内（30 天内）在该店铺重复购买超过 20 次的用户就高达 9 人，何其壮观！而 2016 年淘宝给予店铺老客户回购的权重支持是显而易见的。

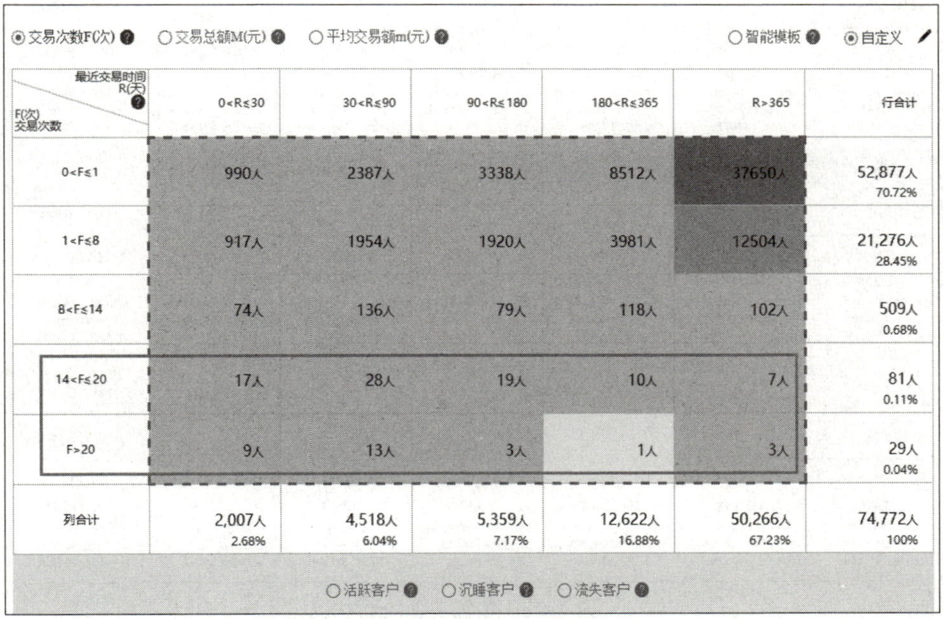
◉交易次数F(次) ○交易总额M(元) ○平均交易额m(元) ○智能模板 ◉自定义

最近交易时间R(天) / F(次)交易次数	0<R≤30	30<R≤90	90<R≤180	180<R≤365	R>365	行合计
0<F≤1	990人	2387人	3338人	8512人	37650人	52,877人 70.72%
1<F≤8	917人	1954人	1920人	3981人	12504人	21,276人 28.45%
8<F≤14	74人	136人	79人	118人	102人	509人 0.68%
14<F≤20	17人	28人	19人	10人	7人	81人 0.11%
F>20	9人	13人	3人	1人	3人	29人 0.04%
列合计	2,007人 2.68%	4,518人 6.04%	5,359人 7.17%	12,622人 16.88%	50,266人 67.23%	74,772人 100%

○活跃客户 ○沉睡客户 ○流失客户

图 1-19　店铺 ECRM 用户截图

如图 1-20 所示，该店铺的类目为：粮油米面、南北干货、调味品，月销售收入为 40 万～93 万元之间（实际为 70 万元左右），而农特产品类目的毛利率基本在 35%～50%。请注意图中所示范围内的店铺层级线，这条线在最近的一段时间内是平铺的，意味着店铺最近没有参加过活动或没有进行过大型的促销。一个类目店铺平销（日常销售）达到如此稳定的均值，也是这个类目的固有特性。

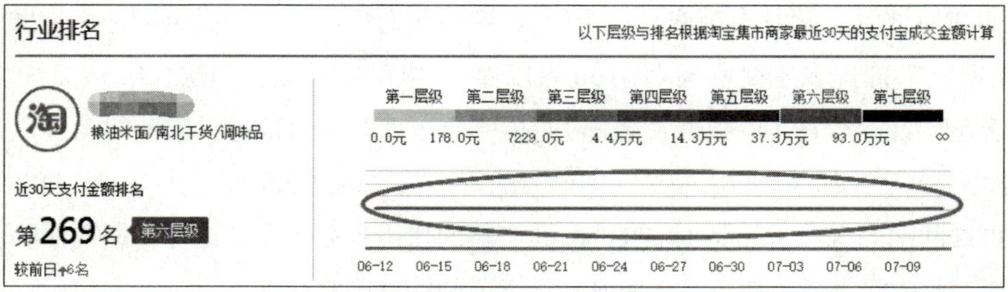

图 1-20　店铺生意参谋截图

我们再看看这个店铺的平销单日数据，如图 1-21 所示。

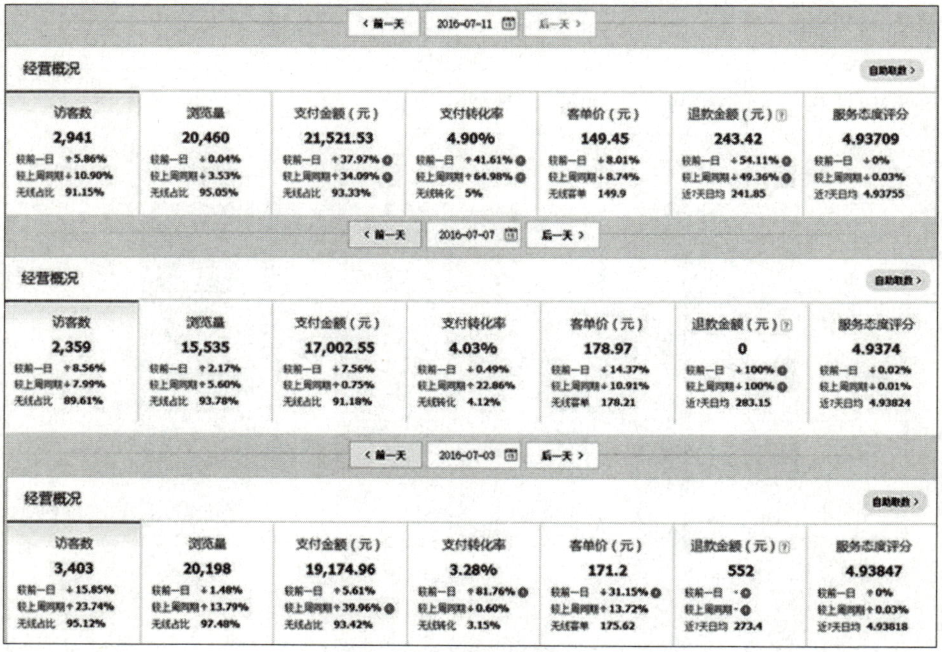

2016-07-11

经营概况

访客数	浏览量	支付金额（元）	支付转化率	客单价（元）	退款金额（元）	服务态度评分
2,941	20,460	21,521.53	4.90%	149.45	243.42	4.93709
较前一日 5.86%	较前一日 0.04%	较前一日 37.97%	较前一日 41.61%	较前一日 8.01%	较前一日 54.11%	较前一日 0%
较上周同期 10.90%	较上周同期 3.53%	较上周同期 34.09%	较上周同期 64.98%	较上周同期 8.74%	较上周同期 49.36%	较上周同期 0.03%
无线占比 91.15%	无线占比 95.05%	无线占比 93.33%	无线转化 5%	无线客单 149.9	近7天日均 241.85	近7天日均 4.93755

2016-07-07

经营概况

访客数	浏览量	支付金额（元）	支付转化率	客单价（元）	退款金额（元）	服务态度评分
2,359	15,535	17,002.55	4.03%	178.97	0	4.9374
较前一日 8.56%	较前一日 2.17%	较前一日 7.56%	较前一日 0.49%	较前一日 14.37%	较前一日 100%	较前一日 0.02%
较上周同期 7.99%	较上周同期 5.60%	较上周同期 0.75%	较上周同期 22.86%	较上周同期 10.91%	较上周同期 100%	较上周同期 0.01%
无线占比 89.61%	无线占比 93.78%	无线占比 91.18%	无线转化 4.12%	无线客单 178.21	近7天日均 283.15	近7天日均 4.93824

2016-07-03

经营概况

访客数	浏览量	支付金额（元）	支付转化率	客单价（元）	退款金额（元）	服务态度评分
3,403	20,198	19,174.96	3.28%	171.2	552	4.93847
较前一日 15.85%	较前一日 1.48%	较前一日 5.61%	较前一日 81.76%	较前一日 31.15%	较前一日 -	较前一日 0%
较上周同期 23.74%	较上周同期 13.79%	较上周同期 39.96%	较上周同期 0.60%	较上周同期 13.72%	较上周同期 -	较上周同期 0.03%
无线占比 95.12%	无线占比 97.48%	无线占比 93.42%	无线转化 3.15%	无线客单 175.62	近7天日均 273.4	近7天日均 4.93818

图 1-21　生意参谋经营状况

平均转化率在 3%～4% 之间，单品客单价在 150～180 元之间，单日支付金额在 2 万元左右。所以，月平销收入达到 70 万元，就不足为奇了。

Tips

笔者在采集了目前多个农特产品店铺的数据后发现，基本店铺粉丝达到 2 万元以上的店铺都能达到或超过这个平均水平，说现在是农特产品线的春天，一点都不夸张。

1.4.3 电商人“再下乡”

政策支持农业经济，淘宝平台鼓励农特线，当然不是说只要你卖农特产品，就一定能卖得好、卖得出去。手淘在 2016 年的变化非常大，除了之前笔者提到的网红、达人等内容流量的变化，在搜索流量给予上，也是千人千面极致化，即每个消费者看到的商品很可能不同甚至完全不同！只有好的商品，才会被更多的人看到。

比如，回购率高的商品，收藏、加购等指数高的商品，转化率高的商品……不少人提出，2016 年是产品回归年，我们觉得农特线好做，肯定不能抱着“拿一些农特产品上传上去即可”的心态去做。

很多的农特电商人，在 2 年前就深知要做好产品，一定要走到底层去，走到交易链的底端——商品端，甚至走到农村去，到第一线去！我们在上一个章节提到的“淘宝直播”，卖冰粉的，卖花椒的，都要求自己跟产品紧密联系在一起。

基于对商品的信任，最终会转嫁到对掌柜、店铺经营团队、品牌的信任，那么你的店铺今天可以卖花椒。明天可以卖银耳，后天也可以卖酵素……消费者都会买账，甚至成为你的忠实铁杆粉。

在没有“下乡”的时候，如果你要做直播，那么不仅对产品本身不了解、没体会，还会没有话题，不知道说什么。很多直播不都是这样吗？只有亲临第一线，深知产品是如何营造出来的，历经艰难的打造过程，才能将产品描述得有血有肉，有灵魂，有张力。抛开直播，对于宝贝（产品）的主图、标题、描述内容而言，也会有深刻理解，并且能写出、拍出让人感动、认可的文字和图片甚至视频。

在经历了 2016 年上半年的淘宝变化之后，很多淘宝从业者感到不适甚至恐慌，别说发展，生存都成为问题。也有不少的学子经常问笔者：“胡子叔，现在做淘宝晚吗？”任何的商业机会都会同时伴随着危机和机遇，我们往往在观望一个事情的时候，就会错过切入的好时机。

Tips

做淘宝也好，做生意也好，当你对这个事情感兴趣的时候就是好的时机。任何时候都不晚，前提是现在就动手。

1.5 买家想要什么样的淘宝

2016年6月初，淘宝更新了手机淘宝版本后，买家们惊奇地发现淘宝搜索结果页里多了一条橙色标签“朋友购买过”，这标志着手淘的千人千面已经影响更加深刻。毫不夸张地说，你邻居的狗爱吃的狗粮你大学同学的狗也爱吃，淘宝真的知道！有的人说这会侵犯隐私权，比如，有的人喜好特殊买了隐私商品，作为他的淘宝好友看到类似产品发现他某个朋友买过了……这个就尴尬了。

当然这只是玩笑，手淘千人千面的结果会导致商品推荐形式更加多样化，信任导购的模式也会越加人性化。

1.5.1 千人千面的来龙去脉

你可能听说过这么一句话“做淘宝的10个卖家9个刷，剩下一个不会刷”。换做以前，说老实话，没有作过弊的淘宝卖家还真是很少见。之前的淘宝（特别是PC为王时代），宝贝的销量好就会排在前面，一个豆腐块（淘宝PC端搜索结果前3位置），某个单品可以保持2年！那个时候，谁会刷就是谁的天下。

但是这样的结果是什么？数据既然可以“手工制造”，那么评价、买家秀就固然都可以人为制造，买家该如何去选择自己想要的商品？长此以往淘宝就会慢慢失去买家的信任，平台也就没有了存在的价值。

手淘是在PC端的基础上延伸的，商品数据也是基于PC端的产物。只是采用了不同的呈现形式，一个是触屏模式，一个是网页模式。手淘的展示面积基于手机屏幕的原因比PC端小了很多，展示的商品数量和内容也要少一些，同时因为触屏和鼠标拖曳的操作方便性差异，使得手淘更精确、有效地展示用户喜欢的商品。

Tips

不管付费广告也好，搜索流量也好，手淘采用极致化的千人千面展示，都是能满足用户（消费者）喜欢的，也能准确地表达消费者的喜好，解决购物需求。

淘宝在加大打击虚假交易（主要指刷单作弊）力度的同时，也加大商品的个性化展现：基于买家的购物习惯、搜索浏览习惯、消费频次、消费能力等做出展现调整，使得淘宝买家在手机上看到的商品更加准确，从而不断提高买家的喜好度。这就是淘宝千人千面的初衷，也是时至今日不断升级、改良搜索乃至手淘模块千人千面化的原因。

如图 1-22 左边案例所示，对于收藏过的、购买（或者加购）过的店铺而言，打上印记会在寻找同类或近似商品（包括不限于购买过同店异性别款）时推荐店铺新款宝贝；而对于该买家账户没有购买过的类目或搜索商品（如图 1-22 右边案例所示）来说，则不会有千人千面展示结果，只根据宝贝的人气进行综合排序。这就是我们体会到的直接、简单的千人千面应用。

图 1-22　个性化的手淘搜索结果

1.5.2　淘宝秒杀技："猜你喜欢"

前面章节我们说过，因为手淘现在主导"内容流量"，所以买家不一定非要通过搜索来寻找商品。手机端浏览的特性是比较随意且碎片化（连续性比较差）的，对于女性买家偏多的淘宝平台来讲，随意性就更强了！女孩子经常打开淘宝想买连衣裙，结果买了一包狗粮，你会发现她们有时没什么逻辑可言。

但是对于硬性需求的商品而言，特别是在买家多次搜索、比对后如果还没下定决心进行购买（点击转化）或收藏、加购的，那么淘宝 APP（手淘）和 PC 端的首页都会给予买家导向性的推荐，这个功能叫"猜你喜欢"。

如图 1-23 所示，当多次浏览过普洱茶，却迟迟没有下单购买时，会被手淘 APP 提示“还在找普洱？来这里看看”，点击即会跳转到系统匹配给用户的“猜你喜欢”商品推荐。

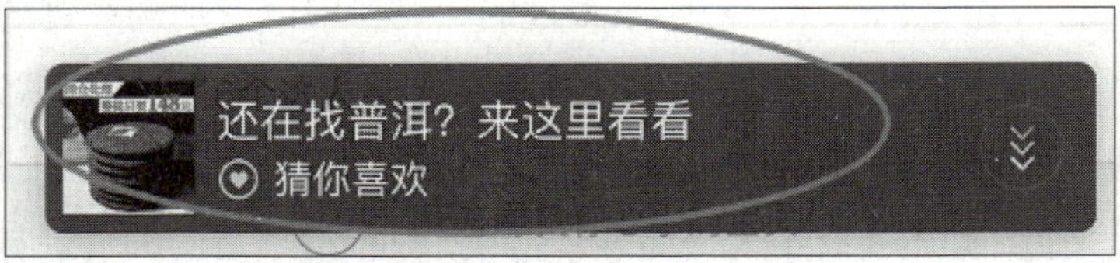

图 1-23　手淘首页“猜你喜欢”提示框

这种根据用户最近的浏览所表达出的购物诉求，给予精准的商品推荐的形式，使得现在手淘的“猜你喜欢”商品转化率普遍都比较高。而在手淘 APP 首页的“猜你喜欢”栏目里，用户可以看到几乎所有最近搜索、浏览过的类似商品，手淘正是基于这个功能快速地引导用户成交，堪称“秒杀技”，如图 1-24 所示。

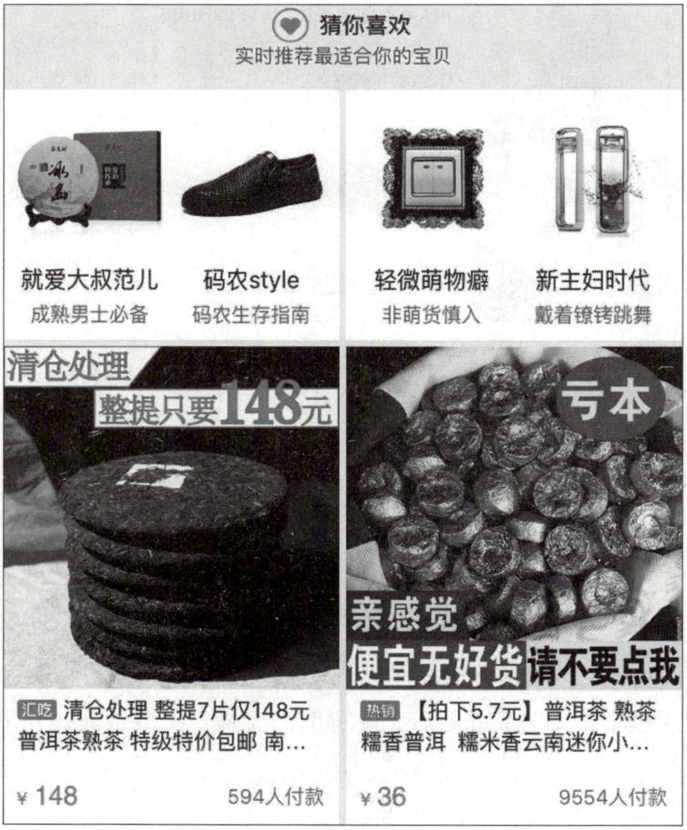

图 1-24　手淘首页“猜你喜欢”

而在 PC 端，也同样会根据用户的浏览习惯在淘宝网首页进行推荐展示，如图 1-25 所示。

图 1-25　PC 端首页“猜你喜欢”

不管消费者是刻意搜索过还是不经意浏览过，只要在同一类商品里触及两次以上（1 次的可能为误点击）相似商品，“猜你喜欢”的机制就开始采集同类商品准备推送给这个消费者的淘宝账号。所以新时代的淘宝运营们应该积极地去丰富商品的覆盖面，使更多的淘宝买家看到你的商品，点击你的商品，哪怕它没有马上形成转化，只是被用户点击、浏览、收藏、加购过，那么进入该买家账户“猜你喜欢”的可能性都很高。如果用户已经购买了你店铺的该款商品，那么“猜你喜欢”就无法再给你店铺商品进行再次展现了（这不符合消费逻辑），除非你店铺有快速上新并且人气不错的宝贝。

Tips

今天你会发现，靠弄虚作假、作弊、刷单很难获取流量，而真正注重商品本身和服务品质、新的引流渠道才能不断扩大商品的展示面积，为店铺带来转化（即订单）。

1.6 淘宝想要什么样的卖家

笔者有个学生小莫，是淘宝一家知名淘品牌店铺的掌柜，3 年半时间从集市店零开始，到今天 5 个皇冠，连续 50 期金牌卖家，近 25 万条商品评价，中差评总数只有 101 个，好评率达到恐怖的 99.96%，店铺服务动态分稳超行业均值 50% 以上，如图 1-26 所示。

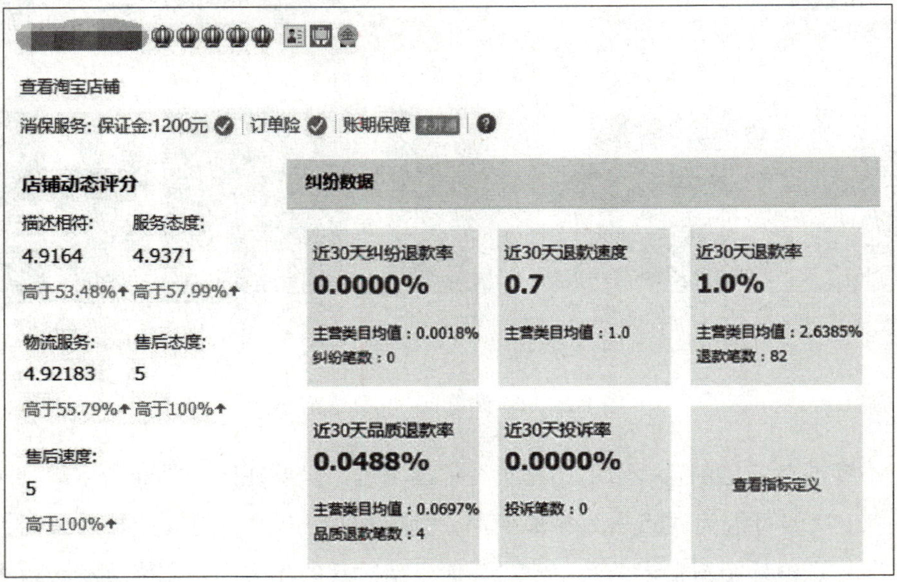

图 1-26　小莫店铺数据

1.6.1 连续 50 期金牌卖家背后的故事

2013 年以前，小莫在投行工作，工作地点是很多人羡慕的"金地"：芝加哥 3 年、阿姆斯特丹 2 年。按小莫的话说"是在'高大上'的座椅上能坐出痔疮，用鼠标点击到手臂发软的金融数据搬运工"，远在海外的小莫跟大多数人一样"每逢佳节倍思亲"，不断体会着"好山好水，好寂寞"的心境。

2012 年中秋，小莫看了一集"舌尖上的中国"，哭了一夜，对家的思念寄托在了"那一碗老妈做的糖醋排骨"上。

2013 年，小莫辞掉工作，放弃绿卡选择回国。也许我们都听过黄渤的《去大理》，小莫选择了去大理开客栈，这里有一片美丽到让人窒息的山水，如图 1-27 所示。

图 1-27　大理夜景（小莫提供）

安静祥和中残留着芝加哥和阿姆斯特丹繁重工作的后遗症，小莫表面静如水，但内心激昂，不想仅仅当一个“客栈老板”，于是开始倒腾云南的特色农货，开淘宝店，取名“XXX 妈妈”。取这个店名一点都不做作，而是发自内心的，源自对家里那桌菜的绵绵情意。

处女座的小莫，对淘宝买家的中差评是难以容忍的：每一个中差评，感觉都是在侮辱自己心中圣洁的母亲形象，为了解决中差评，他把自己卑微到无法想象的地步。

在旅游胜地云南做淘宝的痛苦，想必有很多人体会过：电商人才极其匮乏，商业配套也如是。招来的客服打字慢，就用语音回复，手把手教、传、带，也正是精益求精的态度使得客服都考取了营养师证书。

2013 年淘宝“双 11”，营业额 5 万元，经验缺乏导致应对不足，各种缺货、杂乱，三天三夜没合眼。

2014 年淘宝“双 11”，营业额翻 10 倍：50 万元，全年营业额近千万元。

2016 年，很多类目商家大呼“淘宝难做、生存难”的时候，小莫的店铺一周一新品，逆大环境生长，保持了老客户的高回购率，牢牢抓住了淘宝变化的根基。

小莫的店铺一共只有 9 位员工，却创造了千万元的年销售额。如今小莫还拥有了云南古城的实体体验店和60亩种植基地，和地方上国家龙头企业达成了“合作发展备忘录”，生生把一个淘品牌扎根到线下，打通了线上加线下的脉络，以更高的生产标准，更稳定的供应链和货源，更强的产品研发能力为品牌提供驱动力。

1.6.2 给我们的启示

很多人急切地想听“干货”：“他们到底是怎么做起来的？”“他们怎么保持这么高的回购率的？”若真是三两句话就能道明白这一路走来的艰辛，从中萃取出能让你“脱胎换骨”的神奇药方，就真的不用编写这本书了。

讲述这样一则故事的初衷，是想让你知道做淘宝运营真的不是一招两式，而是枯燥乏味中不忘初心、兢兢业业的结果，是一年365天时刻保持一个创业者心态，把店铺当成“母亲的信仰”才能换得的！马云说“阿里巴巴要让天下没有难做的生意”，如果我们这些年轻人能通过线上的较低门槛创业，快速打造出字号、品牌，贯穿到线下，成为实体，那么，不仅能够解决自身的经济、精神追求，同时，还能为社会创造经济价值、解决就业等，这才是一桩福祉。

试问：这样的店铺，淘宝能不喜欢？这样用心的卖家，淘宝能不爱？

1.6.3 大数据下高歌情怀

你能想象一个“5钻”的淘宝店铺，养活一家9口人吗？淘宝就是这么奇妙的世界。

慈母手中线，游子身上衣，但凡出门在外的孩子，家中的笃盼和担忧，父母一般不轻言。现代人衣物大多不用妈妈亲手缝制了，棉被呢？记得我们每次回家，爸妈总会问：被子够不够盖？厚不厚？去给你弹一床温暖的棉被吗？

小灵从2013年4月开始在淘宝开店，开店的时候小灵带着两个孩子，老公黄先生画了6年的油画，两口子对淘宝经营算纯“小白”。仅仅因为看到邻居开了个淘宝店，每天都有几个订单还可以补贴房租，小小羡慕了一下，便琢磨着自己开店。想来想去没东西卖，于是就想到了爸妈做了30年的棉被，加之这些年线下的棉被生意不甚如意，在淘宝上应该能找到更多的共鸣，于是这个“X家手工棉被”店铺就诞生了。

两口子连淘宝店装修都不会，更别说运营技巧了。最初的产品图就是用美图秀秀来处理，实在处理不了，就百度自学 Photoshop。

Tips

其实到今天，我们很多淘宝卖家都有个误区：看到同类卖家的店铺装修很漂亮、“高大上”，就自惭形秽，非要去模仿，甚至搬抄别人的创意、网站、模板，结果把自己店铺搞得不伦不类、驴唇不对马嘴。我们始终要记得商品才是表现的根本，宝贝图片、详情铺设用心和没用心，消费者一看便知。

若店铺装修很精美，那么你所吸引的买家也是要求很高，对生活品质有追求的人群；若店铺陈设很接地气，那么你吸引的买家也就比较善意、直接。

1.6.4　传统与创新的碰撞

小灵父母做被子做了 30 年，都是纯手工，加工效率是比较低的，而棉被这类商品季节性很强：开学季、秋冬、“双 11”都是旺季。消费者选择棉被的时候还会根据南北差异有不同的要求：南方空气潮湿室内温度较低，喜好厚重的被子；北方室内有暖气温度较高，喜好较轻的被子。而单身和双人又会不一样。

小灵的淘宝店开张两个月才迎来第一个客人，两口子和爸妈好生合计，恰好客人要求的被子是一床超薄的棉花被子，内行人都知道，超薄棉花被是很难“弹”出来的，不是老师傅还真就给难倒人。时间恰好是 6 月，客人要棉被实属不易，要超薄不是刻薄，是真实诉求。

小灵一家全心全意为这个店铺第一个客人用父母 30 年的“弹奏技术”打造了一床让客户写上满满好评的被子，接下来进入了店铺的淡季。

刚好利用这个淡季，小灵和老公踏踏实实地沉下心把淘宝店装修一番，对宝贝描述进行了用心的刻画。在“双 11”、“双 12”冬季迎来了店铺的订单高产期：天天都有订单。上述我们提到传统手工作业的效率较低，所以小灵和老公在忙完了第一个旺季后就赶紧从北京撤回老家了。回去之后动员家里亲戚，租用 300 平方米店面，购置制作棉被的模板，让父母带着亲戚学习棉被制作……

在此提醒注意如图 1-28 和图 1-29 所示中棉被上面的图样。

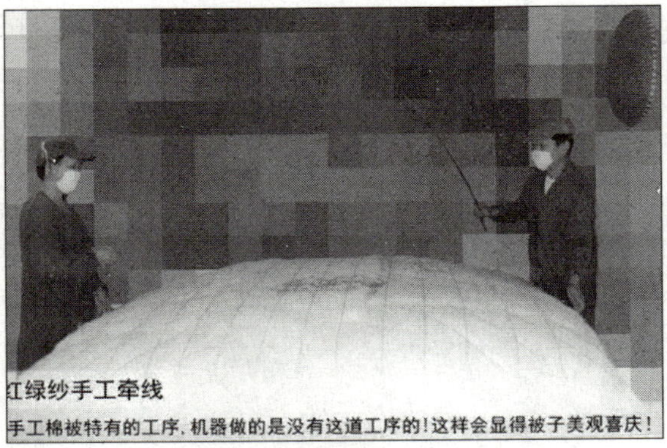

图 1-28　牵线制作中

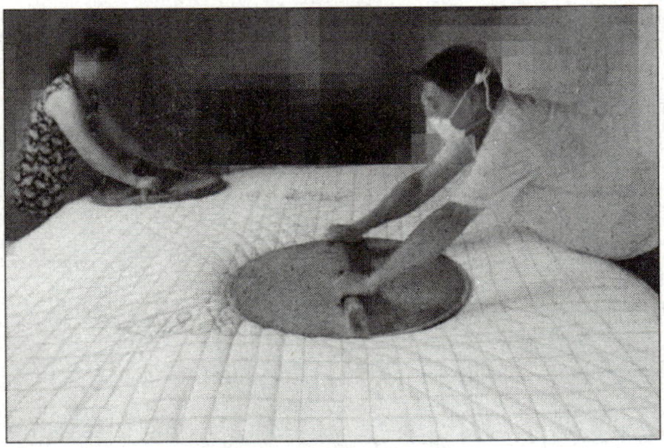

图 1-29　棉被压制处理中

你也许猜到了，小灵的老公是一个画油画的，这个优势当然要应用到产品中。小灵半开玩笑地跟黄先生说："老公，原来你 10 年的绘画生涯就是为在棉被上画画做准备啊。"我们来看看黄先生的作品，如图 1-30 所示。

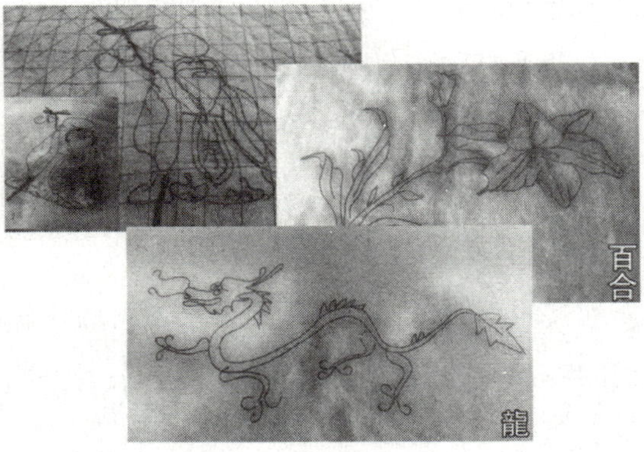

图 1-30　棉被成品图案

有没有一种很接地气、很温暖的感觉？别小看这个“5钻”的小淘宝店，一些客户喜欢得把棉被从中国带到外国，棉被上一个个鲜活的“烙印”胜似满满的中国印记和回忆。

现在小灵一家人一到旺季就从早上5点起忙到晚上9点，踏踏实实。读者你是否也是这样？

小灵的店铺还需要更多的产品去丰富，如淡季的产品，是急需解决的问题，笔者也相信，这么用心去做的店铺，不会找不到合适的产品陈设到夏季，虽然我们都知道夏季属于蚕丝被的年轻一代，但又有什么理由不相信他们能把中国传统的“弹棉花”工艺经过创新放到夏季去绽放呢？

1.6.5 “棉花铺”给我们的启发

当笔者把小灵的故事和她的店铺推荐给淘宝小二的时候，她们哭了。鉴于篇幅原因，笔者没有将小灵创业的故事完全还原，背后还有很多辛酸的细节，让淘宝的管理人员也不禁潸然泪下。淘宝之所以能有今天的辉煌，正是因为有千千万万个小灵一样的掌柜在不断地努力、成长，挥汗如雨地耕耘。

Tips

在今天，我们很多淘宝卖家都喜欢去关注行业的数据、淘宝的数据，但这些数据夹杂着多少虚假成分，我们无从知晓。数据是有益的，但是也是有毒的。沉迷在数字的世界里，往往会让我们这代年轻人忘掉根本：产品和用户体验。有时候需要把脑子放空，去感受生活、感受人文，或许才能找到灵感，给自己的店铺和产品注入活力。

1.6.6 子承父业的匠人，越努力越幸运

“子承父业”是我们很多老一辈的梦想，老爷子做了半辈子的工艺匠人，希望儿子能够继承衣钵。处于这个信息更替超快的社会大环境，年轻人很难把心静下来，有很多的传统手工艺活，如匠类（木匠、竹编匠、园艺匠等），正在慢慢地消退，也有一些APP在进行尝试，盘活手工艺人，但都停留在比较时尚前卫，符合年轻人快消费定位的服务层面。

老彭是一个不安分的家伙，2005年，还在上大二的他就跟着学姐一起跑外

联，开始发现与人打交道的乐趣。到 2009 年的时候，老彭在他的学校有了自己的文印店，有自己的网站，有自己的一个小事业。2010 年 3 月，老彭被评为“河南省大学生自主创业之星”。

当大多数大学生还在找工作的时候，老彭在 2009 年这个淘宝创业的第二波黄金期就开始开店倒腾商品了：Hi-Fax 网络传真、周口特产、话费充值等。早先的淘宝店，做虚拟类目特别是话费充值没有管控（今年 6 月已经出文整顿话费充值、手机售卡业务了，因为 7 月 1 日起手机卡实名制），靠虚拟类目积累店铺信誉的效率是非常高的。

老彭的父亲 15 岁开始学艺（木工），一干就是几十年，2009 年因为腰疼，手术完成后，便不能再出门打工，赋闲下来又无聊，所以索性就在家做些小箱子、小物件。老彭一看，就鼓励父亲把这些物件刨得更平整一些，上传到他的淘宝店去，很快就从两三天发一件货发展到 1 天发两三件。

如图 1-31 所示，是老彭父亲早期的“淘宝化”手工产品。

如图 1-32 所示，这是老彭淘宝店父亲给买家手工做的定制置物架。

图 1-31　早期手工产品

图 1-32　早期定制置物架

1.6.7　一个人的淘宝，全家人的事业

经常有卖家跟笔者说：“叔啊，我做淘宝家里人不支持啊，说我不务正业。”要说前几年大多人对电商不了解，那是正常。这两年呢？大多是因为竞争度高了，很多类目从蓝海快速演变为红海，挣不到钱，家里人当然不支持了。

老彭的淘宝店起点可能跟大家不一样，2010 年老彭就携父亲、母亲看到了淘宝的商机，自己开了个“小木工加工厂”，全家一起创业！

尽管 2010 年全年销售额也就 10 多万元，但是对于做了半辈子木工活的父亲，甚至母亲而言，都是很满意的，也看到了电商的未来。

如图 1-33 所示，这是老彭接到的第一个“大单”，收获的是中评，这也坚定了老彭追求完美品质和客户诉求为大的店铺经营核心。

图 1-33　卖出的第一个“大单”

淘宝卖家从个体式经营慢慢发展，当经营规模进一步扩大，团队扩张、供应链、仓储、物流、管理等都是很具体的问题。有不少卖家的店铺都不是死在市场上面，而是死在自身发展过快利率不增反降甚至大量库存上面。

笔者和老彭都有过这样的经历，笔者 2008 年的男装店铺就是如此：当一个冬季过完，库存压了一仓库才知道一年多时间赚的钱全“堆”在仓库里了。

2010 年后，老彭就把“工厂”搬到了苏州。那个时期的厂房还不算贵，13 元 / 平方米，但是对于这种初创团队来讲是天文数字，所以即将拆迁的独栋别墅就成了老彭的生产车间。3 层的房子 280 平方米，住宿、生产、油漆、包装、仓库、拍摄、办公全包括。鉴于面积有限，不敢大量生产（仓储不下来），办公环境不好，连客服都招不到……这种情况下，只有把女朋友也拉入伙了。

2012 年冬天，消防大队冲进老彭的“工厂办公区”，拍照取证，下达停业责令通知并拉闸断电、停止供水。老彭这才知道，自己一直都是处在无照经营与违反消防“三合一”法律的状态。老彭急得都差点跪下，并保证尽快搬走，消防执法才勉强同意供水供电。

2016 年版权、新广告法颁布，各种现实中的窘困都开始频扰淘宝卖家，大多卖家没有经历过实体创业，也没有太多的法律意识和财法理念，很多人觉得天都要塌了。

Tips

其实淘宝创业就是一个生意形式，只不过门槛低点，但是再低也要照章办事不违法违规。

1.6.8 坚持正道，店铺从“无人问津”到“门庭若市”

接下来的2012—2014年是老彭把生意“掰直”的艰苦两年，庆幸的是他这个不动产几乎为零的家伙在创业时期，遇到了淘宝贷款落实给卖家的红利期。通过淘宝贷款，他很快找到了正规厂房，办理了家具厂执照。这两年多的“折腾”，看似是老天在考验自己，其实都是每个淘宝创业人的必经之路！

如图1-34所示，这样的贷款单，想必很多掌柜都司空见惯了。就像一道道索命符，勒得你不断地往前跑，拼命想冲出去。而当你经历了核算经营流水、加固资金链、稳定固定资产、平缓贷款本息这些事情之后，你才会真正地变成一个“生意人”，才能淡定下来。

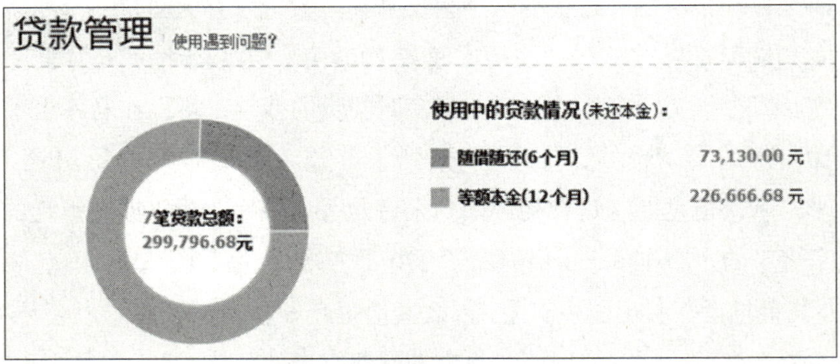

图1-34　淘宝贷款电子单

老彭在厂区固定、经营正规化以后，便开始痛定思痛：注册商标、专利、品牌，开始提升经营品质，而2015年刚好就是淘宝天猫提倡品质化的第一年。很多时候我们抱怨命运不公，其实可能正好是老天给你开了一扇窗。老彭不就是这样吗？如果他还在他的“黑作坊”里躲猫猫一样经营，那么，淘宝变天了，他怎么办？

可能，老彭最想感谢的，恰恰是2012年冬天带队冲进他厂区要查封他工厂的消防执法人员，不是吗？

如图1-35所示，这是老彭现在的车间。

图 1-35　现在的车间

如图 1-36 所示，这是老彭和他的小伙伴们。

图 1-36　老彭今天的团队

如图 1-37 所示，这是老彭的新作品，是不是很惊艳？

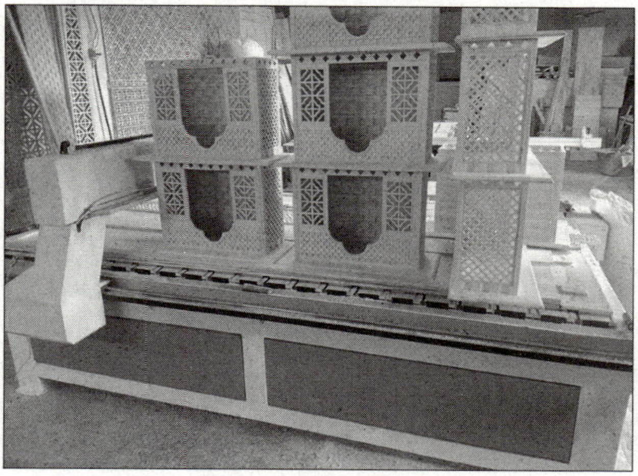

图 1-37　最新的作品

1.6.9 品牌化、品质化，回归商业本质

现在的老彭已经不满足一个“3 皇冠”店或者一个集市店铺了（见图 1-38），开企业店铺、旗舰店、专卖店都是他正在实施的战略布局。

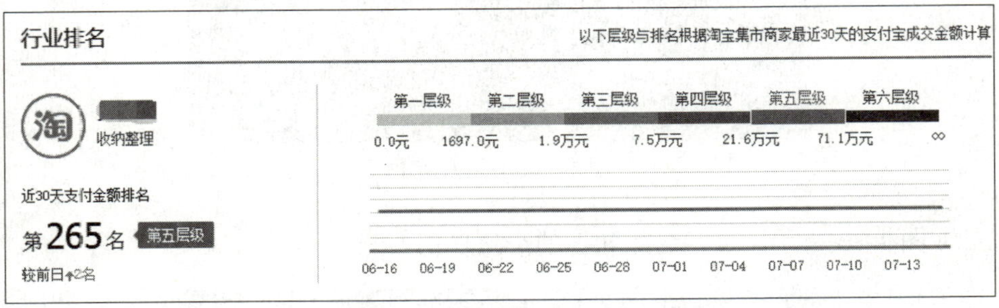

图 1-38 店铺经营现状

父亲这个老木工、老匠人，做了半辈子没想到，儿子居然用一个淘宝店就继承了他的衣钵，而不是天天跟在他屁股后面去找人接活。老彭是笔者非常优秀的学生，以前我们经常聊店铺数据、降权、活动要求、小二的想法，现在聊得更多的是品牌如何打围、合围，如何抓到更多的用户群体，更有效地提高用户体验。

Tips

其实商业的根本就是如此，不管你现在追求单品、多品、店铺层级，总有一天你都会回到原点：商品和用户本身。

不忘初心，是我们天天念叨在心里的话。到底不该忘记什么初心？发财、致富是目的，它不是初心。初心是将心比心地去感知客户，用心做产品，合法、合理地去赚钱，健康地发展。此谓初心，乃不可忘之！

淘宝有很多的数据工具，可以了解行业数据，对比历史数据，找到新品发力点，快速配合打款。但如果我们想通过淘宝做成一个事业，那么就要谨慎看待平台数据：这里面有多少数据有毒，是虚假的，是不靠谱的，是不能代表真正的品类用户需求的！

Tips

当你在一个类目待的时间足够，你自会成就一双慧眼。淘宝真正需要的卖家，不仅是符合平台逻辑和当下购物需求的，也应该是符合真正服务老百姓，造福老百姓，符合时代发展变迁的品牌或服务商。

第 2 章

淘宝经营有所为，有所不可为

2015 年 2 月，淘宝给所有卖家出了一道调查问卷（见图 2-1 和图 2-2），详细要求问卷人填写刷单费用、频次、个人观点……并保证不会予以打击报复，这是个很有意思的信号。接着 2015 年“3·15”前后，大淘宝一轮疯狂的打假风暴席卷卖家。侵权、假货连带虚假交易新老账一起算，无数集市和天猫店铺纷纷落马。

从 2015 年 5 月开始，卖家之前喜欢用的业界称为“螺旋”刷单赢取自然搜索权重的各种方法哑然失效，但凡还在刷单的店铺流量骤然锐减，甚至店铺本身权重被滞空。坊间流传一句话 :“刷，找死 ; 不刷，等死。”从 2015 年开始到现在，我们到底刷还是不刷？这是困扰在绝大多数卖家头上的一把剑，心里的一个死结。

进入 2016 年后，淘宝更是将严打刷单、虚假交易惩罚力度提升到新的高度，配合类目整顿肃清品牌侵权、新广告法诚信经营、食品安全、婴幼儿商品安全……由品控部门配合国家政策出台类目 / 行业整改意见，搜索、阿里妈妈付费渠道配合打假与管控，卖家们叫苦连天。到底该如何“从良”？是不是“从良”了，就一定能得到平台认可，得到买家的认可？

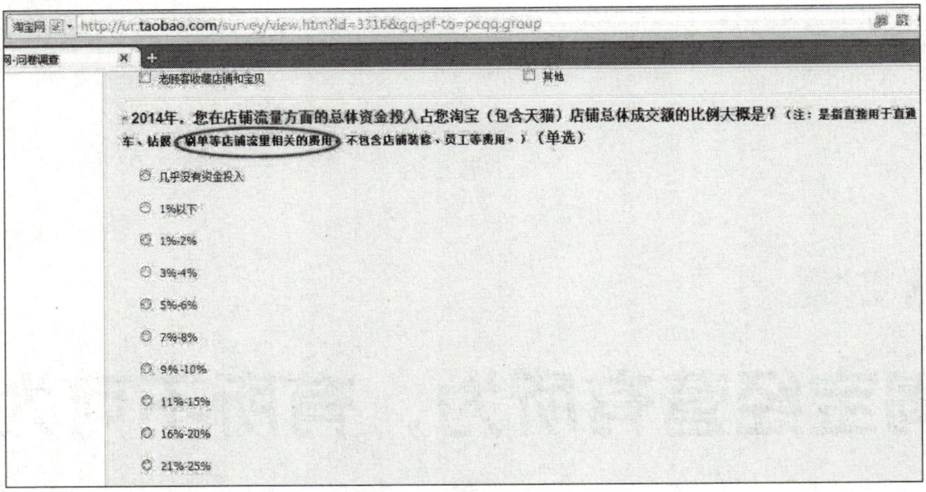

图 2-1　淘宝“刷单”问卷 1

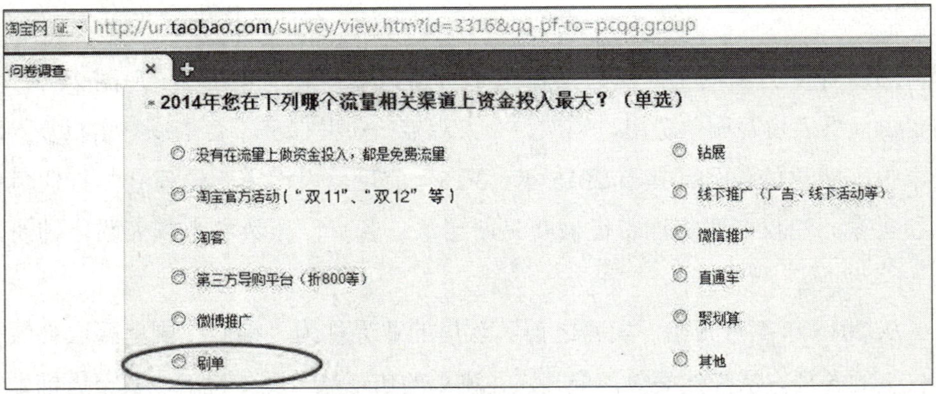

图 2-2　淘宝“刷单”问卷 2

2.1　买家和卖家眼里的“刷单”

在很多旁观者眼里，淘宝和“刷单”几乎画上了等号。我们也知道，只要跟利益挂钩的生意门类，都会有制假、售假、虚假数据混淆其中。别以为只有淘宝才存在这种现象，知名的交易平台，有哪个敢拍着胸脯保证杜绝？这是人性。

2.1.1　淘宝演绎“躺着也中枪”

至今为止淘宝在打击刷单、虚假交易这块可谓呕心沥血，费尽心机。商品类目众多、卖家数量庞大，无论平台怎么快速应变，道高一尺魔高一丈，始终会有“惯犯”不断从中找漏洞、找灰色地带进行“人工”数据改造来试图赢得用户。

作为淘宝的买家，当然不希望也不喜欢平台里面的数据大多呈现“假象”，这会让人无法选择、无法信任；作为卖家特别是中小卖家，初心是不愿意刷单的，但是当被其他对手甩开几条街的时候，会“逼”自己去跟着刷。大型卖家更惨，在进入大型活动后，官方小二要的是业绩，是坑位产出，是优惠价值比，否则下次你再也无法拿到活动坑位，这就会逼得大卖家“大规模刷单”甚至雇佣刷单团队进行数据造假。

2016 年，“聚划算”、“淘抢购”处理了一批又一批知名卖家甚至官方小二，表达官方对刷单零容忍的态度。

淘宝在 2016 年完成了很多“应对消费变化、适应消费者新习惯”的巨变，其实这些事情也让淘宝的“刷单”变得越来越没有意义，越来越没效果，我们来数数。

2.1.2 手淘极致个性化、千人千面

从 2005 年开始，淘宝就已经具备搜集整理买家账户信息的技术和存储能力，千人千面的概念是随着手机淘宝逐渐被重视，在近两年得到强化的，演变到今天几乎可以达到每个买家看到的商品基本不一样的程度。不管是买家直接进行搜索还是在淘宝的“猜你喜欢”、“每日好店”、“有好货”、“爱逛街”等模块，除了活动页面（“聚划算”、“淘抢购”之类）以外，每个买家几乎都会看到不一样的商品展示。

这也是 2016 年年初为什么商家集中在活动场景里刷单的原因：活动场景里是根据活动期间商品的售罄（实时销售数据）来进行排名的。不仅是免费的流量会千人千面化，包括付费广告形式商品：直通车、钻展也会按照千人千面进行展示。这样的结果就会导致卖家不管去搜索排名进行刷单，去直通车刷单，去钻展刷单……都无法将排名快速提升（当然付费广告里的作弊能够快速提高付费效果从而降低付费广告扣费）。

千人千面的个性化展示效果会匹配买家账号的搜索习惯、浏览轨迹（收藏、加购、购买行为）等，包括但不仅限于：买家购物的频次、买家购物的品质（单品价格、单次购物金额区间、单次购物的数量等）、买家年龄、性别、所在城市等。

这一点我们从直通车定向的覆盖人群可以看出，如图 2-3 所示。

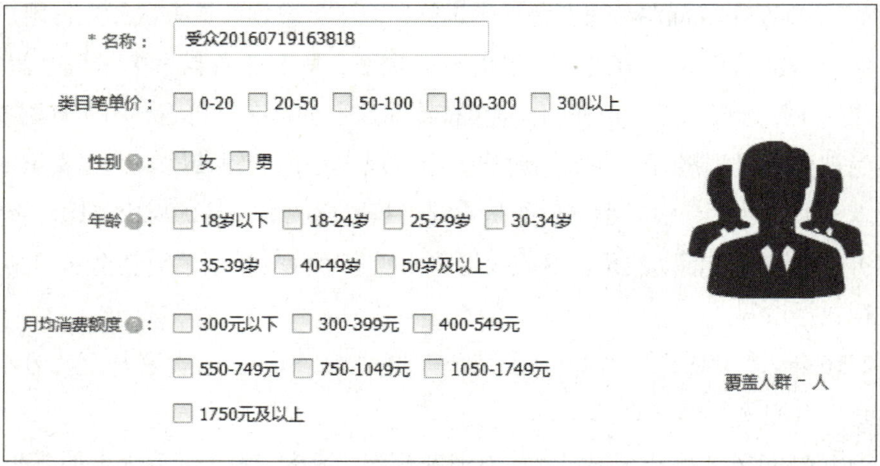

图 2-3　直通车投放自定义人群

而随着淘宝用户大数据的不断累积和升级，还会细分到更多的维度，如买家所在的地区空气质量情况、天气情况等，如图 2-4（同样引用直通车定向的人群覆盖维度）所示。

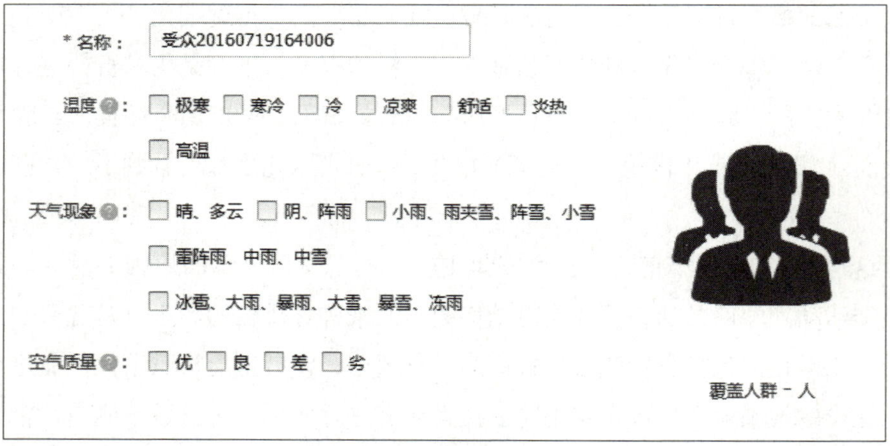

图 2-4　直通车投放天气人群

Tips

所以即便哪天你作为消费者在淘宝浏览购物，淘宝提示你“这袋狗粮是你小学同学王小明的女朋友的狗喜欢吃的”，看上去一点都不夸张。按照淘宝的看法：这是适应新时代网民网购特性和网络消费习惯的顺势而为。

淘宝 PC 端看看千人千面的情况，先不登录淘宝账号搜索下“牛仔裤”，如图 2-5 所示。

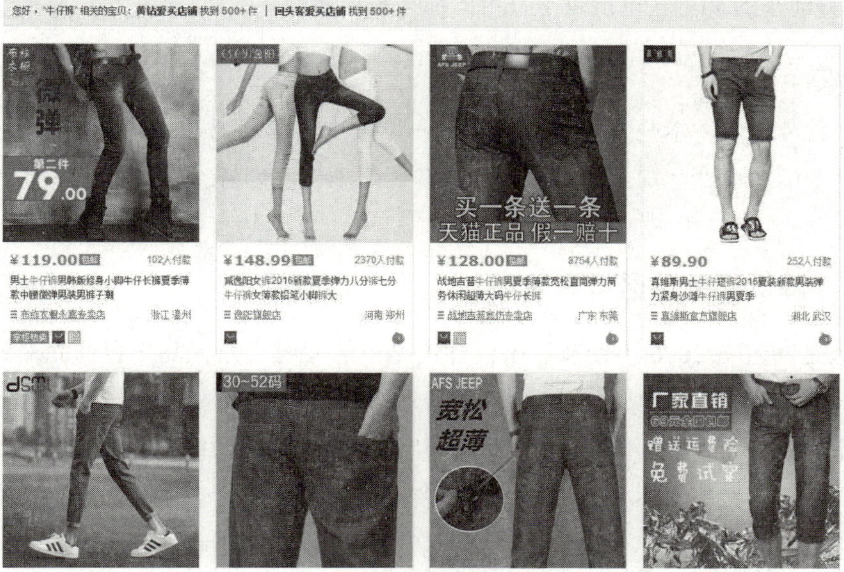

图 2-5　直接搜索结果页

再登录一个淘宝买家账号，同样搜索“牛仔裤”看看，如图 2-6 所示。

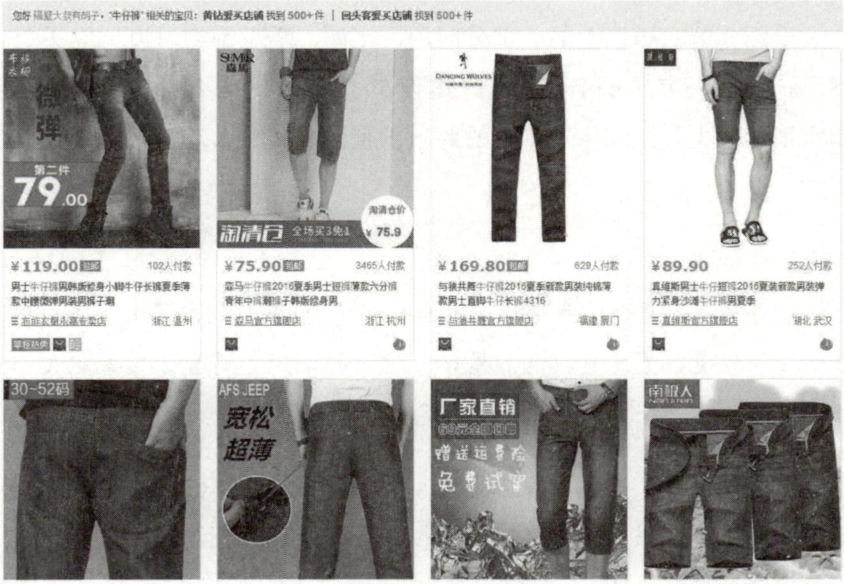

图 2-6　登录后搜索结果页

可以看出在 PC 端千人千面个性化影响还没手机端那么大的情况下，两者展现的商品也是不一样的，除了第一位的付费广告位置（直通车）。这也是为什么 PC 端直通车的 PPC（单次点击费用）那么高的原因。

Tips

作为商家，不停地刷单，买家不一定会看到你的商品，展现的机会可能都没有！这跟以前商品卖得多（刷得多）就能靠前排列，已经完全不同了。

2.1.3 降低超低价区排名展现

这是淘宝在 2016 年春节后出台打击刷单的同时有效提高平台商品品质和用户体验最狠的一招。现在我们除了在活动商品里能看到一些 9.9 元包邮的商品，可能很难在搜索商品时靠前的位置看到超低价的商品了。站在消费者的角度考虑，比如，笔者周末要去参加同学会要装装样子显得我现在过得挺好，但苦于囊中羞涩想在淘宝买件质量不错的价格也适中的衬衣，预算在 200 元以内。

当笔者打开淘宝 APP，搜索“衬衣”，映入眼帘的全是 12 元包邮、9.9 元包邮、25 元“国际大牌”的时候，笔者很可能立刻就关掉淘宝，直接到街上去买或者换个购物网站了。

千人千面会解决掉以上的一部分问题，比如，笔者购物习惯一般买 200 元左右的商品，那么淘宝尽量不会给笔者推荐 50 元以下的此类商品。但是如果有的商品确实销量太大，在淘宝规则里的此项权重很高，那么，它还是会显示在笔者的眼前的。

Tips

所以淘宝为了迎合消费者切实的利益和感受，强行切断了大多类目的“超低价商品”展现位置，直接靠后展示。这一招同时也符合了国家相关部门要求商品明码标价、折扣合理的交易规范，可谓一举多得。

我们会发现，淘宝鼓励卖家提高自家商品上新的客单价（当然是在产品品质同样提高的前提下），以此来提高店铺的收入指标。我们把这个指标称为 UV 价值，后面章节笔者会详细介绍。

2.1.4　弱化搜索流量入口

我们国家的网络化进程始于搜索，最早的雅虎到后面的谷歌、百度，都是使用输入关键词进行数据采集匹配给用户。

淘宝作为品类覆盖面近乎完整的购物平台，商品识别自然也是采用“关键词匹配”原则进行索引甚至排序。不管是搜索还是直通车甚至今天的钻展（已经开放 CPC 模式）的结果，都是基于关键词的匹配结果，而我们的汉字本身不严谨，相同字词在不同语境中出现所表达的意思也不同，所以商品是否与关键词匹配这点，在手机端和直通车付费推广中，有一个非常关键的考核维度：相关性。

平台希望商品跟卖家使用的关键词是极度吻合的，而关键词的采集，平台方主要是通过宝贝（商品）的标题和属性。在结合个性化以后，多加了一个指标，就是商品客单价。当商品的客单价吻合用户的个性化属性，同时也和用户搜索的关键词相关性契合度非常高的时候，这个商品才展示。

Tips

随着手机的使用频度从普通变成如今的随时随地超频度使用，用户在购物平台的浏览习惯已经发生了偏移：更喜欢从兴趣爱好入手去点击、浏览，才会产生后续的行为。所以淘宝必须顺应之，不断地弱化搜索流量的入口，此时在手机淘宝页面你看到的文字内容会越来越少，而图片和视频等会越来越多。

2.1.5　强调内容化流量

在很多著名的营销学、消费者心理学书籍中我们不难看到这种观点：消费猎奇是引导式购物的最佳切入点，所谓“好奇害死猫”，人性中欲求最强烈的恰恰就是猎奇心理。如今网红、达人当道，哪怕他们直播吃面、发呆都会引得无数人驻足观看，这两年经济形势不太好，很多人说钱不好挣，打发无聊最简单的方式就是找无聊的事做。要吸引消费者更多地消费，提高平台的营收，那就需要买家在平台多“待一会儿”，逛起来甚至玩起来。光靠用户自己去搜索，主动式购物，是效率极低的形式。

所以淘宝开始重视这些很有趣的展现形式：一篇高点击率的热点文章，一些“新、奇、特”的商品图，一段引人入胜的视频或一场别开生面的直播，甚至引入明星。

2.1.6 大量整理涉嫌虚假交易买家账户，加大菜鸟物流监控，严打刷单

以前淘宝卖家说“刷单”是个“技术活”：需要刷单参与者在旺旺上假装跟卖家呈现出真实购物的沟通，需要去宝贝详情页拉拽浏览，甚至说淘宝会监控买家购买过程中鼠标的点击热点数据来判断买家是否是“正经”买家，各种花样百出。

Tips

淘宝如果真的要鉴别一笔交易的真假，就没必要搞这么复杂。平台只需要发现一次买家账户涉嫌刷单，就可以列为监控账户（你可以把这些账户称为黑名单账户）。

如今在淘宝菜鸟物流的数据监控范围内，很多物流订单在每个物流点的重量官方一清二楚，当卖家店铺出现虚假交易提醒，卖家进行申诉的时候如果填写的是虚假物流单（或者该物流订单发的是空包，即无重量或与经营产品重量不对等），那么，这笔交易判定为虚假无疑。淘宝不断地累积这些“参加过刷单”或疑似刷单的账户，一旦这些账户进行了购买，卖家可能就会被牵连为虚假交易。

同时淘宝会出台一个规蜜系统（guimi.taobao.com），由卖家自助去提前或交易过程中填写涉嫌刷单、欺诈交易的订单，后期就可以即时进行申诉维权。而在“规蜜”里面，淘宝系统也会自动匹配一些可疑订单给卖家，所以今天的卖家一定要多留意这个系统，如图 2-7 所示。

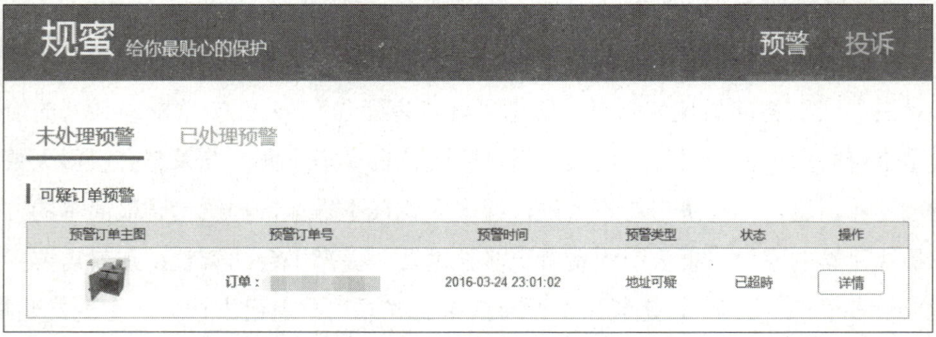

图 2-7 规蜜预警

甚至要主动去发起维权，如一些欺诈的订单，如图 2-8 所示。

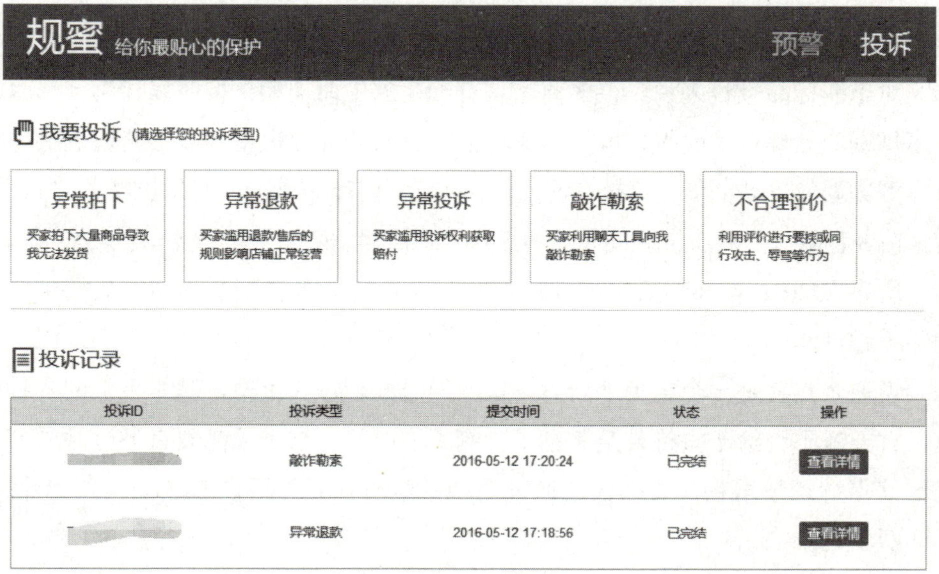

图 2-8　规蜜投诉处理

而有一些疑难订单需要尽快处理的，要及时联系旺旺 ID“阿里保”官方小二协助处理，单笔订单可以直接发，多笔订单一定要整理为 Excel 文档提交给小二，体量一下别人的工作量，如图 2-9 所示。

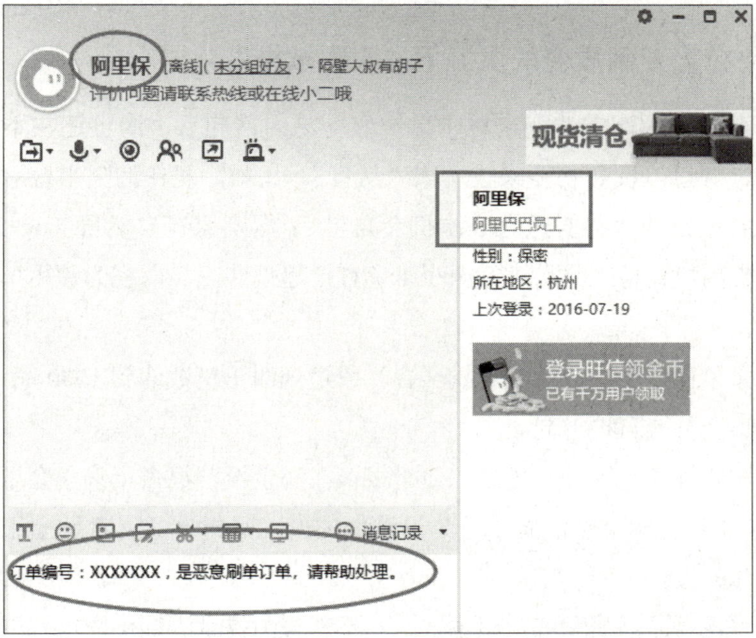

图 2-9　人工介入处理

2.1.7 单品生命周期缩短

对于非标品类目来说，很多商品具有一定的生命周期。按照以往淘宝平台的排序规则：只要商品卖得好就可以排前面，自然会导致很多卖家不断通过刷单制造虚假数据使单品宝贝一直排在前面，1 年前我们都知道很多商品长期霸占 PC 端搜索前 3 位置（豆腐块）时间长达两三年！这给消费者带来了很不好的购物体验。

所以在 2016 年开春后，淘宝搜索针对大多的类目调整了单品宝贝的生命周期：不超过 90 天。

说通俗点就是一个宝贝上新后，售卖的时间超过 3 个月，基本宝贝的各种权重，官方就不会给予扶持甚至奖励了。剩下的时间，这个单品要么通过站外流量来继续保持销量增长，要么快速通过活动甚至清仓或者增设 SKU 来尝试保持商品活跃度。

而应对这个政策，卖家只能通过提升店铺供应链和产能结构调整来实现产品多样化上新甚至快速化产品更迭，以此持续巩固店铺的综合活跃度（多品热销）。同时需要卖家跟老客户积极地互动（淘宝 ECRM 也是 2016 年淘宝特别强调的用户互动辅助系统，后面笔者会有专门的章节介绍其实操和应用），提高客户的回购率，缩短客户回购周期，以此提高产品的 UV 价值和店铺的造血、盈利能力。

2.1.8 平台量变到质变的洪流下，卖家被推着前进

在以上提及的淘宝改变应对刷单虚假交易的措施后，淘宝还在不断地丰富各项监控、规避流程和功能来让卖家“从良”。比如，现在淘宝平台对一个店铺的违规处罚限定为“终身只有 3 次机会自检”：即卖家在自然日（0～24 点）使用店铺自带的“体检工具”进行至少 1 笔订单违规纠正，即视为使用掉 1 次自检机会。

当卖家累计体检次数达到 3 次（含）或违规纠正笔数达到 1000 笔（含），则后续永久不会再有自检机会。

所以，软性变化加强硬措施，使得很多在淘宝经营很多年只学会了刷单的人在 2016 年高呼“淘宝没法做了”！没法做的人，是指这类喜欢钻空子，终日只会打擦边球的人。

对于重视商品品质和客户服务本身，不断努力提升店铺供应链打造和研发能力的团队和店铺而言，淘宝只会不断地给予帮助和扶持。

2.2　慢就是稳，稳就是快

笔者做淘宝快 11 年了，从事淘宝培训也有 4 年了。参加过笔者的淘宝培训的学生一半是熟手，一半是新手卖家（学生、主妇、赋闲在家者、文化水平较低者、传统企业主、手工艺人等），年轻人占比很大，所以笔者对他们经常提在嘴边的一句话就是“慢就是稳，稳就是快”。

Tips

这句话笔者提炼自一个美国狙击手影片：主狙击手旁边都会有一个观察手或叫第二狙击手，测算风速、计算密位，准确地向狙击手汇报周围的环境信息等。狙击手的要求就是一击必杀，若一击不中则暴露自身，还会让目标提高警惕。影片中观察手就跟主狙击手说：慢一点，稳一点，一击必中，效率高才是快。

2.2.1　有一种铿锵是无声

2016 年 6 月，笔者和淘宝官方小二发起了一次公益活动《淘宝卖家故事会》，在百封邮件里，笔者收到了一封很特别的来信。主人翁用平实的话讲述了他的淘宝创业故事，虽然只有 1000 多字，但是笔者看完邮件才知道，他患有“类风湿关节炎”，双手萎缩严重变形，整个人的身体只能“躺在”椅子上，用竹竿敲击键盘打字（见图 2-10）。一瞬间，笔者觉得这 1000 多个字模糊了，变成了一万字、十万字……

淘宝店主小张从 2012 年开始学习打字（竹竿打字），2013 年开店做淘宝。早些年因为生病，他平生只念过半年的书。开店后去进货别人的充值卡，结果被骗了几百块。知道自己能力不足，运营知识有限，就到淘宝大学找免费的课程听，一遍听不懂就听两遍、三遍……从最初的充值卡开始做，卖 DIY 打火机、DIY 手机壳、女包，别说挣钱，生活费都不够。但是他意识到电商创业对他目前的条件来讲，是最低门槛也是最现实的路，既然自己选了这条路，“躺着”也要走下去！

2014 年，小张通过熟人介绍认识了供货商才开始做服饰类目，男士上衣、裤子、运动套装、衬衫、夹克……能够有的货统统上传上去，熬到年底，才做到了 5 颗桃心的店铺信誉。

2015 年笔者的学员告诉了笔者他的事情，笔者免费把他招进了培训学院，小张才开始了系统化的淘宝知识学习：有了圈子，也有了指导他缺什么补什么的导师。至此，他才开始重新规划店铺，定位为大码男装（见图 2-11），并在 2015 年使店铺经营达到了 2 颗钻。很多人说 2 颗钻太弱了，对于小张这样孱弱的创业人来说，却是一个奇迹！因为他已经可以用自己赚到的钱给爸妈买礼物，电视上不是一直在问“幸福是什么”吗？这便是他的幸福。

图 2-10　小张的报道

图 2-11　小张的店铺

2.2.2　退休老市长的 5 年淘宝路

我们能想到 70 后、80 后开店做淘宝，想到 50 后开淘宝店的吗？这位退休老市长，60 多岁高龄了，跟你们一样，每天也要看店铺数据，昼夜分析直通车、钻展、宝贝情况，查看库存，打单发货……是不是很有趣？

这位退休副市长毕业于山东美术学院，主修装潢设计专业，爱好画画，因专业原因学过很多美术理论，在他的眼里违背美术理论知识的都是难看的，是一个不折不扣的执拗艺术家。政坛活跃的他，有着跟其他领导一样的腕儿劲：你要么认同，要么执行。按陪着他开店的小宝的话来说："老爷子说话高高在上，对年轻人非常苛责，甚至感觉有些轻视，以老爷子的话来讲，年轻人没有一个靠谱的，以至于作为年轻人的我对他加以疏远。"

2015 年年底小宝又碰见老爷子，聊到网络和网购的事儿，他俩才算有了点共同话题。老爷子自打退休以后就做了一个服装纺织工厂，专注从事女士牛仔产品，大部分做出口外单。

2012 年听了员工的建议开了一个淘宝 C 店，将近 4 年时间才做到了 4 颗钻的级别，赔钱赔了整整 4 年时间，达到了七位数之多，一直贷款坚持着这个事情。老爷子问小宝，他做的产品无论面料还是产品质量甚至包装都比别人的好太多，为什么没有人来买他的东西？那些质量要低很多层次的产品反而卖得特别好？

他这四年不断开发新产品，但是买的人却寥寥无几，看着别人的店铺卖得红红火火，他也很着急，从网上查，从各种渠道去学习推广的知识，学到自己能把各种指标说得头头是道，并且用他的美术知识做着全店的美工工作，自己还自学了 PS。

就冲着 60 岁高龄进行全盘淘宝店运营这一点，小宝由衷地敬佩老爷子。这种精神改变了他对老爷子以往的"看法"。

小宝是个比较成熟的孩子，并没有像很多"淘宝大咖"一样直言不讳地就开始"点拨"老爷子，而是在不久后入职了老爷子的公司，在团队里熟悉了一段时间，才慢慢发现问题，去解决问题。

2.2.3　淘宝店铺里的"非主流"

其实老爷子的淘宝店之所以感觉跟淘宝其他店铺对不上味儿，问题不是出在产品品质上，而是整个团队的运作模式采用的是原有实体的运转模式。

比如，使用产品面料上，本身平台上的竞品产品都采用十几块钱一平方米的面料，而老爷子的店铺却一直要使用 22 元一平方米的原料，导致产品客单居高不下，并不符合平台的用户购物核心价。

拿拉链来说，老爷子坚持使用正品 YKK 拉链（见图 2-12），而又有几个淘宝买家能分辨出正品 YKK 和仿品 YKK 呢？可能很多买家连 YKK 拉链到底长什么样子都不知道。

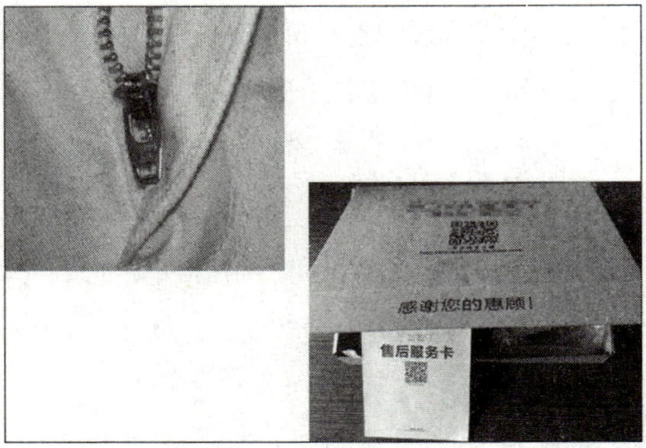

图 2-12　产品样板和包装

产品逻辑上，老爷子团队的产品设计师 49 岁！整个团队平均年龄接近 40 岁！这恐怕是笔者知道的平均年龄最大的淘宝店铺团队了吧。小宝刚好带来了很多他们闻所未闻的平台化营销策略。小宝是笔者的学生，也受笔者影响愿意跟年长的人耐心沟通。以他的年纪在这个团队里沉淀下来，稳下来跟他们打成一片，实属不易。

接下来小宝调整了店铺的单品引流款和利润款分布，之前的产品价格都是统一化的：按照生产价格的两三倍出售（按照线下实体店的性价比进行测算）。新布置出来的引流款规划到行业平均值甚至更低，以此带来快速成交；积极使用淘宝 ECRM 来配合老客户维护和 UV 价值提升，使得店内的其他利润款都能发光。店铺一下子就焕发了生机，从之前每天一两单到一天出 50 单以上。

老爷子加小鲜肉的组合使得这个追求品质的老爷车换发了盎然的生机。

2.2.4　梦想总是要有的，万一哪天就实现了呢

淘宝事业继承了小宝和老爷子两代人的期望，他们将自己的品牌利用超高性价比的优势在淘宝市场中闯出一番天地，老爷子的成熟老练加上小宝对新鲜事物

的快速了解和适应能力，在不断完善和发展的淘宝中一定能够跟得上节奏。

当别人告诉他们淘宝开店已经晚了的时候，他们会不假思索地告诉对方：现在正是好时候！用老爷子说的那句话，资金周转不够就算到时候卖掉房子也要把这个事情坚持下去。小宝搞不清楚为什么一个年纪 60 多岁成熟稳重的人会说出这样的话来，他也不明白为什么一个 60 多岁的固执而轻视小年轻的人会将自己的事业与年轻人分享甚至大胆启用年轻人的建议，后来他逐渐理解和明白为什么一个 60 多岁的老头子在最该享受晚年的时间里，选择从早晨 7 点到晚上 12 点在办公室里做研究。

这就是淘宝给他们带来的改变，他们会随着淘宝的改变继续成长，坚持下去，因为这是他们共同的事业。

第3章

淘宝开店和定位

一个偶然的机会，听到一个新疆做玉石的女子进行了一堂分享：讲述她接手家族传统玉石门店生意后，面对逐渐冷清的传统生意，运用自身对电商的敏锐感知迅速改换经营思路，调整经营主体为社群模式，并带头沉到里面去，最后做成国内线上知名玉石品牌的经过。

玉石属于高消费段商品，产品知识面较为丰富考究，人群受众比较成熟。淘宝这类平台化电商讲究的是快、准、狠：购买决策做得快（客单价偏低或品牌溢价够高）、传播精准、上新快节奏狠。而玉石这种较高价位商品在线上交易只能“杀熟”，即先信任，才会有成交。选择社群模式经营是很靠谱的。

而这位女子做的社群标签是“生活品质和慈善”，恰好是进入中产的较大年龄群体较为喜欢的两个重要话题。起点的客户很简单，把之前的实体店客户拉进来玩，耐心地宣导社群理念做万年生意。

所以相比平台电商掌柜们，她的生意做得很轻松：不用去分析店铺数据，也不用研究平台运营技巧和策略，只需要服务好这些老客户，凭借口碑即可往后叠加。

Tips

这个商业模式并不是说有多棒多妙。它本身就有很高的门槛：自家多年积累的门店和资本以及良好的口碑客源。妙在这位女子对这个事情的点评：选择一门生意即选择了一种生活方式，即选择了什么样的人生。这恰好是今天我们千万淘宝卖家们经常夜深人静时思考的一个问题：

"我这么坚（死）持（撑）到底是为了什么？"

3.1　店铺如孩子，你是亲妈还是后爹

一个周末，两拨人跟笔者约茶。一波是95后，一波是70后；95后是做国外产品代购的，70后是做传统企业打算转电商的。上午跟95后的人喝茶聊了半天，基本不聊什么思维、框架、模式，直接拿着手机和电脑就凑到笔者跟前问笔者单品怎么进手淘模块，达人选什么标签，内容参考方向是什么……全程实操、手戳；下午跟70后这波聊完，各种抱怨传统渠道被电商碾压、库存压力吃紧、供应链成本提升、蓝海减少，最后丢了个问题给笔者："胡子老师，你能不能帮我们做代运营？第一年不要求赚钱，做正负零（不亏不赚）即可，单独付你团队运营经费80万元，你考虑一下？"

3.1.1　新手雷区：那些看似蜜汁的果儿

我们今天说到淘宝开店的新手卖家，如天天到淘宝大学（daxue.taobao.com）翻看视频，默默学习的掌柜，是泛指运营经验不足一季（自然年），没有全盘操盘过的甚至没有太多广告投入支撑的卖家。他们并不是天然呆，也不是自然傻，只是淘宝变化太快，特别是现在网络上流传的各种鸡汤和"干货"，让他们欲罢不能同时也无法分辨对与错。

Tips

这个阶段恰恰是最危险的：极可能很极端地去执行，导致把爸爸妈妈辛苦积攒的积蓄亏个精光，或者让多年的血汗钱流光殆尽，也可能疯狂地去迷恋某种"神技"，最后却陷入无边无际的刷单大军中，无法自拔。耗掉昂贵的一两年时间后，回首发现自己居然什么都没学到，也什么都没得到，可悲、可叹、可惜！

我们不妨把淘宝新手掌柜们打两个标签："草根"、"中产"，这是时下非常热门的标签。这里的草根是打了双引号的，指的是淘宝知识储备上缺乏和创业资本、人脉及调配资源上孱弱的人。

3 年前笔者刚做淘宝培训的时候，高峰期（如下半年"双 11"前后）每天要收到上千个问题！这里面有 1/3 的人会提出这样奇葩的问题："大叔，淘宝怎么赚钱？""大叔你教我淘宝每天赚 100 元，我给你 2000 元。"让人啼笑皆非却又无可奈何。

而近年来随着淘宝从业大军的不断攀升，淘宝行业的培训机构、讲师也是层出不穷。开过 1、2 个月店铺的，研读了一点点淘宝规则就敢打着"大师"的旗号到处收钱教学，更有甚者淘宝店铺都没开过，连宝贝编辑在哪里都不知道的家伙，也敢打着"3 个类目第一，'双 11'操盘天猫过亿级大神卖家"这样的"名号"去欺骗新手卖家。

笔者自己也从事淘宝培训，所以在成立自己的培训机构（学院）时的定位就是新手卖家常规情况下一律不接收，给钱也不收。除了良心使然，也是为自己的培训品质和口碑打下坚实的基础。

在这里，笔者要提醒新手们，如果有打着"淘宝大学讲师"的人诱导你去听课、交钱，那么很简单，打开淘宝大学网站（daxue.taobao.com）（见图 3-1），在师资里去看有没有这个人的资料，是不是在册，淘宝大学的老师是不会也不能以个人名义随意招生，进行教学的。

图 3-1　淘宝大学师资查询

3.1.2 “快手菜”入不得宴席

市面上流传着很多的“秘籍”，比如：

- 10 分钟教你宝贝上淘宝首页。
- 分分钟直通车关键词得分上 10 分。
- 实操教你淘宝开店月入百万元不是梦。
- 直通车 ROI 飙升 100 倍的绝密干货。

这些看似蜜汁的果儿，哪有养分，绝大多数都是有毒的果子！淘宝有一个不变的规则，那就是随时都在变。如果有漏洞，以今天淘宝的技术团队班子，解决掉问题也就是分分钟的事情。淘宝也是一门生意，做生意的核心就是诚信、务实。

Tips

电商诚然是一条可能的“弯道”，可以让你的实体经营以更快的速度发展、扩张。但是记住：平台电商也仅仅是商品和服务的辅助，而不是全部。你的买家再多，你的产品在平台上卖得再好，离开了平台，你什么都没有，什么都不是。

淘宝运营演变到今天形成了一个极其复杂的学科门类，包括不仅限于平台规则、行业标准（含工业级）、商品属性及规范、类目消费心理学、平台美工设计、数据分析、行业分析、客服岗前培训（催付技巧培训与售后培训）、电商岗位 KPI、电商团队管理、商品库存管理、供应链打造、国家或地方电商政策、电商财税、控价体系、直通车运营、钻展运营、淘客运营、手淘运营、活动运营、内容运营等。

新手一旦进入体系之内，发现自己什么都不会什么都不懂，是何其得慌张？而面对极其海量的知识门类，从哪里开始研究，从哪里开始接触，完全是“左脑是水，右脑是面团，不动则已，一动变糨糊”。

所以在本书的开篇，笔者就提到别指望一本书就能让你成为一个牛气哄哄的运营，本书不可以，这个世界上也没有这样的一本就能搞定的“绝世秘籍”。

当然，笔者不能抛出问题却不说怎么解决，这样你会说笔者是个“砖家”。

对于新手而言，笔者的建议如下。

1. 先熟悉商品知识、类目知识

旁边没有人提点，我们有“度娘”（百度）、知乎……如图 3-2 所示。

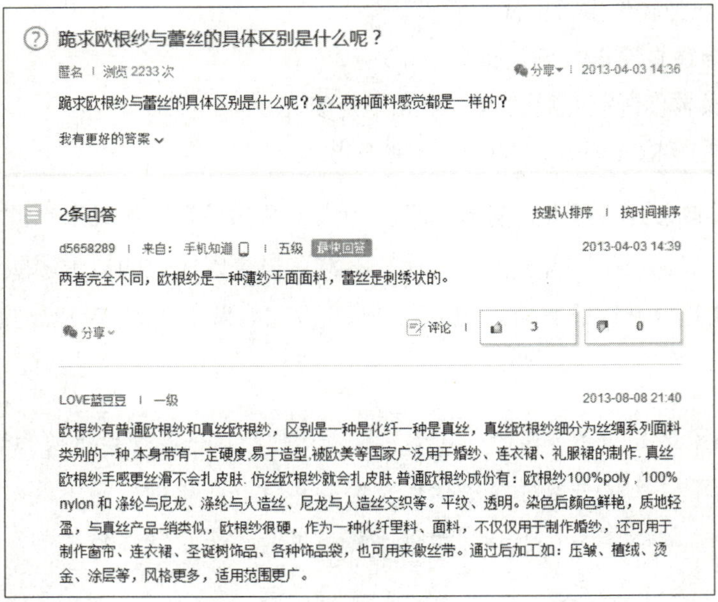

图 3-2　百度知道

2. 了解平台规则

你只需要两个网站就可以完成所有淘宝新手问题、规则的研读，如图 3-3 所示，一个是淘宝服务中心（service.taobao.com），一个是规则中心（rule.taobao.com）。

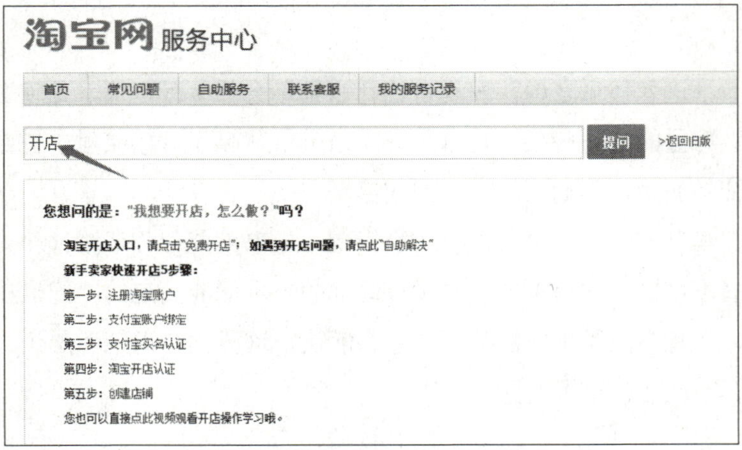

图 3-3　淘宝服务中心

如果在服务中心还是找不到问题的解决方法，那么，你可以直接找淘宝在线“云客服”，寻求人工帮助，如图 3-4 所示。

图 3-4　淘宝在线云客服

在客服工作时间内，你可以任意地询问所有的淘宝店铺开店、规则问题，都是免费的。当然你不能动不动就跑去问人家“淘宝怎么赚钱”。

淘宝针对每个经营类目都会有规范和准则，在 rule.taobao.com 可以找到近乎所有的类目规范和最新规则（见图 3-5）。

图 3-5　淘宝规则

在淘宝网的导航页面，你可以找到所有你想了解的基础平台知识。而作为新手你最有可能面对的困难是因为知识点零散而无法理解这些内容字里行间的意思。相信笔者，你只需要先尝试了解，看多了以后，你会慢慢把这些内容串起来，连成线，融会贯通。

Tips

只有当你自己内心笃定了，才能从容面对淘宝运营这个知识面庞大的学科门类，能根据自己目前擅长或喜欢的内容去深入某个细节进行研究，从而慢慢较全面地去掌握运营知识，并尝试从中找寻技巧。记住那句话“慢就是稳，稳才是快”。

3.1.3 番外篇：传统企业是如何被“忽悠”的

2016 年 6 月 4 日，笔者接到爆料后，率先在微博上发声：深圳一家规模庞大的淘宝代运营机构（员工规模达到 800 人之巨）涉嫌合同欺诈被多家店铺举报，公司高管被武装警察全部带走问讯。这件事情在淘宝培训界、代运营界、阿里妈妈 AMP 淘拍档里就像一颗炸弹引爆，引发了一连串的连锁反应，如图 3-6 所示。

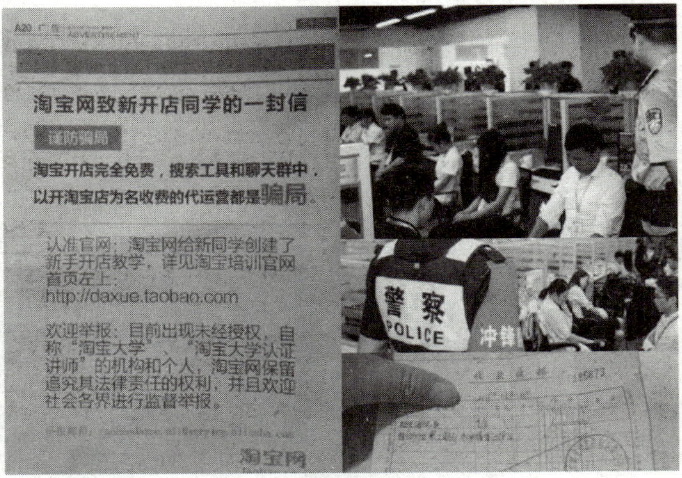

图 3-6 深圳代运营事件

淘宝网在传统媒体报纸上刊登“代运营”防骗告知函，阿里妈妈、淘宝大学纷纷站出来表达对加强合作机构管理、监控的承诺。你可以在很多地方看到这张图，因为笔者当时的爆料很多媒体都转发了（见图 3-7）。

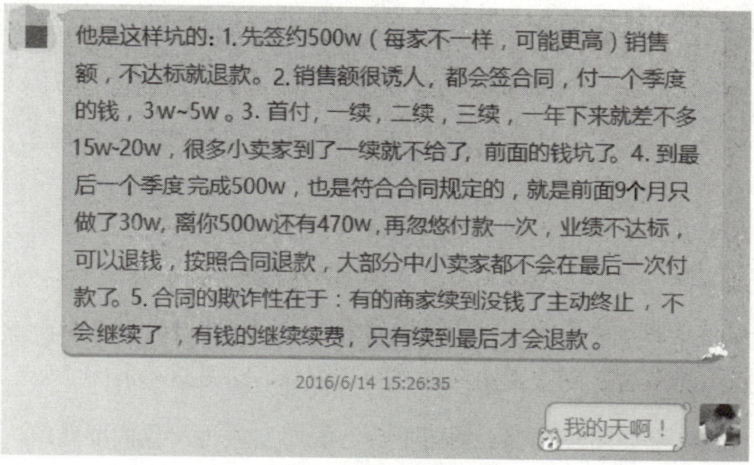

图 3-7　笔者接到爆料

3.1.4　淘宝诈骗滋生的土壤

也许市面上还有这样的机构、团队或个人，而这类人进行欺骗的对象大多是一些“中产”人士或公司，也就是我们俗称的“传统企业业主”。

当然这种合同欺骗、诈骗的行为实在令人发指，有人钓鱼，也得要有鱼上钩。这些年淘宝每年“双 11”动辄几百亿元的销售数据不断刺激着传统业主的眼球，他们或惊讶，或羡慕甚至嫉妒！但鉴于团队本身是基于实体打造的，企业全面转型是不科学，也不现实的，所以才会出现“一群 70 后要求笔者代运营”这样的现状，有诉求就会有市场。

淘宝的门类包罗万象，抛开女装这个大类，任何一个品类的运营都需要团队至少有两三季以上的运营经验，并且和官方有较多的资源对接，对商品和用户有充分的了解，才有可能在较短的时间内迅速打造属于该企业的平台电商之路，这里面可谓危机四伏。

若像深圳这家公司这般，它确实是淘宝官方——阿里妈妈旗下 AMP 的合作机构，也花钱在央视媒体上做足了广告，公司人员规模达到 800 人！他们甚至能够打开目前淘宝平台上知名的店铺后台给你看数据……试问有多少传统业主在上门“勘察”后能忍住冲动不签合同？

Tips

淘宝店铺就像我们自己的孩子，一个新开的店铺就似一个新生的婴儿，你会将其丢到托儿所？若你舍得，你是后妈还是后爹？这个问题，笔者抛在这里，留给传统业主们自己思索。

3.2 自信只是一味纯白鸡汤

就像我们前面章节里提到的“退休副市长”，很多初创期淘宝店主其实都有这个毛病：特别相信自己对产品、用户的判断能力和理解能力。

当然有的人也会比较客观：询问下身边的朋友意见。我们要知道，真正的市场调研数据是非常昂贵的，如艾瑞市场数据，数据取样的样本人群也根据预算不同而不同。而淘宝平台的用户群体随着客户端的变化，已逐步趋向于90后。当我们拿着自己能力范围内获取的用户提供的意见数据，想服务好这些人群，恐怕不够理想，更别说用传统经营中累积的服务经验了，我们会发现，这完全是另一个族群，另一个消费场景。

3.2.1 哪些平台数据导致消化不良

做淘宝运营的人大体可以分两种：做数据分析的人和不做数据分析的人。笔者主要说说做数据分析的人。笔者开始进行淘宝数据分析时起步较晚，至少比最初进行数据分析得益的人晚了一年多。做数据分析的人一般会干以下这样的事情。

（1）分析自身的经营数据和各项店铺指标：包括店铺的流量和各类ROI（投入产出比）指标（如直通车钻展淘客活动ROI），个别还会制作人员工资和精力抵耗对比产出的ROI，并记录宝贝的动销比数据（库存和销量变化的比值）。

（2）行业数据分析（也就是俗称的大数据），这也是现在大多讲师喜欢讲的内容，就是“术”的部分，如生意参谋的市场行情分析（见图3-8），行业大盘→行业粒度→热销商品榜等，所以现在市面上有很多“神词助手”等神乎其技的花样工具软件。

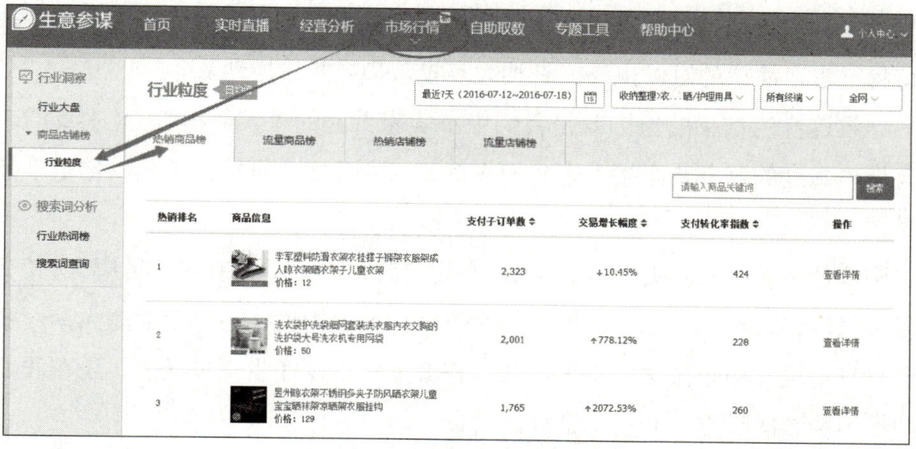

图 3-8 生意参谋行业数据

做A类的卖家无可厚非，你连自家赚钱亏钱的平衡点都找不到，做一个糊涂生意，想必不是一个合格的卖家，这是基本功，哪些没做好，哪些做得好，ROI指标一衡量就知道，这和进行数据分析的出发点是吻合的。

做B类的也不是好玩，问题是现在太多的人会剑走偏锋。白话点说，你一个小卖家每天几十个流量，你去看行业数据里的百万流量级别卖家数据，你激动个什么？你又能干什么？这样跨层级数据不能让你达到“借由数据来指导和明确下一步我能干什么”的目的。

比如，我们在生意参谋看到自己类目的大卖家们今天什么货卖得好，买家最喜欢什么样的商品……就算你我是这个品类里极小的一个分类，这个分类里也有成千上万的竞争卖家（如果你按自己的理解硬说只有“3”家，那么你看这个数据基本就没意义了），每一家都有自己的店铺和单品层级，覆盖的消费人群规模也不一样，别人卖得好的你未必卖得好，人家做得较好的指标和维度，我们呢？差了一座山。

Tips

如果我们跟风，就极可能导致这样的“杯具”：前面的卖家们把货都卖完了，这个商品也不好卖了，但是自己呢？囤了一仓库的SKU。

3.2.2 向客户“要”数据

对于淘宝天猫的中大型卖家（知名品牌哪怕不进行任何推广别人都会满键盘

乱找）而言，大数据确实有中肯的指导意义，因为大型卖家之间鸿沟并不大，想要跨越过去，简单的时候也许就是加大点投入和上几次活动。

导致这样的结果的原因就是我们中小卖家看到的“大数据”，对于我们来说只有战略高度的意义，跟接下来我们应该怎么做其实并没什么关系。你是不是感同身受？

到底什么是“大数据”，淘宝天天在说“我们的大数据有多么厉害”，其实这个双引号应该打在“大”上，即“大”数据。数据规模并不一定要庞大，而要适用于自身情况。中小卖家的“大”数据在哪里？不仅在生意参谋里，还在我们身边，在消费者的嘴里、心里、键盘、鼠标上。

我们每一个卖家，当你卖出第一笔产品的时候，你的“粉丝”就已经有了，如果这个用户是第一个买你家宝贝的人，那么，你知道他要付出多大的勇气？

Tips

为什么淘宝要强调老客户和回头客的权重？因为你重视老客户，所以老客户和粉丝们能给你真实的产品需求和最真切的意见，以此来改良你的产品和店铺，良性循环。

我们不妨把这些客户或粉丝加到微信、微博哪怕是QQ群里，当你还在犹豫要不要去做的一瞬间，本该成为你忠实老客户的一个人这会儿可能已经买完东西走掉了。你就算仅仅是在一年内到你店铺购买过产品的一万个人中，挑500个加到你能直接和他们沟通的地方，那么接下来的时间里，这500个人告诉你的“数据”，才是真实符合我们中小卖家自身方向和未来的“大”数据。这里还有一个问题，你不要看了笔者说的这个马上就去搞点什么“店铺大促”来瞬间抓到500个人，这样来的500个人是“找便宜”的，不是能真正帮你做“大”数据的，你需要的500人就像斯巴达勇士一样，需要慢慢成长、累积。

3.2.3 淘宝“粉丝经济”带来的直接收益

我们但凡能看到的做得大而好的商户，粉丝一般都多得吓人，但是大卖家能真正地服务好所有的或者大部分的粉丝吗？怎么可能！人和团队的精力都有限，再说生意人的劣根性就是店大欺客，生意好了忘本和服务无法细致入微的毛病是根深蒂固的。

大卖家的每一次钻展促销活动预热、预售、秒杀、专享……没几个是“拍脑袋”瞎蒙的，大都是经过活跃粉丝或者精确的用户调查，长时间积累和互动得出的商品需求结果。

一个真正的运营高手基本得擅长此事，这也是为什么你看了几十本畅销的“淘宝运营大师必杀技”书籍最终去应聘大卖家年薪 20 万元的运营，跟 HR 聊了会儿别人翻你白眼的原因。当我们店铺只有几千或一两万客户（粉丝）的时候，你会发现你去投放直通车、钻展的费用都会比别人高很多，就算出价到 5 元、8 元，展现也非常少，如图 3-9 所示。

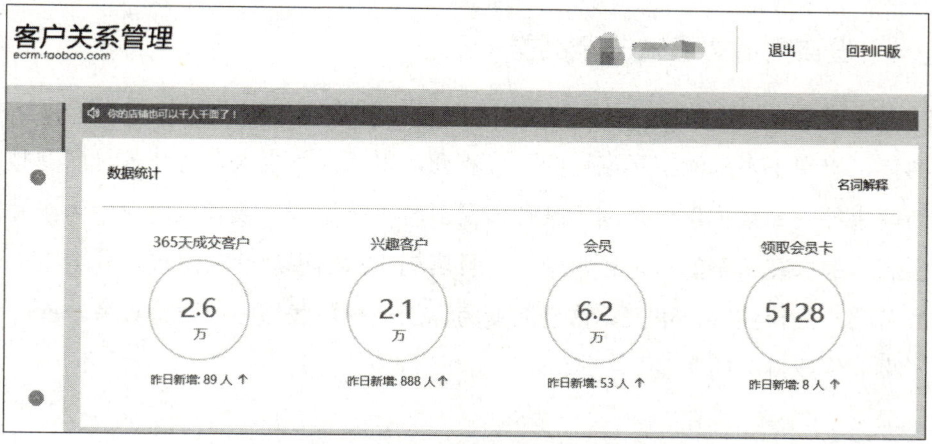

图 3-9　淘宝 ECRM 店铺用户数据

我们跟粉丝聊天、走心，得到了好处，你不要“返现”20 元红包就把他打发了，他的良苦用心不只值 20 元红包，他更希望得到的是他的正确意见被你采纳被你尊重，使店铺得到了改良，然后他会打心眼里喜欢你，挨家串户帮你宣传，后期甚至依赖你。

现实的情况是，大多中小卖家都知道跟粉丝互动的重要性，却因为眼光和经验的问题不自信、不确定。中小卖家跟品牌大卖家，差的是一个品牌的价值，可贵的是可以用耐心、时间去沉淀真实可靠的粉丝，最终形成裂变。中小卖家的品牌是自己内心的笃定和坚持，由内而外散发。

这是淘宝前运营负责人“行癫”同志鼓励金牌卖家的初衷和良苦用心。

淘宝店铺的经营层级（类似你在生意参谋首页里看到的支付层级）是由店铺的真实经营数据进行系统打分的，每一个层级和维度空间里都会存在若干的类似卖家，我们总是习惯“单纯”地去看交易笔数的差别，拿别人 2 万笔销量来减去自己 2000 笔销量，幻想着刷个 5000 笔，活动广告淘客推个 10000 笔就可能到达他的位置，数据不是这么看的，你要超越的岂止是他的一个单品。

Tips

所以，用心去一点一滴积累，做创业者应该做踏踏实实的事情，当你的基础打得足够牢靠，中后期裂变发力的时候，轻轻动个手指，甩掉曾经想超越的“大卖家”几条街。

3.2.4 发自内心去喜欢一个品类

在本章节的开始部分，笔者提到“选择一种生意，即选择什么样的生活”。这两年也出现了多起淘宝卖家过劳死、猝死，电商人熬夜太多身体各种问题频发的新闻事件。如果你仅仅是因为某种商品暂时“能赚钱”或者可以谋生为由去做淘宝店，那么在繁杂的日常运营中，一旦店铺生意出现疲软或滑坡，你会很快产生疲劳感，变得焦躁、不安。这会演变为你的一种短线精力或财力投资，而非你的“事业”或持久的生意。

Tips

其实这也是目前淘宝创业大军里非常普遍的一种现状：很多人处于对生活品质的不满而不是基于实现理想或打造事业根基为由开始淘宝创业，资金有限、人才匮乏，更谈不上去寻找、运作自己喜欢的类目或商品。

基于此，笔者在这里讨论的目的是要让你在既定的类目和商品选择后，尝试让自己去爱上这个行业。所谓行行出状元的前提是要干一行，爱一行。

这个道理不难理解，如同情侣成为夫妻。先接触，然后发现对方的优点，慢慢喜欢对方，深入了解之后，才会发展到“爱上”。笔者经常会给学员、朋友看店铺，也会经常问他们：“你喜欢你现在所做的类目吗？”试想，如果自己都不喜欢，那么如何说服自己深入地去研究它，继而把商品最优秀的品质和表现面展现给其他人，让其他人都喜欢。

3.2.5　技术和赚钱之间隔着你对产品和受众了解程度的距离

我有一个做户外用品（主做头灯）的学生，学习热情很高，对行业认知也很专业，特别擅长分析同类卖家和竞争对手，行业里但凡出来一个新的竞品她都能如数家珍地很快说出这个宝贝是怎么起来的，比如，打比我们低一点的客单，狂推直通车，做直播等。

按理说这是一个非常优秀的淘宝店运营，至少可以说负责任。而分析单品流量情况、竞争对手数据也是我们很多卖家天天在做的事情，也会天天抓着淘宝页面去搜索自己的核心关键词：看看到底哪里又冒出个“土豪”，又冒出个想把自己宝贝挤下去的家伙。

如图 3-10 所示，其实从经营数据来看，这个店铺的销售数据可谓“一帆风顺”，平销（日常销售）的中轴线波澜不惊。

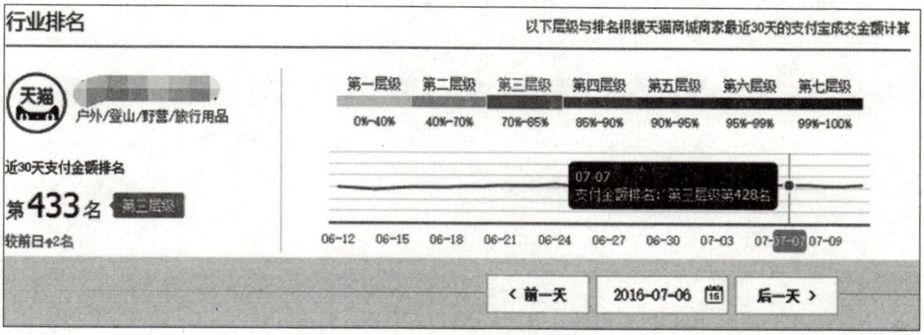

图 3-10　店铺经营状况

虽说户外的高峰期是 5～10 月，但是并没有看到这个店铺的支付层级在这个行业需求高峰期呈现较好的增长。现在我们说手淘受个性化影响非常明显，你的推广、搜索展现都会受制于你的店铺粉丝数量。

当你的店铺粉丝比较多，特别是兴趣用户数，如图 3-11 中的第二个指标所示，日均增长较快（证明你搜索和付费渠道产生的收藏、加购、关注增长明显），那么你可以借用 ECRM 的优惠券功能很快就形成一波一波的转化，来提高平销的支付水平线，同时会发现直通车、钻展的 PPC 可以用比较低的价格拉到不少的展现。

这就是 2016 年直钻（直通车 + 钻展）推广关乎 PPC 和收益指标（ROI）最核心的内容之一。

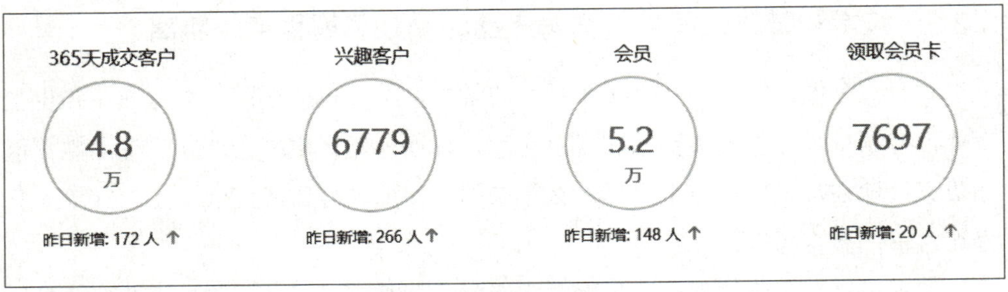

图 3-11　店铺 ECRM 用户数据

3.2.6　你想卖的产品是买家要买的产品吗

当我们去查看店铺的单品数据时，发现店铺基本就围绕着这一款单品来做，所以店铺的整体数据会以这个宝贝的阴晴表起伏。在观察了一两个周期（7～15天）后发现，这个宝贝的直通车转化率明显比搜索还高（见图 3-12）。

	流量相关					引导转化							
来源	访客数	浏览量	浏览量占比	店内跳转人数	跳出本店人数	收藏人数	加购人数	下单买家数	下单转化率	支付件数	支付买家数	支付转化率	操作
手淘搜索	434	753	36.55%	104	429	9	19	21	4.84%	23	20	4.61%	趋势
直通车	148	279	13.54%	36	147	4	6	8	5.41%	9	7	4.73%	趋势
淘内免费其他	130	243	11.80%	31	125	3	11	17	13.08%	18	16	12.31%	趋势
我的淘宝	63	146	7.09%	19	61	4	5	23	36.51%	30	22	34.92%	趋势
购物车	61	152	7.38%	15	60	3	12	23	37.70%	30	22	36.07%	趋势
猫客搜索	57	234	11.36%	9	56	1	2	4	7.02%	4	4	7.02%	趋势
手淘旺信	35	113	5.49%	12	33	3	4	13	37.14%	15	13	37.14%	趋势
淘宝客	16	25	1.21%	3	16	1	1	1	6.25%	1	1	6.25%	趋势
手淘消息中心	11	21	1.02%	3	11	2	2	5	45.45%	6	5	45.45%	趋势
直接访问	11	13	0.63%	0	11	0	1	1	9.09%	1	1	9.09%	趋势

图 3-12　单品流量“来源去向”

而猫客搜索的转化率更高（天猫客户端的综合排序主要看品牌调性和销量），手淘消息中心（直通车定向位置）效果也不错。这样下来该单品的思路就很清晰了：当直通车 ROI 能维稳或小盈的情况下，加大直通车投放即可。

同时，这样可以为搜索带来更多的流量和直接的收益，还能不断提升猫客端的高转化成交，也能带动其他渠道的流量。

淘宝最大类目（服饰）的一波秋冬款上新预热基本都会在 7 月底到 8 月初完成过渡。借这波流量红利期，户外类目也应该有所动作。

所以在稳定了固有单品的数据平销之后，上新什么宝贝来做，卖点在哪里，就应该是我们自己在经营类目过程中慢慢建立起来对商品的喜爱、对类目的热爱后深入研究的问题。如果不喜欢这个类目，仅仅赚钱为主，那么，你很容易只关心跟你相似度很高的宝贝是如何做起来的，蒙蔽掉自己的双眼同时，丢掉的是用心的更好结果。

我们可以看看（见图 3-13），其实通过生 e 经这样的官方工具查看行业数据，我们马上会发现：高质量的同行卖家最近的头灯单品方向已经在前两个月就开始转向“钓鱼灯”、“夜钓头灯”了。这个时候我们需要找几个钓鱼达人来了解一下这块的需求。

2016年06月热销宝贝TOP100　【户外/登山/野营/旅行用品 - 头灯】 点击下载

图片	宝贝	价格	↓成交量	卖家	信用	位置
	ShineFire LED头灯强光矿灯黄光夜钓鱼灯充电远射手电筒超亮头戴	58	22829	shinefire旗舰店		浙江
	变焦LED强光头灯 远射充电超亮头戴式手电筒矿灯夜钓户外钓鱼头灯	298	10385	新势联合户外专营店		浙江
	狂风LED强光头灯超亮远射充电夜钓鱼户外照明黄光矿灯头戴手电筒	128	7466	森漫运动户外专营店		浙江
	鑫来缘头灯强光led夜钓蓝光钓鱼灯矿灯充电头戴式手电筒远射超亮	155	5019	鑫来缘雅晨专卖店		广东
	户外强光超亮头灯 锂电充电远射头灯夜钓蓝光钓鱼头灯黄光矿灯	108	4880	海虹渔具		浙江
	猎途变焦 超亮头灯强光充电 远射探洞夜钓 钓鱼led锂电户外头戴式	56	3855	深圳强光手电批发零售		广东
	天火led头灯T6强光超亮100充电远射户外夜钓鱼锂电头戴式电筒矿灯	228	3626	甜心儿1980		广东
	户外照明LED强光头灯充电 远射头戴式手电筒夜钓鱼头顶矿灯55W	219	3548	桃花李季		浙江
	红外感应钓鱼头灯夹帽灯强光夜钓锂电池充电式led户外帽子帽檐灯	169	3542	香草与雾儿		浙江
	雅格LED头灯强光打猎矿灯夜钓鱼灯充电远射手电筒超亮头戴式	59	3508	雅格雅明专卖店		浙江
	红外感应钓鱼头灯夹帽灯强光夜钓锂电池充电式led户外帽子帽檐灯	15.5	3257	山中户外强光手电		浙江
	变焦 强光头灯充电 超亮远射蓝光夜钓 钓鱼led锂电户外头戴式矿灯	66	3140	jiangyin1989		浙江

图 3-13　生 e 经子类目数据

如图 3-14 所示，在户外大类下，“头灯”和“钓鱼灯”隶属于不同的小子类目，我们在上新的宝贝时，如果要打这个卖点，就需要从两个子类分别切入。测试什么呢？测试直通车的关键词得分和搜索的反馈。

|--头灯
|--其他灯
|--钓鱼灯
|--信号灯/发光棒/救生灯
|--灯具配件

图 3-14　子类目分类

夏秋季是钓鱼的高峰期，白天钓鱼的难度较高，且环境条件较差（高温），适合中老年及较职业的钓者；而晚钓则更适合白天需要工作的年轻人。钓鱼头灯的色系主要有 3 种：暖色系的黄光和冷色系的紫光、蓝光。暖色系的黄光，穿透力较好，但是容易影响水下的情况，在观察浮漂的时候会干扰鱼上钩；紫光和蓝光，目前来看，蓝光的市场数据较好，看浮漂比较清楚，看得也较远，且不会照射到水下影响鱼饵上钩。

关键词蓝光、远射、可充电、专业夜钓头灯、钓鱼灯等，都属于需要重点打造的词。而通过生 e 经查看宝贝的客单价、属性就可以确定最近的新品发力的价区和主打属性了。

3.2.7　上述这个案例，说明了什么

我们不要只停留在单个或某个商品的数据层面，要尝试去了解线上的主流商品属性变化及与商品有关的人群属性、受力点、兴趣扩展、时尚方向、社会热点等。当我们无法研读最近的一些市场变化时，要马上去请教相关的业内行家、达人。而这所有的动力，都源于你对品类和所经营的商品的喜爱，甚至热爱。

3.2.8　选款和测款是第一次电商“考试”

买手（Buyer）是时尚潮流最前沿的一种职业，起源于 20 世纪 60 年代的欧洲。按照国际上通行的说法，买手指的是往返于世界各地，时时关注最新的流行信息，掌握一定的流行趋势，追求完美时尚并且手中掌握着大批量订单的人。他们普遍以服装、鞋帽、珠宝等基本货物与供应商进行交易，组织商品进入市场，满足消费者的不同需求。

买手必须站在时尚潮流的最前端，了解行业规范，适时在其中赚取一定利润。而在中国，近似于买手的职位是跟单及采购，但这两种职业仅仅在做买手工作的一小部分而已，可以说，国内长期缺乏职业的服装买手。

随着微网红的迅速上位，我们见识了张大奕、钱夫人等知名网红，他们快速运用自身独特的时尚品位和选款技巧，借助自身V账号（微博V或淘宝达人V），通过视频、直播等形式迅速打造出让大家目瞪口呆的爆品数据。

但这毕竟是借助于个人魅力和信任产生的超高溢价结果，而对于大多数“跟风做款”的淘宝店铺卖家来说，因为本身不具备完整供应链和设计感（含专利和版权），所以如何根据平台的货品方向选对产品，是步入淘宝的第一步，也是非常关键的一步。

Tips

直白点说，只要选款成功，不管运营做得如何，店铺也极可能会火得门庭若市。

3.2.9　手把手教你平台选款

我们很多老师动辄就拿女装举例，因为女装是淘宝最大的类目，但要知道，女装也是全世界最大的消费类目，竞争度很高，所以对于普通卖家来说参考意义不大。

其实很多开淘宝店的朋友都会优先考虑就近选品类，也就是地方上比较集中资源、生产势能的商品类别，这对于前期现金流储备不太足、供应链比较薄弱的店主来说是非常好的选择。

今天我们来学着做一次“住宅家具”类目的平台选款实操案例。譬如，我们把店铺经营方向设定为家具杂类（储物柜、置物架、桌子等），那么接下来我们就需要仔细研究一下这个分类的关键词和行业的纵深数据，以此来作为选品、定价、测款、多款打造的基本框架。

如图3-15（数据来自专业版生e经）所示，这里要注意，我们自己的产品包括选品、定位都最好定位到“住宅家具”大类下，不要将某些单品或多品放到“家装主材”、“收纳整理”，跟店铺主营类目偏向较大，就走远了。

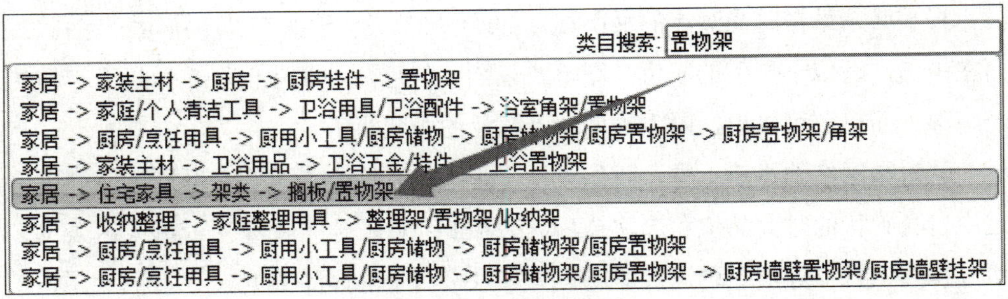

图 3-15　类目分类情况

3.2.10　置物架数据选款

首先针对毛重我们重点看看平台的成交范围，“3kg”毛重是目前看完所有的置物架在 2015—2016 年数据成交里最高的（见图 3-16）。

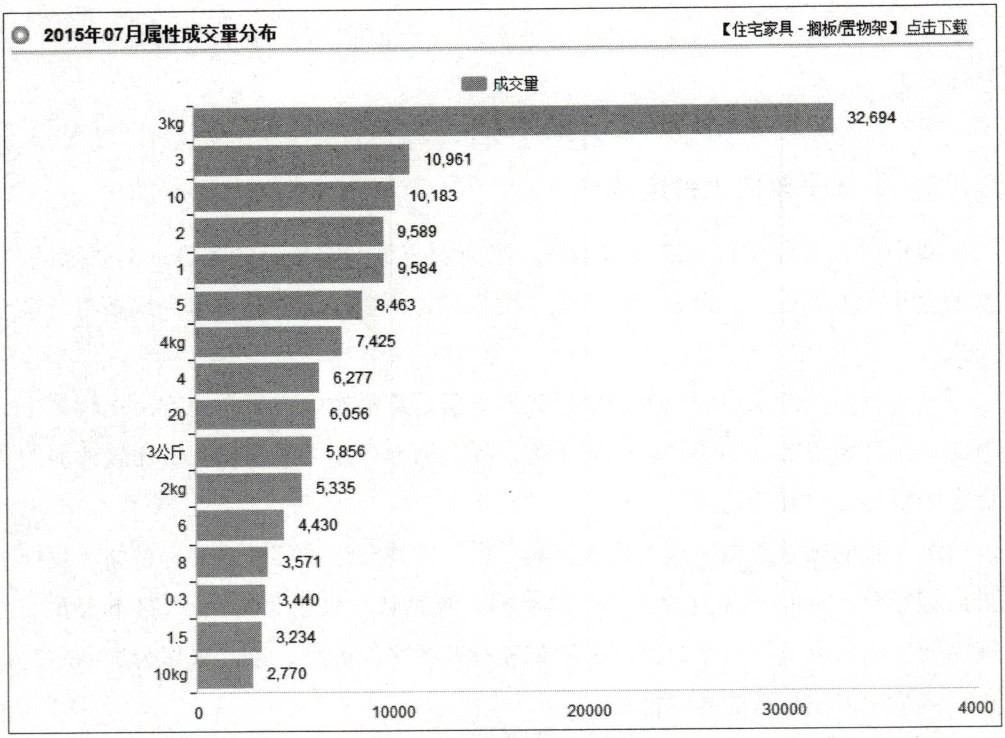

图 3-16　历史同期商品成交毛重

如图 3-17 所示，这是 2015 年 11 月（每年最高的一个月）“3kg”置物架成交的数据量。我们接下来看看 2016 年的数据（见图 3-18）。

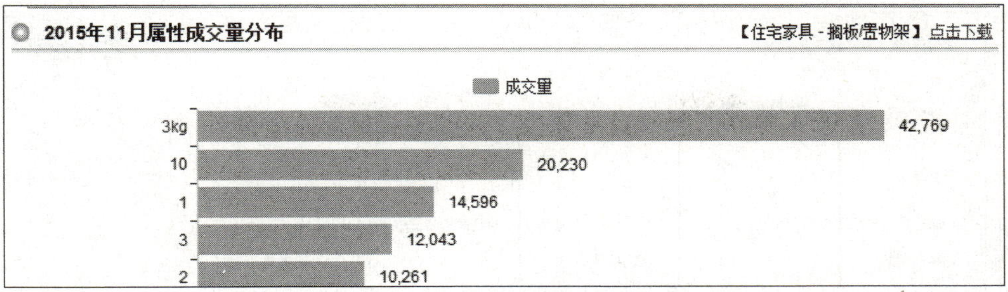

图 3-17　历史高峰期商品成交毛重

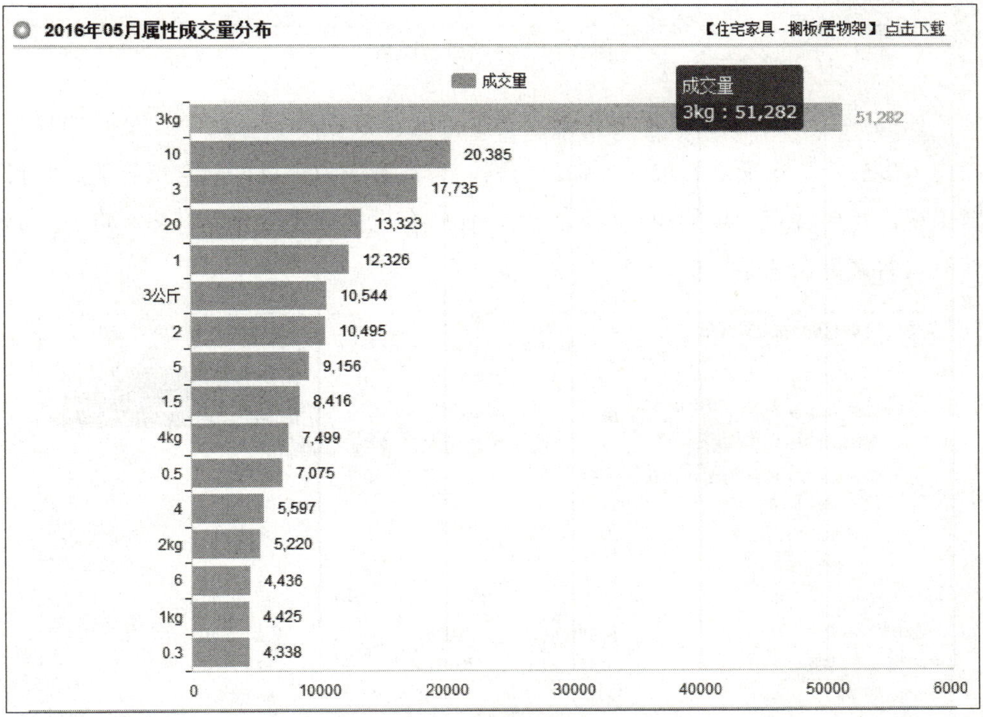

图 3-18　最近商品成交毛重

2016 年 5 月就达到了 2015 年“双 11”当月的置物架成交量，这个数量应该还会进一步攀升。所以，置物架这块，“3kg”是我们选品的关键。

而鉴于目前平台上看到的置物架很多都没有在宝贝属性里详细填写毛重（如多一个环节旺旺回复消费者），如图 3-19 所示，这是我们新品可以去完善并突出的，完善宝贝商品重要信息不仅可以方便消费者做决策，更符合手机端的“关键词相关性”特性，提升吻合度，并最大程度提高被“猜你喜欢”、“每日好店”、“有好货”等抓取的可能。

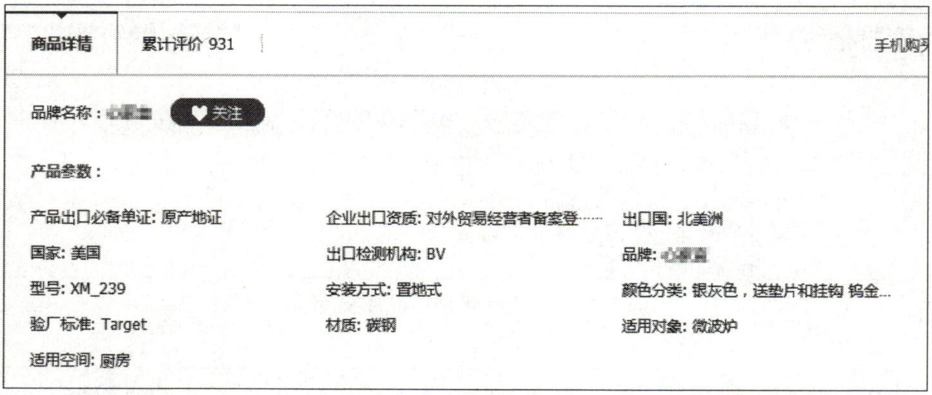

图 3-19　普遍商品详情

如图 3-20 所示，刨花板肯定是人造板成交最高的选材，这个也是我们目前国内大多生产厂家所选择的主要加工材料，当然若因为类目创新有更好的新型材料出现，待店铺有一定的用户面积之后，你就有机会去“教育”客户，告诉他们新材料有多好，这是后话。

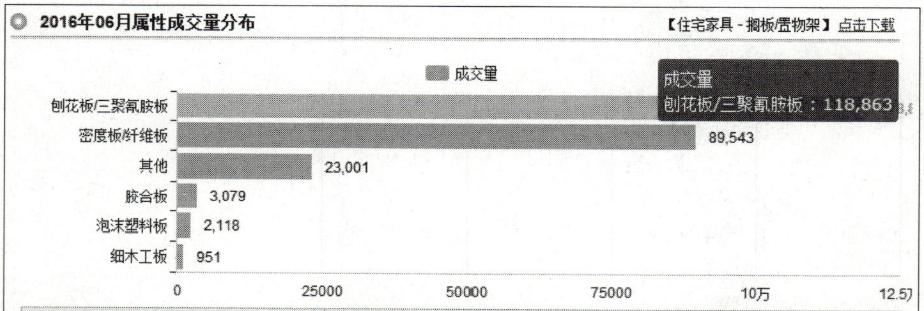

属性值	↓成交量	销售额	高质宝贝数
刨花板/三聚氰胺板	118863	6187769	642
密度板/纤维板	89543	10601149	833
其他	23001	1900842	182
胶合板	3079	146108	16
泡沫塑料板	2118	232409	20
细木工板	951	102668	19

图 3-20　最近商品成交板型

要注意一点就是在是否可以定制这块，如图 3-21 所示，店铺建议推出可定制的单品，这样丰富用户的选取，因为定制单品可以跟客户长时间沟通，提升单品客单价（UV 价值拉升），提高店铺的旺旺滞留时间，甚至把用户沉淀下来作为粉丝。都是一举多得的好事情。

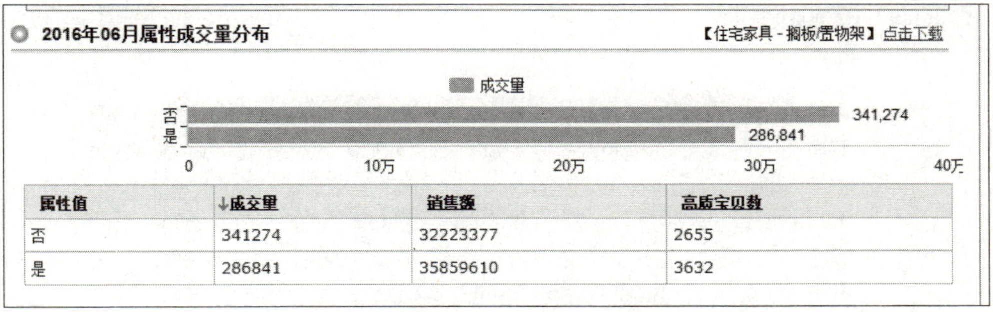

属性值	↓成交量	销售额	高质宝贝数
否	341274	32223377	2655
是	286841	35859610	3632

图 3-21　最近商品成交类型

如图 3-22 所示，图中标示出最近 30 天的成交颜色。成交颜色这块也可以给我们在接下来的时间段里带来有益补充。我们经常说淘宝的成交周期为 7 天，在非换季因素影响较大的类目里，4 个周期的数据可以决定后面 4 个周期的数据（即前 30 天决定后 30 天走量）。

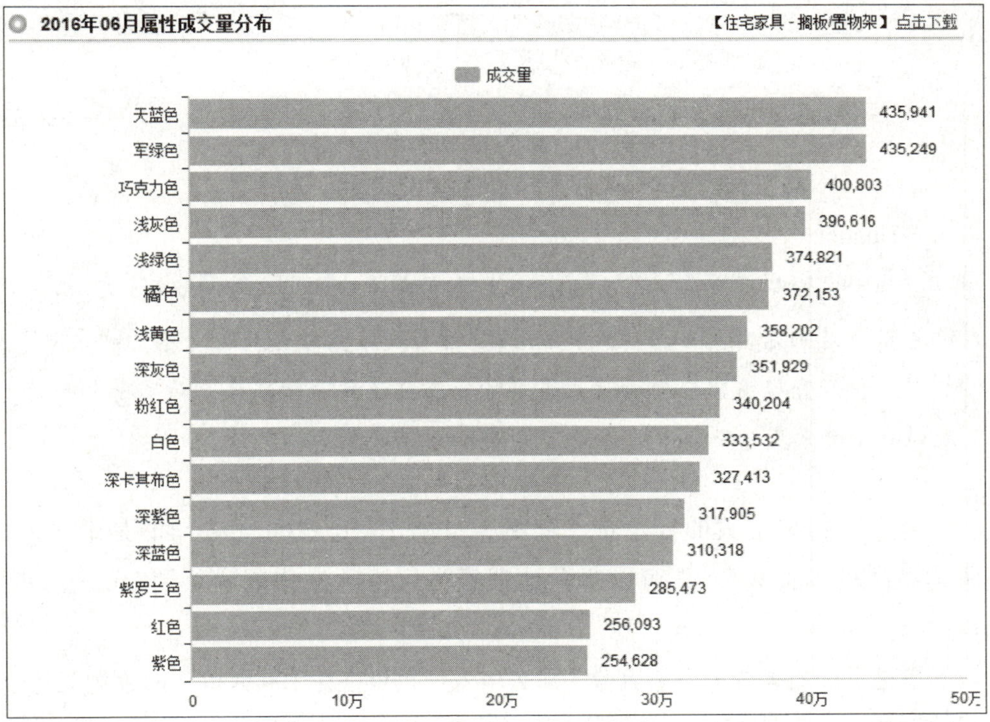

图 3-22　最近商品成交颜色

这是 2015 年“双 11”当月的成交颜色指标情况，如图 3-23 所示。

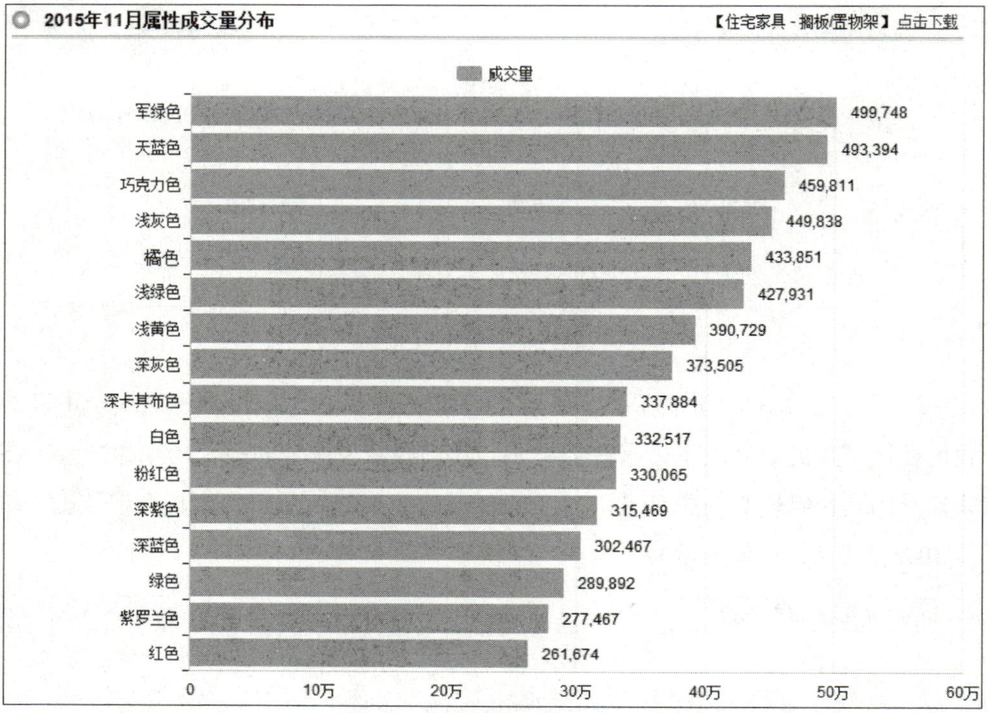

图 3-23 历史高峰期商品成交颜色

Tips

对于置物架这个小分类来说，一定要考虑清楚是用来做什么的，是厨房放电器还是书房作为小书架。产品拍摄图文一定要结合场景，尽力去展现。主图上最好直接突出应用场景，这样才能提高流量的精准度，而不是大而泛地引流，带来不转化，致使后续宝贝单品权重下跌。

至于置物架宝贝的客单价（见图 3-24），在 50～100 元之间的是最多的。所谓“高质宝贝数”，你可以粗犷地理解为店铺的爆款或者热销款，竞争度很大！

在这里，如果要考虑引流款，那么引入一款价格在 100 元以下的置物架是较好的选择，其次是 100～150 元之间，利润款应该规划在 200～300 元甚至 300～400 元之间，这类的竞争度也相对较低。

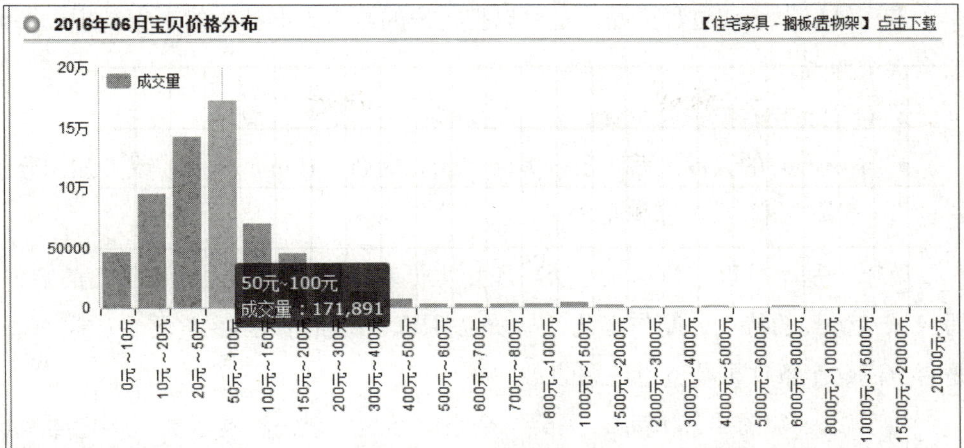

"销售额指数"是根据销售额计算出的一个相对值，最大值10000。计算公式为：销售额指数 = 10000×销售额/销售额最大值

价格区间	成交量	销售额指数	高质宝贝数
0元~10元	45715	199	489
10元~20元	93958	1151	578
20元~50元	141660	3597	1050
50元~100元	171891	10000	1394
100元~150元	69142	6602	820
150元~200元	44378	5849	572
200元~300元	35932	6714	567
300元~400元	13364	3541	247
400元~500元	6329	2201	127

图 3-24　最近商品成交价区

3.2.11 "酒架"的数据选款

在住宅家具品类里面，关键词"酒架"是主力词，而不是"酒柜"，酒架和酒柜是两个不同的概念！酒柜带储存功能，最好去线下实体店进行采购，原因是成本较高，工艺品质较为考究。酒柜的购买人群从淘宝的平台数据来看，分为家用酒柜和商用酒柜两种。

Tips

家用酒柜一般不考虑打光效果这块（需要单独进行灯光阴影等设计），酒柜高度一般定位在 1.8 米且大多需要实木辅料作为承重。这显然不太符合淘宝"大多"用户的需求，作为一个新的店铺，拿小众消费群体来开刀，不太合理。

若店铺辅以酒架这种产品，是可以把用户的覆盖人群拉大的：先试想一下谁家会买个酒架。

- 住宅面积有空余的位置。
- 小资心态的人或工薪阶层、爱酒人士、轰趴（Home Party）或者知识分子（红酒＋书），可以说是偏“伪中产”的买家。

所以，基本可以定位这个小类。不用太低端心态地去做“低毛重”的物件，而应该在酒架的特色、制作工艺、品质上多下工夫描述。从目前平台数据来看，是否定制这个条件也是值得注意的。

如图 3-25 和图 3-26 所示，酒架这个小类不是大众消费的子类，一定要考虑清楚供应商的生产供应能力和可自定义（定制）设计、加工的品质。

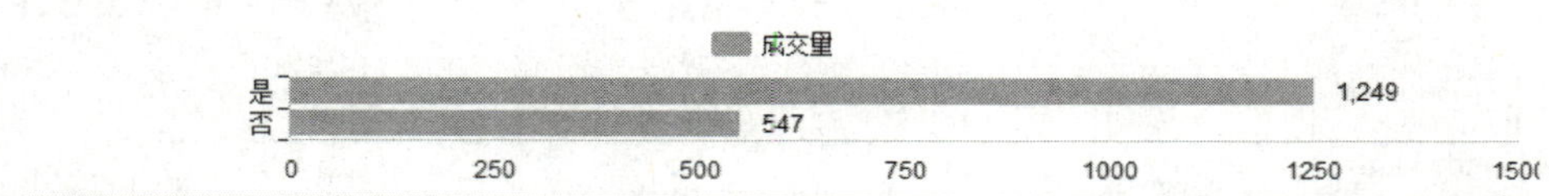

属性值	↓成交量	销售额	高质宝贝数
是	1249	654771	19
否	547	98791	12

图 3-25　最近商品成交“定制”选项

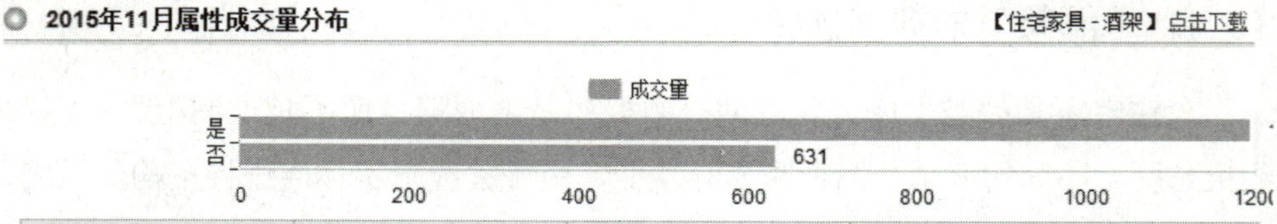

属性值	↓成交量	销售额	高质宝贝数
是	1192	593180	23
否	631	296387	16

图 3-26　历史高峰期商品成交“定制”选项

其次，要考虑清楚酒架到底做成什么样子的。如图 3-27 和图 3-28 所示，依据平台的实际销售数量同样或相似的款选取 3 款进行销量考核（观察 3～7 天取平均值），用数据来证明自己选择的款式方向是对的。

图 3-27　搜索结果演示 1

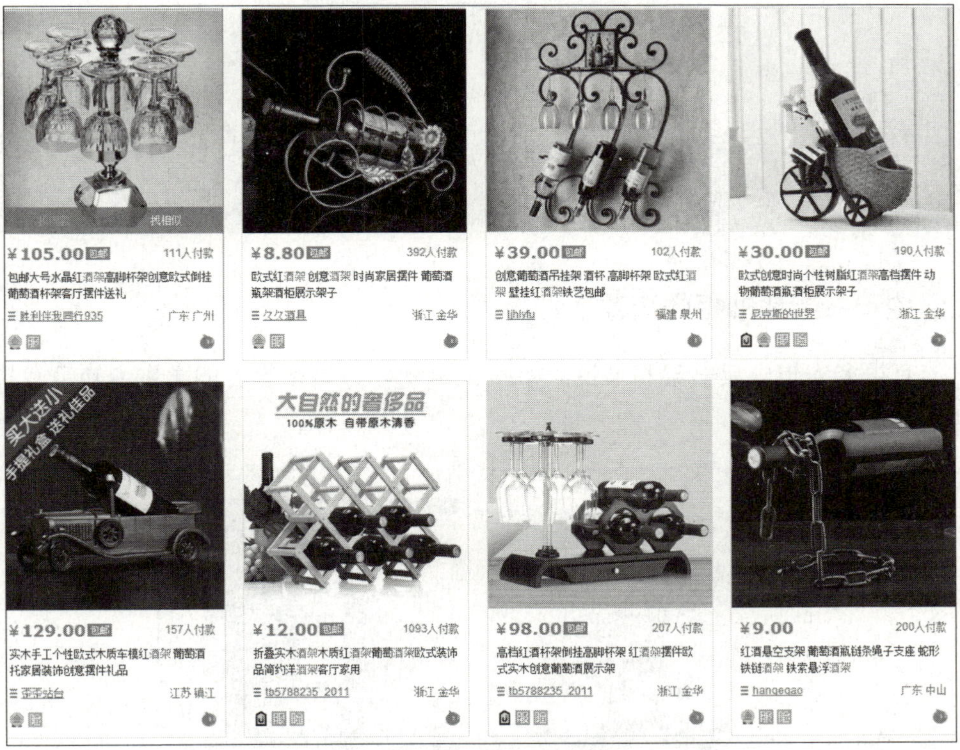

图 3-28　搜索结果演示 2

如图 3-29 所示，这是 2015 年“双 11”当月酒架的成交客单价区，不同价区应该匹配不同的产品类型。

比如，50～100 元，肯定不能选取壁挂悬架去做，因为客单价和成本并不符合自身利益。

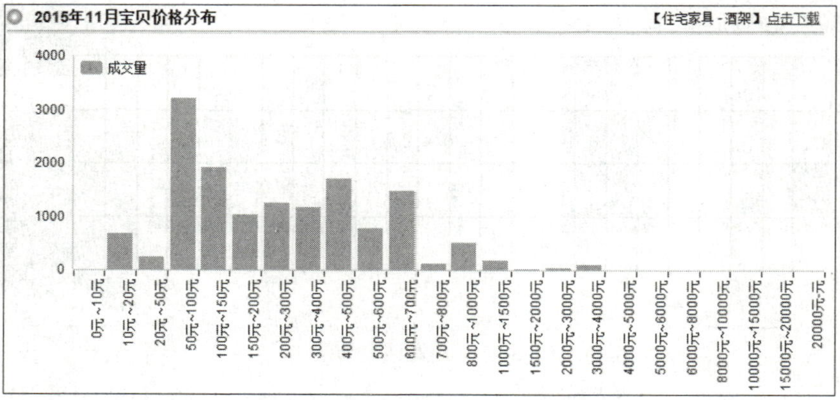

图 3-29　历史高峰期商品成交价区

Tips

那么是否可以考虑先用小型工艺品酒架来作为引流款，继而带动大型酒架的销售呢？答案是可行。

3.2.12　书架和书柜的选款

有很多人想去卖书架和书柜，如图 3-30 所示，这是笔者的学生告知笔者打算要做的产品。

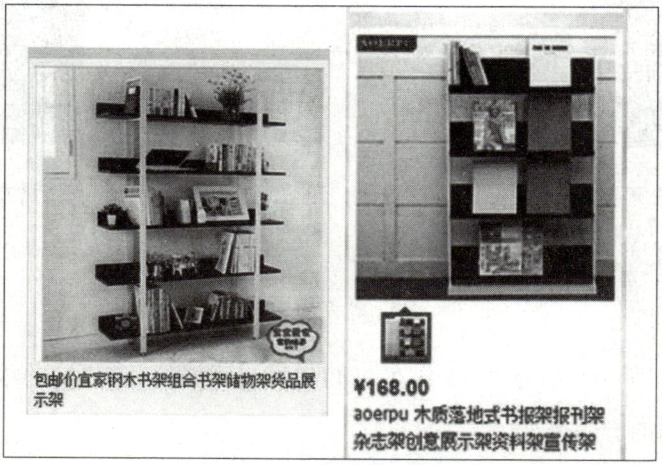

图 3-30　学生想做的商品款式

对这两种产品要有深刻的理解：应用场景是完全不一样的。

在现在的淘宝（特别是手机端），人群标签很明显。也就是说一个关键词可能因为产品不同（应用场景、时间等因素）匹配到完全不同的人群。这样对于直通车、钻展等付费引流工具来讲，你所付出的成本也就会不一样。

图中左边宜家风格的书架，这是家用的产品，风格主打清新、雅致、轻便；右边的则用于商用领域，主打轻便、耐用、便宜、易运输或搬迁。只有突出应用领域和功能性，才能有“卖点”。

Tips

在家具类目里面，家用书柜分为两种：单个书柜和组合书柜，而明显平台上单个书柜的销量是较好的。

我们看看销售得较好的单个书柜是什么样子的，如图 3-31 和图 3-32 所示。

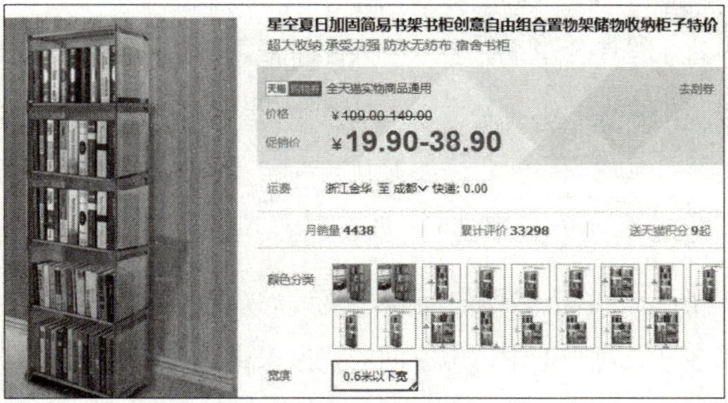

图 3-31　热销书柜样式 1

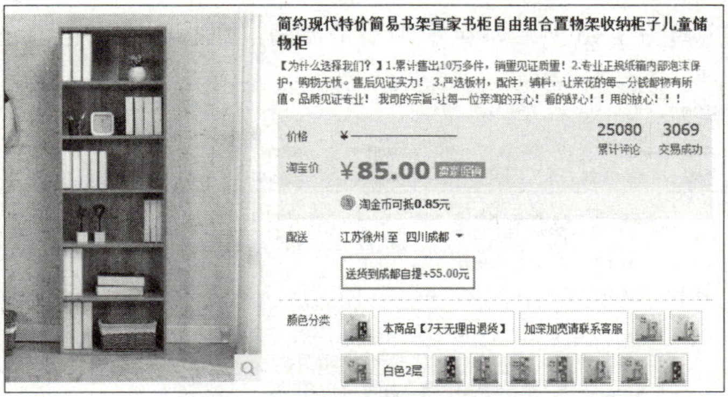

图 3-32　热销书柜样式 2

我们想过书柜要好看，要小资，但是小资是否是淘宝上此类商品的主力消费群体？不一定。回到先前的观点：新店，你要吸引更多的人群，而不是先去做小分类。小而美不是小店做的，是大店、大品牌在庞大的用户群体基础上细分后做的。平台用户大多数爱书看书的人，并不见得家居面积很宽广，一定要极简，尽量占地面积小，这个才是平台用户的需求。

如图 3-33 所示，如今很多淘宝的忠实买家都成家了，有孩子了，在 80 后网购较为活跃的今天，可以考虑一下儿童的组合多功能书柜，这也是市场导向，而且是刚需！

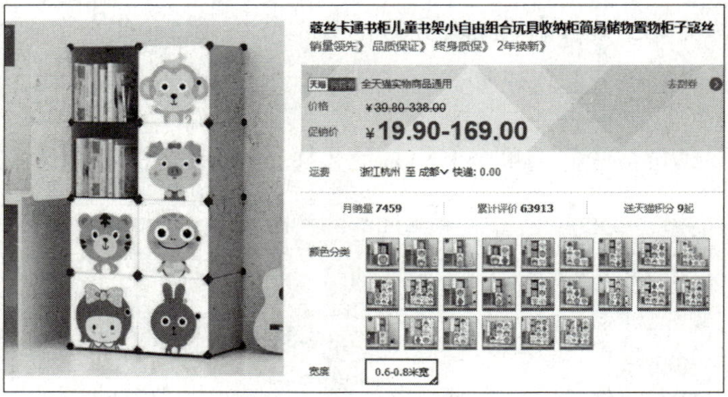

图 3-33 热销书柜样式 3

如图 3-34 所示，单个书柜的门脸，要考虑简单、方便。要么是独门独开，要么就是多门多开。对于追求占地空间的买家来讲，门越多反而选择性越大，比如，可以在书柜下半截堆放不太经常抽取的书籍，然后在占地旁边放置其他物件，节约空间，这样门就要多，才能充分利用好上面的书柜空间。

如图 3-35 和图 3-36 所示，至于是不是要门，想必你心里也已经有答案了。

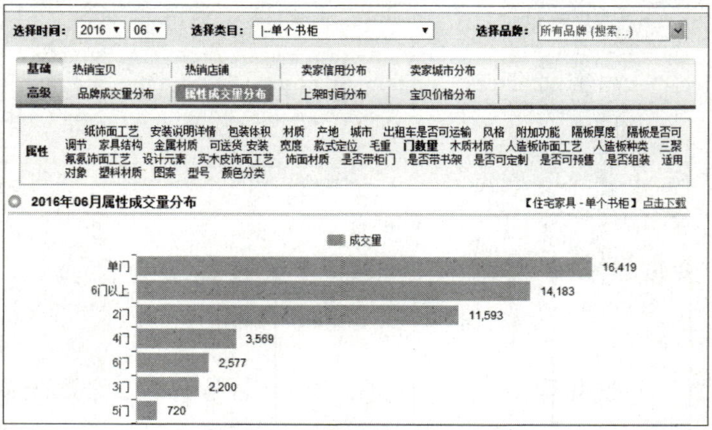

图 3-34 单个书柜“开门数”

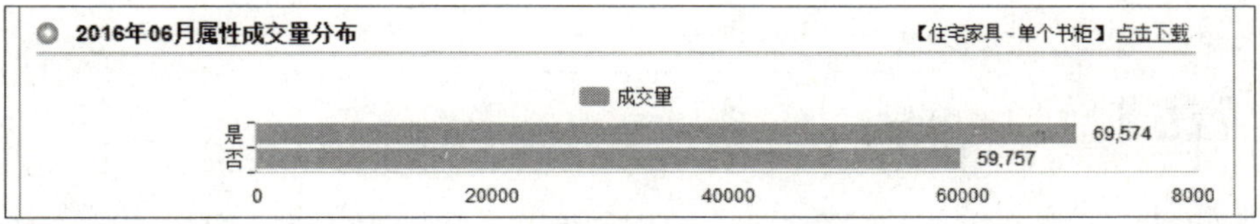

图 3-35　最近商品成交“开门”选项

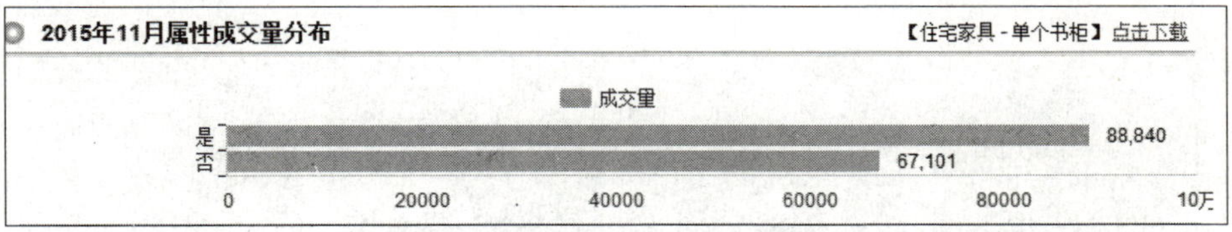

图 3-36　历史高峰期商品成交“开门”选项

3.2.13　桌子选品的“妙招”

我们要选取一款“桌子”来上新卖，同样也要按照应用场景来划分，脑袋里应该立刻跳出来至少两个场景：家用还是办公用。

如图 3-37 所示，子分类需要挨个结合目前供应商的能力去分析。

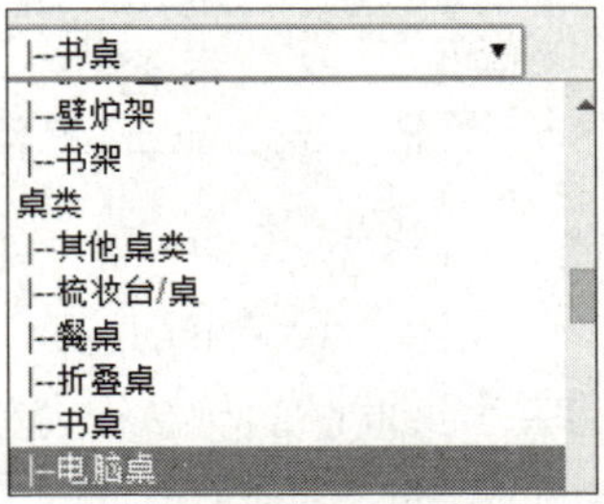

图 3-37　桌子分类

Tips

如果精力、财力有限，那么，笔者不建议考虑经营这么多品类。我们可以把其中两三个子类研究透彻，把历史数据和今天的平台商品看明白，而不是一味“自我感觉”这个款还不错，或者说厂家这里能做这个，这个便宜，我们就做这个。

没有生 e 经，自己可以考虑买一个，没办法买或没钱买，就借朋友的。任何事情只要你想去做，就不会有“借口”存在，不是吗？

如图 3-38 所示，平台会根据当前搜索用户的购买强度来进行商品排序，比如，最近搜索桌子的人大多买的是电脑桌，那么平台的排序肯定就是电脑桌优先，因为这些单品的权重和店铺权重够高。那么如果我们不是做电脑桌，而是去做这种泛词呢？

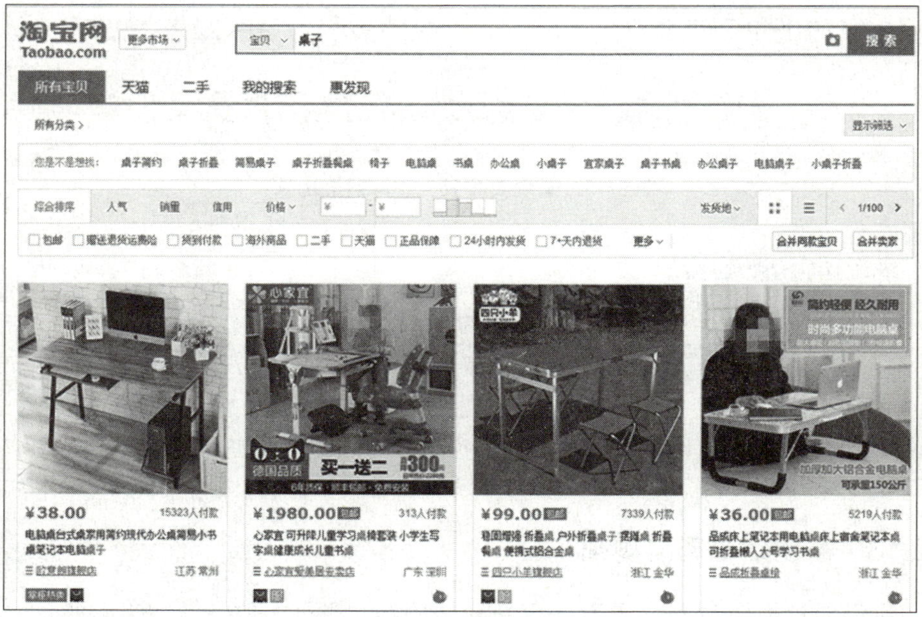

图 3-38　泛词搜索结果

如图 3-39 右侧所示，直通车不就是拿来做这种事情的吗？是不是感受到了淘宝小类商品的玩法很奇妙。

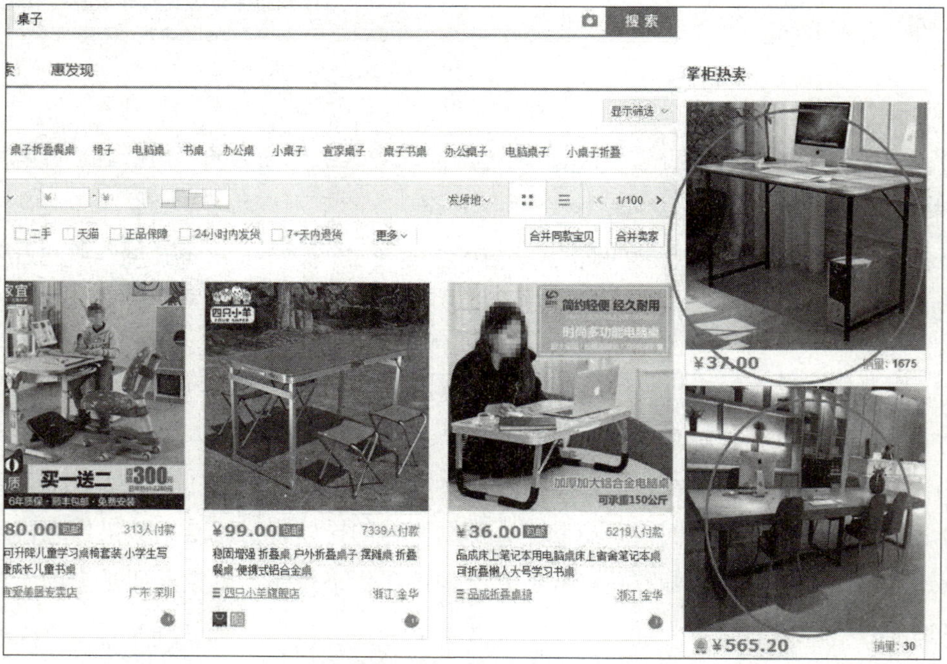

图 3-39　泛词直通车搜索结果

3.3　信手拈来的定位不靠谱

淘宝已经过了“猪都能飞起来”那阵风口，从 2015 年开始就以“品质化”宣召回归商品服务化。在平台过渡到手淘之前，即便你的店铺商品定位不清不楚（如杂货店主营类目不突出），你也可以通过人为制造虚假信誉来使得单品比较靠前。

而如笔者之前列举的新淘宝变化来看，现在要在淘宝上有所斩获，必须追本溯源地给自己一个清晰的定位。

有太多的人想着卖“新、奇、特”的商品来博得一席之地，如今这种想法只能寄希望于“网红”或“大咖”，也即除非你拥有一大片粉丝，而且这些粉丝都是“活的”且对你有较高的信任。也有很多人是身边能抓到什么货源，就直接拍照上传到淘宝店开始卖，没有系统化地去想过什么能卖，能卖到什么程度。

在动手之前，我们有必要仔细地查看、了解一下平台的数据。

Tips

依靠淘宝平台来获取用户（流量），是我们开网店的第一要素，这跟经营传统门店做生意得先找个“好门面”优先获取好的人流量是一样的。首当其冲，我们自然要先关注自己定位的商品或用户到底是谁，在哪，怎么抓过来。

3.3.1　查找热门商品

淘宝的搜索排行榜（top.taobao.com）基本囊括了淘宝用户的搜索行为（除个别有专业团队人工制造搜索趋势关键词）和关注大方向，我们给自己的商品和受众定位，一定要参考风向标，不要盲目去做一个“淘宝买家”压根都不知道或者不太可能搜索的东西。

“马云成功的背后是无数的败家娘们”，话糙理不糙，女装服饰是淘宝最大的类目（见图 3-40），不难看出，交易量最大的无疑还是“服饰”，从关键词的搜索热门榜（见图 3-41）中我们也能看出。

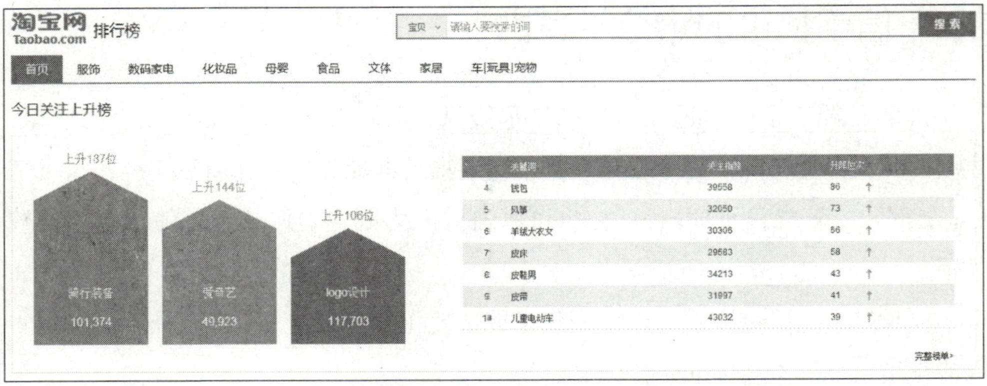

图 3-40　淘宝排行榜

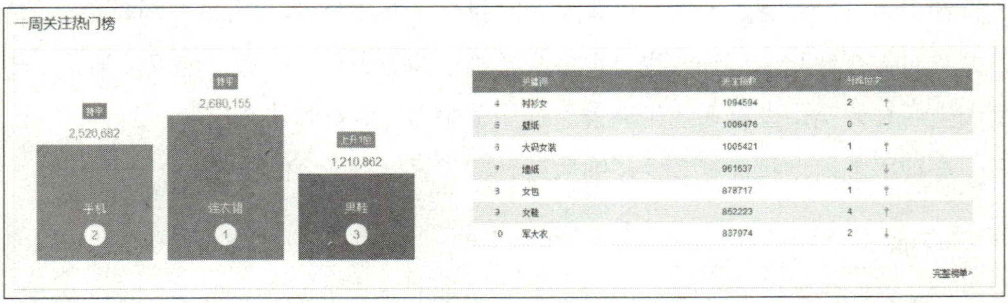

图 3-41　淘宝热门榜

不管春夏秋冬，女人们总是觉得自己的衣柜里还少几件衣物，出门没衣服可以穿。随着房市火爆，我们也可以看到家装的“墙纸”、“壁纸”这类商品搜索呈现火爆的势态。

Tips

在排行榜看数据的目的是给盲目的创业者提供一个“方向”，结合平台的购物趋势，才能快速在平台找到一些用户，站住脚。

3.3.2　热门商品的特点

这几年几个线下品牌（如 ZARA、H&M、ME&CITY 等）成长很迅猛，细细分析就能知道它为什么火：

- 打样快（最流行的款式和潮流，跟着主流每样来一点点）。
- 生产快（产地都是比中国还廉价劳动力的地方，目前只有 25% 产地在中国）。

- 购买快（店里都会放着快节奏的音乐提高顾客加快捞衣结账的速度）。

直白说就是让你花相对低的价格穿上大牌的款式，甚至品质，这是快速流行的核心。相比而言，电商环境更是如此。

在我们国内环境下，有着太多类似 ZARA 的成长中品牌或连锁，基于淘宝成长起来的“淘品牌”里，9 成以上都有如此的基因。这是我们国人最“擅长”做的事情。这几年接触卖家最多的就在女装服饰类，很多人进入淘宝第一个选择依然是此类。这几乎形成了一个惯性，原因很简单：买的人多！

我们就拿女装来举例，如图 3-42 所示，排名第一的款，成交指数直逼 2000！成交量大到可怕。而当我们点击该款宝贝，查看全网款型的时候呢？

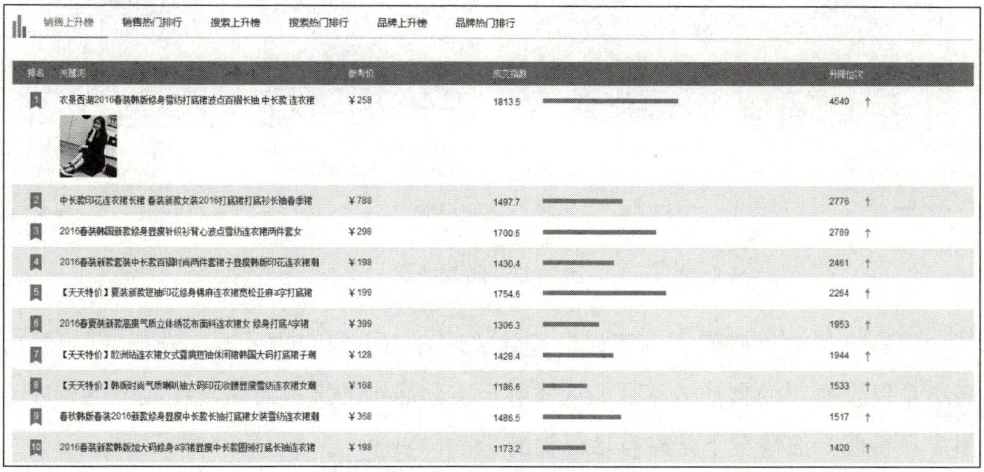
销售上升榜　销售热门排行　搜索上升榜　搜索热门排行　品牌上升榜　品牌热门排行

排名	关键词	参考价	成交指数	升降位次
1	衣景西湖2016春装韩版修身雪纺打底裙波点百褶长袖 中长款 连衣裙	¥258	1813.5	4540 ↑
2	中长款印花连衣裙长裙 春装新款女装2016打底裙打底衫长袖春季裙	¥788	1497.7	2776 ↑
3	2016春装韩国新款修身显瘦针织衫背心波点雪纺连衣裙两件套女	¥298	1700.5	2769 ↑
4	2016春装新款套装中长款百褶时尚两件套裙子显瘦韩版印花连衣裙潮	¥198	1430.4	2461 ↑
5	【天天特价】夏装新款短袖印花修身棉麻连衣裙宽松亚麻a字打底裙	¥199	1754.6	2264 ↑
6	2016春夏装新款高贵气质立体绣花布面料连衣裙女 修身打底A字裙	¥399	1306.3	1953 ↑
7	【天天特价】欧洲站连衣裙女式露肩短袖休闲裙韩国大码打底裙子潮	¥128	1428.4	1944 ↑
8	【天天特价】韩版时尚气质喇叭袖大码印花收腰显瘦雪纺连衣裙女潮	¥168	1186.6	1533 ↑
9	春秋韩版春装2016新款修身显瘦中长款长袖打底裙女装雪纺连衣裙潮	¥368	1486.5	1517 ↑
10	2016春装新款韩版加大码修身a字裙显瘦中长款圆领打底长袖连衣裙	¥198	1173.2	1420 ↑

图 3-42　淘宝单品热销排行榜

如图 3-43 所示，是不是有种望眼欲穿的感觉？重款概率太高了！女生出门行街最怕的一件事是什么？撞衫。

当一个款式纵横平台的时候，特别是大类目，接踵而至的全是同款。接下来能否卖得好取决于两个要素：

- 价格相对低。
- 店铺本身有非常多的老客户或者活跃粉丝（要么店铺服务品质高，要么给予价格优惠甚至 VIP 专享特权价提升单品转化能力）。

对于新开的店铺来说，以上两点怎么去实现？没有量的情况下如何去跟供应商争取低价进货？答案：太难了。当然，提出问题，总要解决它。

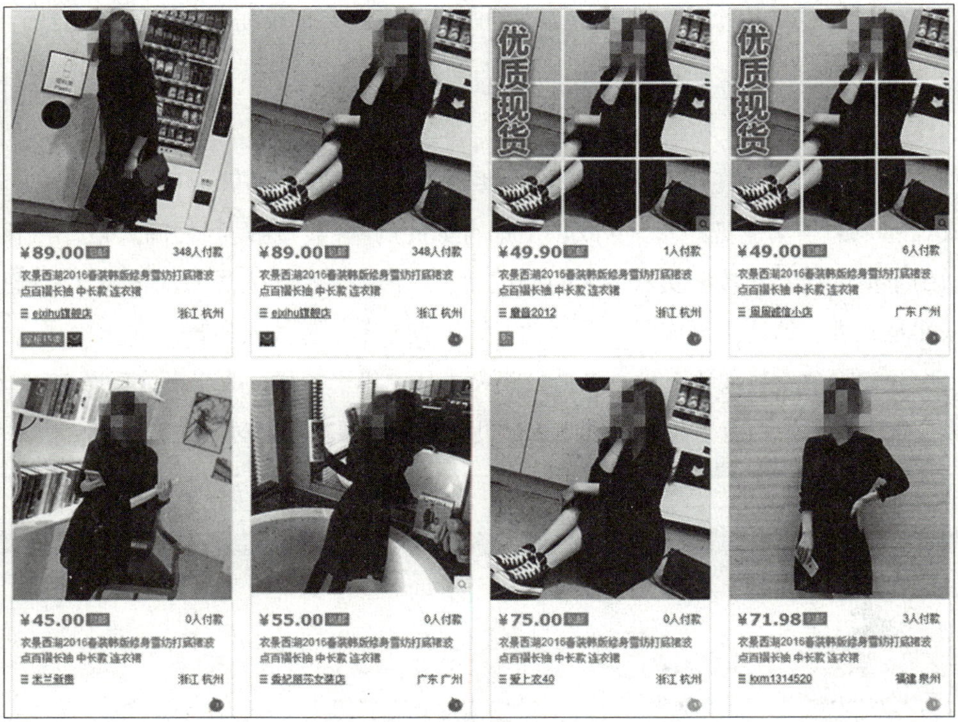

图 3-43　同款严重

上一个章节里我们提到了如何选款：迎合淘宝的购物人群去选择商品属性，而不是仅仅靠我们自己对商品的认知甚至实体店铺的选款思路，在我们拥有较少用户（粉丝）的情况下是没有话语权的。

新开的店铺（特别是今年的企业店铺，见 qiyedianpu.bbs.taobao.com）在2016年获得了淘宝较多的扶持，在我们不走极端客单路线（比如，超低价3元、5元或超高价即超过平台当前热销商品区间价格太明显）的前提下，不要将宝贝的主图做成乱七八糟的牛皮癣（见图3-44），而尽量使用较为淡雅的底色背景，如白色等（因为手淘的首页为淡色，“猜你喜欢”、“每日好店”商品准入要求也是建议宝贝主图白底），是能够上新单品，很快拿到搜索和模块（导购类）流量的。

图 3-44　牛皮癣图样

宝贝的第一张主图在现在的手机淘宝中是非常重要的。

新品重要的就是点击率，点击率有了，才会有排名。有了排名，转化率、收藏、加购以及收藏转化率、加购转化率的效果就能影响宝贝排名的持续时间甚至使排名走高。新品期一定要使用“手机千牛”保持店铺旺旺时常在线，前期的几十个甚至上百个流量（点击）就是新手店铺的黄金起点。

Tips

不惜一切代价都要竭尽所能促使这些流量（客户）转化掉，后面的路才会越走越宽广。

我们在选择制作宝贝主图的时候，一定要打开手机淘宝 APP，多看看同类商品在首页的表现形式，特别是“猜你喜欢”、“每日好店”推荐的跟你要做的品类接近或相似的宝贝，观察主图构建形式、宝贝属性、客单价，如图 3-45 所示。

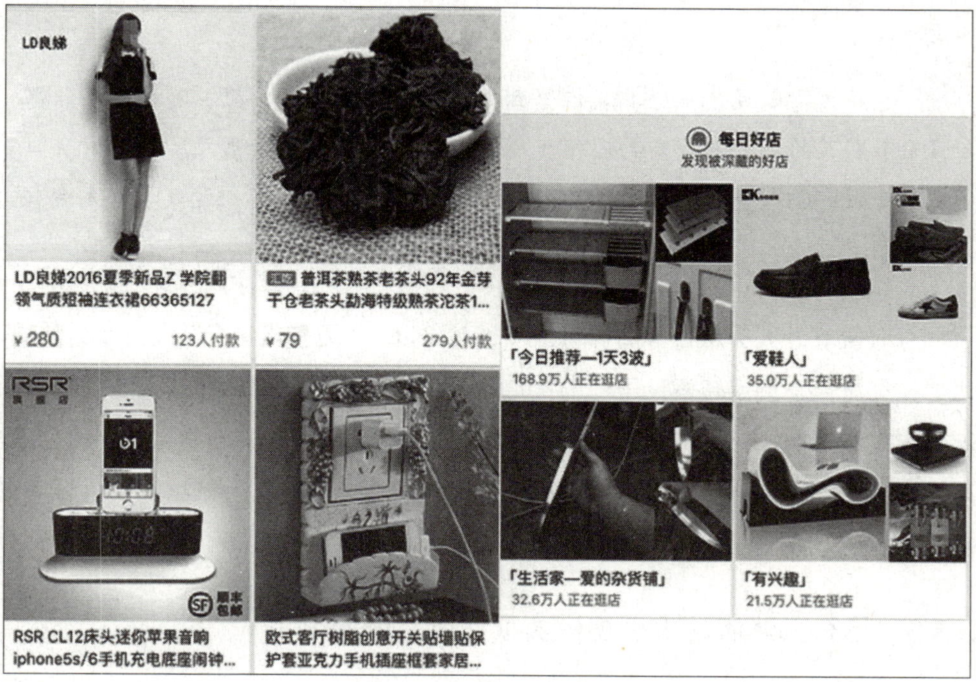

图 3-45　手淘首页商品

选取大类作为进入淘宝电商的立足点，这个类目里但凡有个关键词基本都是千万级的商品数（见图 3-46），注意现在的淘宝已经取消了商品数显示。

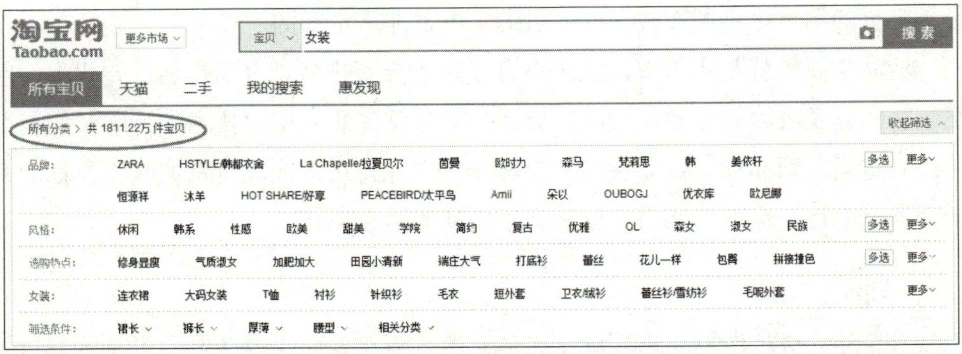

图 3-46 改版前淘宝搜索结果页

作为新店又非资深品牌，若想脱颖而出，那么难度着实太大。即使自有设计品牌，风格较为突出（这两年流行的“仙儿”风潮等），在集市店铺就算被作为“风格店铺”予以扶持，要想在流量上获取直接的收益，从数据上来看也是非常困难的。

Tips

选择大类需谨慎，除非我们落到大类的垂直细分小类里，有信心去深深影响个别人的穿着甚至行为习惯，以此来慢慢沉淀。资金不足（现在大类目竞争度高到令人望而却步），产品没有自己的独特调性，想快速发展起来会异常艰难。

有时候放弃大类从自身的优势出发也是可以在“万能淘宝”里做出点名堂的，比如，你可以在淘宝搜索一下“书法定制”这个关键词，很多书法爱好者根据买家需求定制书法，并做得很好。将现在很火的书法创作视频插入到宝贝详情页里，可起到画龙点睛的作用，快速提高用户的购买效率。以此作为试水，去了解淘宝的开店和游戏规则，才能慢慢成为真正的淘宝卖家。

3.3.3 已有实体店的中小规模卖家如何定位淘宝

1. “土豪顽主”们的玩法

笔者身边有很多的实体经营业主，如成都春熙路做了几十年生意的传统业主。这几年因为门店租金、用人成本的提升和受到网络交易的冲击，实体门店的生意变得比较困难，甚至我们发现现在实体小规模品牌中只有明星自己开的店或口碑较好的潮品店才能带来较好的人气。

笔者有一个“土豪”朋友，之前在商业街做了 20 年的服饰生意，赚了不少钱，这几年感觉生意做不动了，就萌发了开淘宝店的念头，起因是他有着多年较为牢靠的供应链和较为充足的资金积累。

我问他怎么做？他说“我开店就送，免单，狂送 5000 件”，草算了一下送 5000 件出去加物流成本、包裹、产品成本、工人工资……大概第一步就要投入（净亏损）12 万～15 万元，送完以后快速上新宝贝来完成更替。这类人最厉害的不是想法大胆，而是马上去做。笔者都没料到喝完茶后过了不到 3 天，他的店铺就开始这么做了，半年的时间店铺做到了 3 个皇冠。

Tips

诚然，这种方式太粗暴了点，显得太“壕”了，而且现在淘宝已经开始严厉整顿市场公平交易秩序（工商、物价也开始介入低价抛售），严打返现等恶意商业行为。所以，即使你现在有这样的资本和实力，要想复制这个案例，也是不可取的了。

2. 中小规模实体品牌卖家的玩法

有一些之前在线下做得有声有色，有自己品牌甚至专利，甚至达到多个城市连锁经营的业主，进入淘宝后能够快速起量，他们又是怎么做的呢？

笔者个人特别喜欢跟这些人聊天，包括档口的经营业主们。

顺带提一下档口的这些人，起早贪黑，右手端着盒饭左手按着计算器，挣的一分一厘都是踏踏实实的血汗钱。沉得住、稳得起，面对电商风卷残云似的狂潮，他们十分从容，而现在档口的业主大多也在转型，为电商卖家提供货源、图片样章、设置代理分销级别，甚至自己在淘宝 1688 做批发或者开淘宝店做零售。

他们很清楚自己的优势在哪里，不会断然切断一切原有的商业模式，冲动地切入电商平台，哪怕看到别人日进斗金，饱经风霜的他们也会一笑而过。

这是笔者由衷钦佩档口这些被叫作“供应链寡头”的人们的原因。生活需要历练，我们如今的年轻一代电商创业者正是缺少这种沉稳、老成，才会表现得较为浮躁而一味只追求目的和效果。

多年经营的业主们普遍都很重视老客户，他们深知维护好一个老客户所创造的价值是开发一个新客户的多少倍。

在微信风生水起的这几年，大多实体业主都已经通过微信沉淀了很多自己的忠实粉丝（很多业主在原来没意识到要通过微信来进行一对一互动时，因为手机里存储了客户的电话，后面快速添加客户微信迎头赶上也来得及），他们也深知平台不会无缘无故给你用户，要么就像传统经营一样去做付费广告，要么你得为平台创造点什么。

2015 年开始淘宝流量就吃紧，淘宝不断强化流量出口让卖家也帮助淘宝引流量进来进行成交，这对于有着粉丝沉淀的传统业主们来说无疑是一个非常好的机会：他们可以通过开店，把宝贝单品的淘口令直接发给不愿意出门的老客户们，可以通过淘宝 ECRM 直接调整用户的会员等级，甚至发送优惠券给老客户，快速地使得淘宝店铺上的单品成交权重提升。

这类卖家最大的劣势就是平台店铺的运营知识匮乏和电商团队缺失，所以很多创始人会高价聘请外包团队（即代运营团队）来辅助平台开店。在这里，笔者要说一下对代运营的看法，如图 3-47 所示。

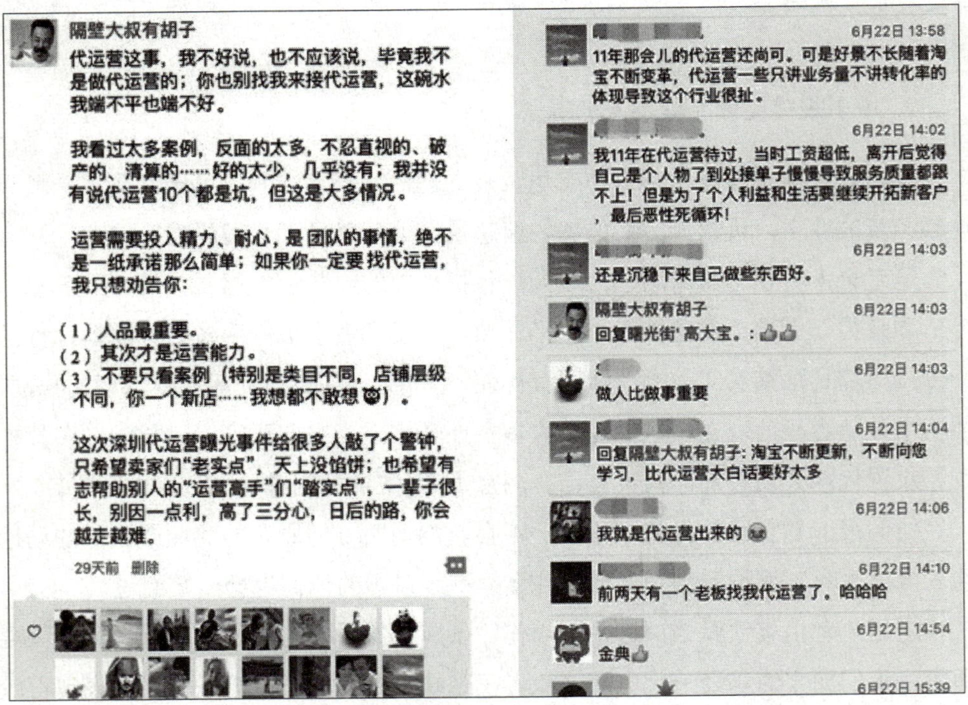

图 3-47　笔者微信截图

Tips

真正“电商转型”做得较好的，是不放弃当前已有的，成熟的传统店铺商业模式，尽管这种商业模式可能已经受到冲击在滑坡。转型是一个很痛苦、艰难、持久的过程，不可能一蹴而就。

在“半转型”过程中，慢慢地培育自己的电商专人，前期一两个人，维系好自己已有的老客户，把一部分喜欢网购的人带到淘宝店去成交，通过这些人成交的权重带动店铺新品、单品的排名，获取淘宝平台的新流量、新人群，然后不断通过线上的客人反馈，来改进、适应平台的商品主流属性与客单价，逐步完成这个所谓的“转型”。

电商是辅助，它不能够作为你的 100% 主力渠道。如果一旦不小心触碰了淘宝的规则、商业底线被判出局，你在淘宝的“一篮子鸡蛋”就会全军覆灭。

3.3.4　新兴农特产品类目的玩法

这两年，随着国家加大对农业的扶持力度，网商平台对农特、地域型特色农产品的鼓励与扶持方式也增多，淘宝力推村淘、地方特色馆、地区淘系经济体，而进入消费者嘴巴类商品的回购率高，也使得这类商品的单品权重上升比较容易，新品活跃度足够高。

所以很多人进入淘系会首选农特产品线为主要进军类目。这里，笔者举两家店铺的经营实例，我们一起来分析一下这个品类的生存现状。

1. A 店铺：活动爆发型

店内商品小类繁多，靠不断推陈出新来迎合淘宝买家，店铺月流水稳定在 30 万元上下（店铺支付层级 3～5 层间跳动），毛利率 30%（主要靠活动来累积人气，每月至少 5 场“淘抢购”）。

（1）店铺成长轨迹。

如图 3-48 所示，这是一家 3 个皇冠店铺，从桃心到 3 个皇冠仅仅耗时 1 年时间，期间主要的成长主线是活动。从参加第三方活动累积基础销量，到官方活动（按顺序排列）：“天天特价”、“淘金币”活动、“淘抢购”。商品经营从红薯、蜂蜜、地方特色竹笋，到如今的辣条、麦芽糖、棒棒糖、大米、米粉、霉豆腐、百合、生姜（小黄姜、月子姜）。

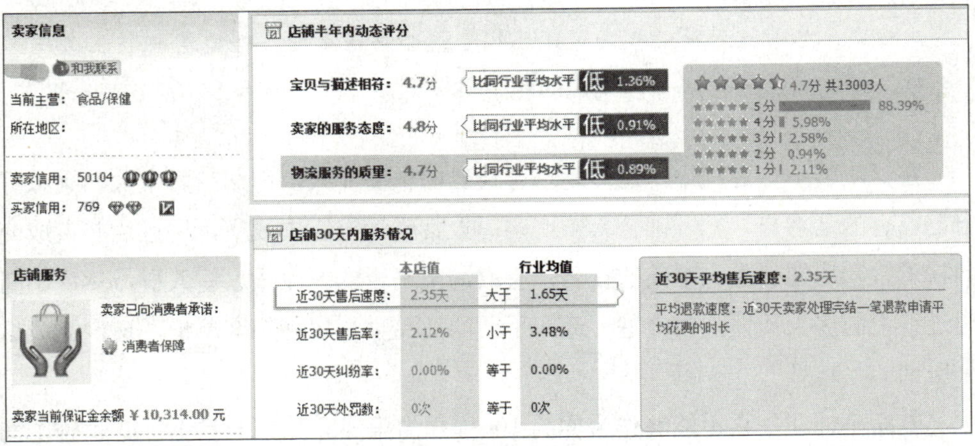

图 3-48　店铺经营明细

并不是一开始就要全线铺开，而是由单一产品线深耕而至：掌柜在老家山里挖了 3 个月红薯，发动村民，自己带头进山刨红薯，洗红薯，全程视频记录放到淘宝网店。后进行软文写作、推广、加入第三方活动，开始累积第一批淘宝用户粉丝。

直到店铺能参加“天天特价”，将蜂蜜和地方竹笋引入店铺上新，通过第一批种子用户的流量权重累积销量和人气，成功报取“天天特价”，然后再通过上新新品和活动权重，去报取“淘金币”活动，继而赢得“淘抢购”的机会……

Tips

我们都习惯看店铺优异的数据，却往往忽视掌柜和团队背后的汗水和默默的付出：1 年多时间泡在山里田间劳作的艰辛，说服村民参与项目（降低成本提高效率）的耐心，店铺入不敷出时的压力和新一代年轻创业者们最难以克服的“寂寞”……

（2）店铺经营现状。

我们今天看到的该店数据是这样的：

日常数据（取自生意参谋 http://sycm.taobao.com），如图 3-49 所示。

‹ 前一天　2016-03-09　后一天 ›

经营概况　　自助取数 ›

访客数	浏览量	支付金额（元）	支付转化率	客单价（元）	退款金额（元）	服务态度评分
620	1,640	987.83	4.03%	39.51	16	4.80821
较前一日 ↓23.55%	较前一日 ↓41.38%	较前一日 ↓57.56%	较前一日 ↓25.78%	较前一日 ↓25.33%	较前一日 ↓57.72%	较前一日 ↓0%
较上周同期 ↓8.68%	较上周同期 ↓12.81%	较上周同期 ↓31.41%	较上周同期 ↓23.96%	较上周同期 ↓1.24%	较上周同期 ↓92.68%	较上周同期 ↑0.06%
无线占比 84.03%	无线占比 88.28%	无线占比 69.63%	无线转化 3.65%	无线客单 36.2	近7天日均 41.4	近7天日均 4.80782

图 3-49　平销数据

活动当日数据，如图 3-50 和图 3-51 所示。

‹ 前一天　2016-03-12　后一天 ›

经营概况　　自助取数 ›

访客数	浏览量	支付金额（元）	支付转化率	客单价（元）	退款金额（元）	服务态度评分
25,567	42,184	105,156.19	3.54%	116.32	169.1	4.8083
较前一日 ↑2023%	较前一日 ↑1854%	较前一日 ↑14636%	较前一日 ↑85.34%	较前一日 ↑274.93%	较前一日 -	较前一日 ↓0%
较上周同期 ↑3659%	较上周同期 ↑2233%	较上周同期 ↑5179%	较上周同期 ↓29.20%	较上周同期 ↑98.55%	较上周同期 -	较上周同期 ↑0.01%
无线占比 98.47%	无线占比 98.56%	无线占比 98.03%	无线转化 3.53%	无线客单 115.95	近7天日均 52.5	近7天日均 4.8083

图 3-50　活动当日数据 1

‹ 前一天　2016-03-13　后一天 ›

经营概况　　自助取数 ›

访客数	浏览量	支付金额（元）	支付转化率	客单价（元）	退款金额（元）	服务态度评分
54,828	105,665	141,454.86	3.70%	69.78	1,640.31	4.80879
较前一日 ↑114.44%	较前一日 ↑150.48%	较前一日 ↑34.51%	较前一日 ↑4.51%	较前一日 ↓40%	较前一日 ↑870.02%	较前一日 ↑0.01%
较上周同期 ↑9690%	较上周同期 ↑6638%	较上周同期 ↑15108%	较上周同期 ↓23.23%	较上周同期 ↑102.56%	较上周同期 ↑1774%	较上周同期 ↑0.01%
无线占比 98.49%	无线占比 98.86%	无线占比 96.85%	无线转化 3.67%	无线客单 69.12	近7天日均 274.33	近7天日均 4.80842

图 3-51　活动当日数据 2

活动后的单日数据，如图 3-52 所示。

‹ 前一天　2016-03-14　后一天 ›

经营概况　　自助取数 ›

访客数	浏览量	支付金额（元）	支付转化率	客单价（元）	退款金额（元）	服务态度评分
3,813	9,079	2,559.44	2.39%	28.12	504.78	4.80991
较前一日 ↓93.04%	较前一日 ↓91.40%	较前一日 ↓98.19%	较前一日 ↓35.40%	较前一日 ↓59.69%	较前一日 ↓69.22%	较前一日 ↑0.02%
较上周同期 ↑439.32%	较上周同期 ↑393.42%	较上周同期 ↑141.74%	较上周同期 ↓39.64%	较上周同期 ↓25.61%	较上周同期 ↑785.11%	较上周同期 ↑0.03%
无线占比 96.51%	无线占比 96.82%	无线占比 93.02%	无线转化 2.34%	无线客单 27.68	近7天日均 338.28	近7天日均 4.80868

图 3-52　活动结束后单日数据

（3）A 店铺经营状况小结。

不难发现，除非活动日，A 店铺的整体日动销是较为脆弱的，基本靠老客户维持。而因为长期在活动日的高售罄率（活动上报商品数量即 SKU 的销售完成比例）可以保证活动曝光的时长、优越位置，保证下一次活动的成功率，这种就是较为纯粹的“活动”爆店。

这类店铺，我们从淘宝提供的用户关系管理数据里也可以看到，真正的财富，就是店铺的活跃用户，如图 3-53 所示（数据取自 http://ecrm.taobao.com）。

图 3-53　A 店铺用户数据

而高频次购买用户的回购指标才能保证店铺或单品的权重稳定，如图 3-54 所示，注意数据。

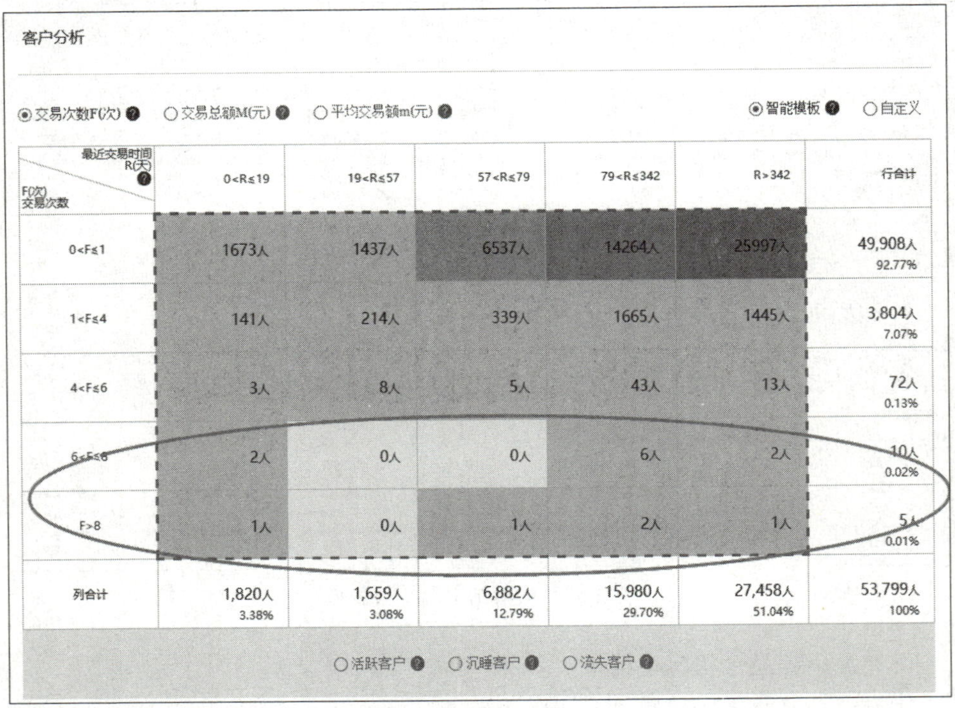
客户分析

交易次数F(次)　交易总额M(元)　平均交易额m(元)　智能模板　自定义

最近交易时间R(天) / F(次)交易次数	0<R≤19	19<R≤57	57<R≤79	79<R≤342	R>342	行合计
0<F≤1	1673人	1437人	6537人	14264人	25997人	49,908人 92.77%
1<F≤4	141人	214人	339人	1665人	1445人	3,804人 7.07%
4<F≤6	3人	8人	5人	43人	13人	72人 0.13%
6<F≤8	2人	0人	0人	6人	2人	10人 0.02%
F>8	1人	0人	1人	2人	1人	5人 0.01%
列合计	1,820人 3.38%	1,659人 3.08%	6,882人 12.79%	15,980人 29.70%	27,458人 51.04%	53,799人 100%

活跃客户　沉睡客户　流失客户

图 3-54　用户活跃数据

淘宝客户关系管理（ECRM）的 RMF 指标表格，特别是最下面一行和第一列进行交集的用户数据，即 15 天左右购买次数超过 6 次的这些用户，就是我们这类店铺发展的根基和真正的财富！A 店铺这个案例，是一个“爆发性”增长较快的案例，也是近年来农特（产品）线上冉冉升起的一系列店铺的“明星个体”。这样的个体行为诞生，并不意味着这个类目一定能做得好、做得起来，时机（2014 年开始为第一波农特扶持期）、细节（视频拍摄、未经 Photoshop 处理的源图等）、耐心（品类无高利润情况下的坚持）缺一不可。

2. B 店铺：稳定保守型

（1）B 店铺经营情况。

接下来，我们看看这个品类里的较为常见的一种生存方式，B 店铺的情况如图 3-55 所示，这是一家 5 个皇冠店铺，店铺成长时间则较长——3 年以上。

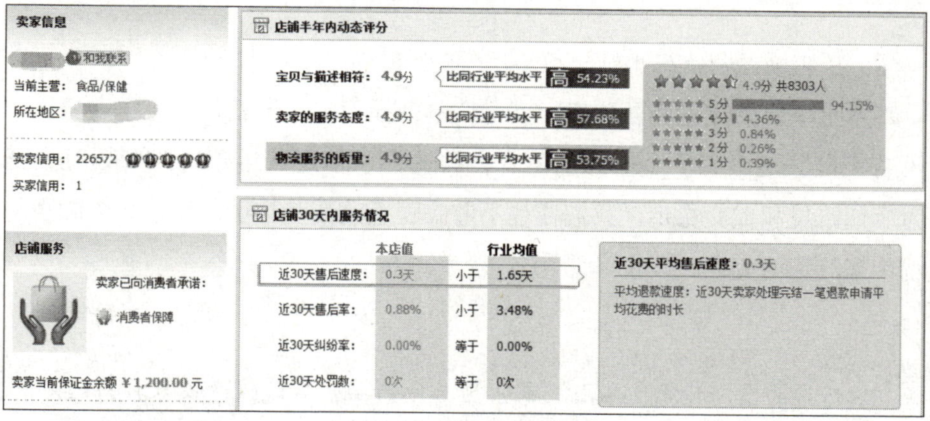

图 3-55　B 店铺经营明细

如图 3-56 所示，可以看出，店铺月流水稳定在 50 万元左右，支付层级保持在 6 层级，但很难跨上第 7 层级（70 万～90 万元）。

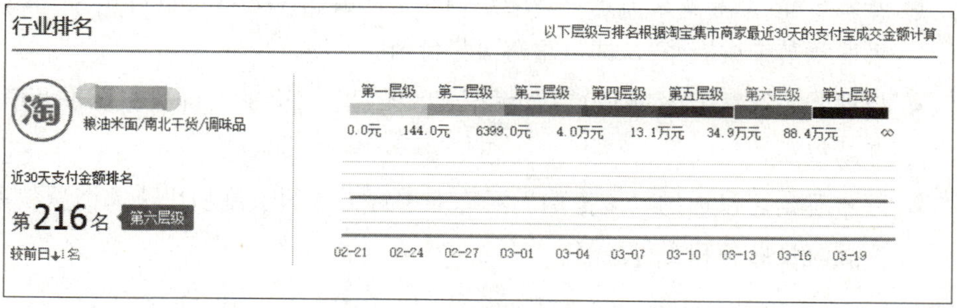

图 3-56　B 店铺支付层级

这个店铺的基础流量很扎实，单品权重很稳定，我们可以看看它的日常动销数据，如图 3-57 所示。

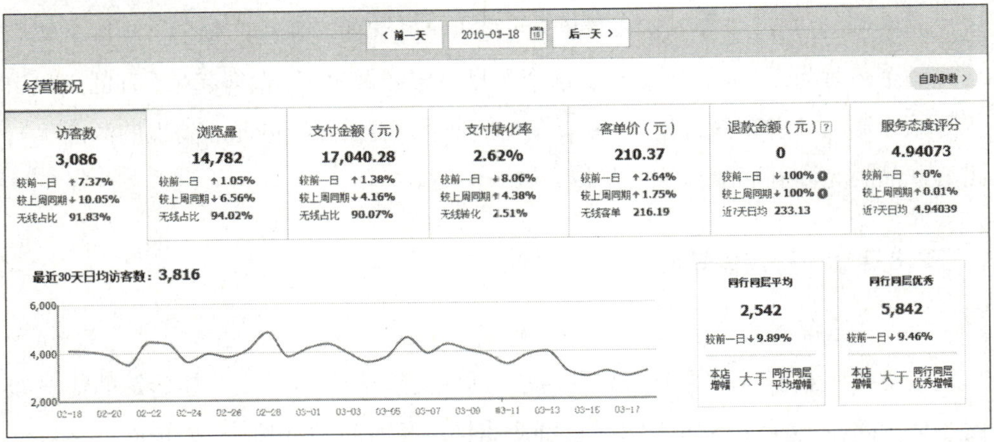

图 3-57　B 店铺平销数据

（2）B 店铺经营状况小结。

基本上单日的流量和转化率、支付金额都很稳定，但就是因为它太稳定，反而没有突破。这里有一个心态（笔者在给这位掌柜进行运营思路规划时提到），因为店铺流量和成交稳定，我们往往不敢去随意改变、尝试，生怕一个微小的改变就带来流量的变化。

Tips

该店铺的情况便是：不敢轻易上新其他商品，不敢随意报取打折的活动，维持店铺单品毛利率在 50% 左右，成为一个名副其实的土财主。

这个店铺要快速突破，相对来说比较容易：

- 基础牢靠，只需要将流量下降的热销款单品尝试 VIP 专项价折扣（ECRM，后面章节细讲操作），即可重塑流量价值。
- 快速降毛利率 10% 报取“淘金币”活动（集市店铺），即可快速累计单品活动权重。
- 基本确定可以通过“淘抢购”活动来进行大波的引流和快速的销量积累，突破流量瓶颈和支付层级。

3.3.5 选择商品及受众的9个要点

通过上述案例，笔者来总结一下关于淘宝平台商品及受众的定位选取，如下9点。

- 优先选择自己的兴趣爱好涉及的商品或领域（兴趣可以让工作效率加倍，热情倍增）。

比如，从事服装设计的，不妨优先选择风格化服饰店来作为创业依据；从事农业专业毕业或研究的，不妨选择农特产品线来抓取第一桶金。平台的用户标签是错乱的，现在的淘宝，已经不会死板教条地根据用户的购买行为来进行单一的商品展现，譬如，购买过58元牛仔裤的买家不会永远只能看到低于100元价签的相关商品，而我们需要研究平台的热销款，来确定自己第一步的引流款（款式、价签）来迎合消费者，先把客人迎进来进行尝试性的购买，才能产生后续的沟通、服务、认可甚至信任，请真正尝试认识，第一批的种子购买用户才是你的第一桶金。

- 不要尝试“新、奇、特”且没有主流关键词搜索展现的商品或类目。
- 在没有大量的用户粉丝前提下，我们压根没有机会也没有资格去“教育”用户，而用户只有跟你产生交易行为后感觉“还不错”或“很爽”，才有耐心和时间听你说“我这里还有更好的东西”。
- 不要寄希望于一个商品就可以经营好整个店铺。

随着时间推移，单爆款的逻辑已经被淘宝平台所唾弃，平台永远希望用户看到更多、更好的商品，以取得消费者更舒服的购物体验，引流款的确定只需要依据平台已有的商品数据索引即可得到，仿制即可。前期可以战略性亏损（适合流水较健康商户），但是一定要确定扭亏节点。

- 优选产业扶持较为明显的类目（这就是为什么笔者刚才要讲两个农特案例）。

譬如，国家政策关注度高，能够快速帮助解决就业率（不要单纯理解就业即提高就业率，稳定的就业才是提高就业率降低失业率的保障），帮助社会化民生发展的商品类目：母婴、健康产业、农特、零副食等，都属于此类范畴。

- 不要主观地认为“某个款”应该会卖得好，就大批量进货导致库存压死。

有效地结合季节（有季节性消费商品类）来分析平台热销商品（仅供参考），如top.taobao.com或者官方软件（生e经）等确定主流销售款。传统服饰行业的选款，往往要经过设计、预热来取得用户的第一步反馈意见，然后通过新品发布会（走秀、会所秀）来近距离确认消费主张和客单价签，通过和商圈（场）互动活动来主推新品发售；而在淘宝商圈，你可以第一步就拿到用户反馈数据（当然你要分清楚哪些是虚假数据），进而快速地确定引流款式和利润款式。

- 前期选品时切忌大批量存压货。

牺牲前期利润先囤积用户粉丝，中后期结合淘宝 ECRM（客户关系管理）打造坚实有力的“自有用户体系”，才能确定自己“淘字号”的基础和发展根基。

- 标品类目（有行业标准或固定的单品工业标准甚至价签）是不需要进行太多的选品思考的，需要的仅仅是你的人脉和进货压价能力，以及选取的商品品牌是否具有权威性、知名度，获得的授权是否具备唯一度和渠道价格是否可以控价。
- 非标类目（如服饰等非具备单品工业标准或价签）需要进行缜密的平台选品。

商品参考、关键词分析、多周期性（淘系 7 天为一个周期）数据统计，经过对比来确定款式和消费主张（价签、属性、场景等），确定新品发布周期、推广周期和扭亏拐点。

Tips

只有结合本书内容科学系统化学习，进行模拟选品、测款、打造，做好充分的各项准备，才不会导致我们开了店，坐等客户上门的窘境。

3.3.6 2016 年到底适合开什么类型的淘宝店铺

1. 为什么要预先设定规模和定位

很多人对开淘宝店的认知还是“开个店试试”，而并没有真正把淘宝开店等同于类似开实体店般用心经营，这个思路的转变需要时间。2005 年淘宝正式走上舞台，纵观存活下来的大卖家，不难发现一个共同点：几乎都提前规划好了转型拐点和经营核心，整个战略部署都围绕着如何更快、更高地提高店铺在淘宝平台的权重。

所以，我们在开店中前期就应该有这样的思想准备，想要做成一个什么样的店铺，是淘字号、知名网络品牌、小众化店铺还是杂货店、多店，不要等到经营出现瓶颈或出现版权等麻烦的时候才去考虑应该如何转型。

淘宝从 2014 年开始强调“品质年”，即不断提高商品的品质和商家服务品质来提高购物体验和平台体验，而品质年不仅强调天猫店铺的品牌调性，还同样强调集市卖家的规范化经营。2016 年更是将这个“品质化”的道理提到了一个更高的台阶：淘汰掉部分不规范的商家和品牌存在侵权隐患、商品经营规模无法突破的尾部商家。

如图 3-58 所示，从中可以看出淘宝（不管电脑端还是手机端）的布局重心：天猫、聚划算、天猫国际的地位是非常重要的。

而在天猫店铺范畴里，天猫旗舰店的地位相比专营店、专卖店、国际店更专业、专注、唯一、权威。而从 2015 年开始，入驻天猫店所需要的资质也在不断提高，品牌调性、知名度、商品送检品质等更受关注。

图 3-58　手淘首页布局

对于中小卖家来说，更多门槛开放则集中在中间的一个位置：企业店铺（详见 http://qiyedianpu.bbs.taobao.com）。企业店铺作为一个从个人到规范化经营（工商资质化含个体）的过渡店铺类型，借助“中国质造”和“极有家”两类打标店铺碾压式的优势，进一步确定会成为 2016 年开始的优选店铺经营类型。

Tips

笔者在近两年的时间内对上千家经营数据较好的淘宝商户观察发现，除了个别风格化经营店铺和粉丝运营较为成熟的商户，较少能够出现经营规模健康稳定上升，生存发展状况呈现优秀的店铺，这也为很多线下实体转型网商，个体经营的集市卖家的经营前景画了一个大大的问号。

如图 3-59 所示，即便是“连续 40 期”考核达标的金牌卖家 5 个皇冠商铺，依然面临着流量瓶颈无法突破，继续规模化转型的局面。

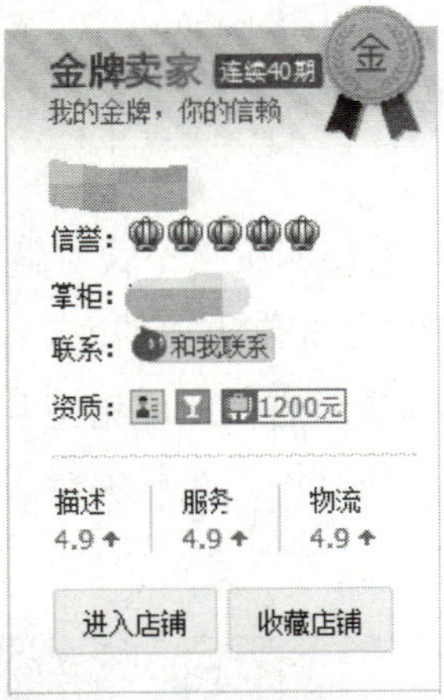

图 3-59　连续 40 期金牌卖家

2. 如何设定经营规模及发展定位

首先，我们要排除几类不适合长久经营的开店模式。

- 杂货店：什么都卖，跨类目售卖商品，卖花生、瓜子，又卖男士衬衣，还卖家居椅子……淘宝没有规定不让开杂货店，但是杂货店的主营类目占比会影响该店铺后续无法报取活动（多数淘宝活动对主营类目要求占比达到 90%），也无法参加付费推广。一个主营突出的店铺应该是这样的（见图 3-60），类目店铺权重才能最大化。

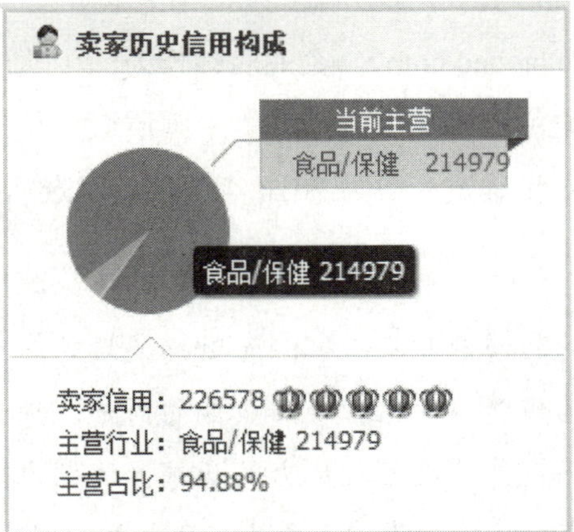

图 3-60　店铺主营结构

- 重复开店：相同的商品开多家店售卖，重复铺货，这是淘宝规则禁止的事情，发现就会封店或者降权处理。
- 涉嫌侵权（擦边球）商标店铺：涉嫌侵犯知名品牌商标或专利的商品不宜作为运营的核心产品，一旦发生侵权投诉或工商诉讼，店铺基本上面临的处罚不是删除单品就是关店罚款。

3. 开设店铺类型的选取

- 当我们的品牌规模（非国内 / 国际一线，非网络知名品牌）不具备开设天猫店铺的时候，今年我们应当优先考虑企业店铺，而对企业店铺是否会征税的问题，不要想得太“单纯”，任何成熟的商业模式都应该守法经营包括网店，要缴纳税收的时候自然全系都会要求缴纳，没有什么特殊的“个体”。对于品类是“家装建材”、“家具”、“家纺家饰”、“生活百货”类的商品店铺而言，能加入“极有家”（参见 http://www.jiyoujia.com）打标的，应该优先尝试加入，以取得更多的展示位置（见图 3-61）。

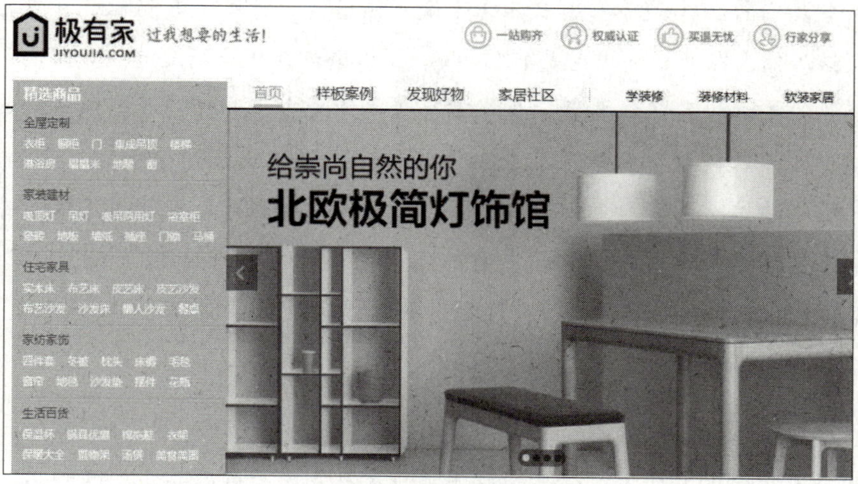

图 3-61　淘宝“极有家”

- 对于归属产业带（地域优势）的商品店铺而言，在有商品品质保障和渠道资源情况下，应该优先尝试加入如“中国质造”（参见 http://q.taobao.com）等地方，以取得更多的展示位置（见图 3-62）。
- 已经经营一段时间的集市店铺，是可以直接升级到企业店铺的，详情见 http://qiyedianpu.bbs.taobao.com 或官方公告（http://bbs.taobao.com）。

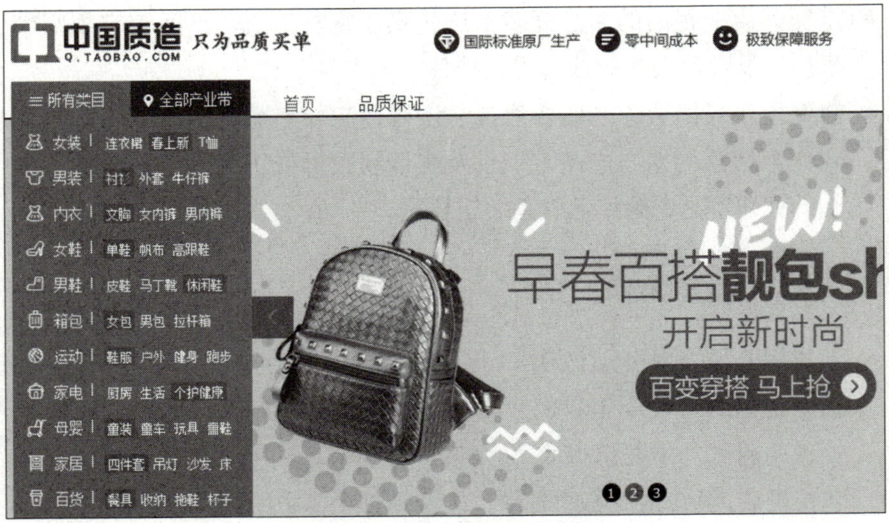

图 3-62 淘宝“中国质造”

Tips

当我们的品牌优势不足以直接开设天猫店铺的时候（其实你就算直接开个天猫店铺，在开始阶段也是非常难的），选择在企业店铺沉淀一段时间，赢取较多的粉丝和品牌知名度，是非常有必要的。去年开始，也有很多的天猫店铺（含涉嫌侵权、经营不善或抽检不合格的旗舰店铺、专营店、专卖店）没有经过考核，退签到企业店铺进行再造。对于淘宝开店经验不足或商品货源渠道不是很好的商家来说，笔者的建议是先开设淘宝集市店铺进行学习、摸索和实践，日后再升级到企业店铺，或者开设天猫店铺。

3.3.7 小结

目前有很多的开店方式：淘宝开店、京东开店、蘑菇街开店、微商……或许我们已经分不清也不知道自己应该在哪里开店。笔者有个建议：如果你想你的店铺能够取得较好的成绩和官方重视度，那么，请把你有限的精力集中在“淘系”里面，生根发芽，慢慢成长。当你累积了一定的客户粉丝基础，注册新的商标或拿到更多的品牌授权，团队也逐渐打磨规范的时候，以品牌模式开设多店，这个时候才是规模化经营的品牌“复制”模式。

我们通常是这样来鉴定一个好的商业模式的：两三句话能说清楚，一想又想不到头。比如，“我在淘宝卖大理白族的特产，每件单品每月都有上千的销量”。

两句话说清楚卖什么以及规模如何，但是具体一想，你想不到头。因为大理白族的特产数不胜数，只要有牢靠的用户基础，这个经营规模就可以做到没有天花板。

Tips

真正可复制，好的商业模式所具有的规模，应该是经得起市场推敲和考验，自己亲自参与经历过的，而不是计划书上进行的“数据模拟”。淘宝是一个可数据化观拟的大数据平台，给无数的年轻人创造出无数的机遇和空间，我们需要冷静、客观地结合自身的人脉、资源进行度量，再决定如何创造。

第 4 章
流量那些事儿

我们现在几乎可以把淘宝店铺的流量跟“粉丝数量”划个等号，手机端千人千面、个性化对店铺影响最大的是：你活跃的买家越多，你商品的展现机会越多。

所以我们也可以说，你的店铺能吸引多大的流量，取决于你的商品能吸引多少人。从这点你可以理解，为什么现在淘宝的付费广告价格越来越高。人气为主的综合排序流量太可贵了，而流量精准匹配导致商品并非卖得好它就能排得靠前，只有付费流量才能排除掉这些因素，还能仅靠出价和适当的商品表现就能把排序位置往前“挤一挤”。

4.1 搜索再怎么弱化，“大哥”还是“大哥”

2016 年上半年网红波澜壮阔，前有 papi 酱 2000 万元身价拍出广告费，后有张大奕微博视频淘宝店卖空货架，导致很多业内“专家”惊呼：“PC 已死，移动时代君临！”更有甚者喊道：“淘宝搜索已死，内容为王！”

淘宝这个平台，从开张那一刻起就注定是用关键词来进行结果排序匹配的，而关键词本身就是汉字。中国人从登录互联网那一刻，打开 YAHOO 搜索就是敲击汉字，这么多年走过来，我们现在但凡不懂的字词第一个反应就是打开百度搜索……淘宝再怎么弱化搜索，也不能把搜索窗口取消掉。

不管如何强调视频流量、内容流量、多媒体流量，只要涵盖商品场景，就会匹配到商品的属性、描述，这还是汉字。消费者不搜索，淘宝怎么抓取消费者的逻辑去匹配商品？单品宝贝的人气好才会被达人，被内容流量抓取，基础也是搜索。

说过去道过去，搜索被改，被弱化这么多年，你“大哥”还是你“大哥”。

淘宝的 PC 端死不了，搜索更死不了。

4.1.1　一招鲜靠搜索吃饭的王牌母婴淘宝店

如图 4-1 所示，这是一个主卖婴幼儿尿片、吸汗巾一类的商品店铺。

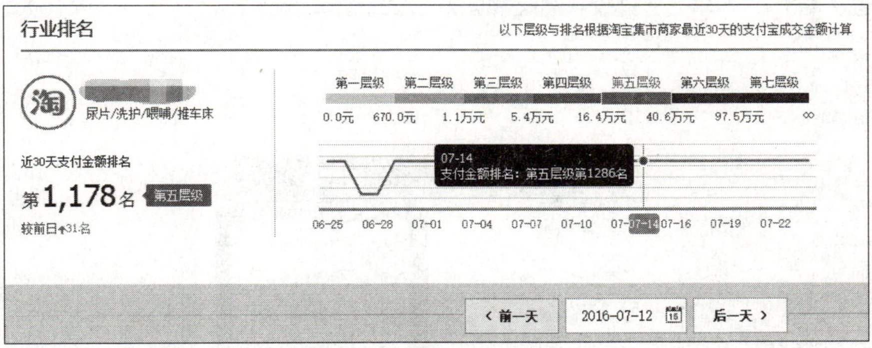

图 4-1　店铺支付层级

Tips

过去这两年，母婴类目在需求方面一直处于高速增长期，从供给方面来看，今年明显从过去的供不应求开始成长为近饱和状态，这源于很多线下知名品牌的入驻和快速发力。

淘宝平台的此类商品，有两个特性：一是超低客单价，二是品牌属性（信任溢价高，客单较高）。笔者现在举例的这个店铺属于前者：籍籍无名的品牌，在母婴类目红利期快速野蛮生长。

如图 4-2 所示，可以看出，目前淘宝上的尿布基本客单都比较低，除天猫店和品牌店以外，想要快速突破已经变得很难。

如果还有人持着做好的品质，提供好的产品就能做得好这样的思路去做尿布，那么，恐怕你连展现的机会也没有，更别说让别人来认可你的商品。而母婴类目里面，尿布、垫片这类产品属于回购率比较高的商品，用户快速使用完之后加之上次购物的感觉还不错，回购的可能性就比较高，这对单品宝贝快速累积权重是非常好的。而且我们要上新做活动也很容易：全额送给老客户免费试用，其中成本也很低。

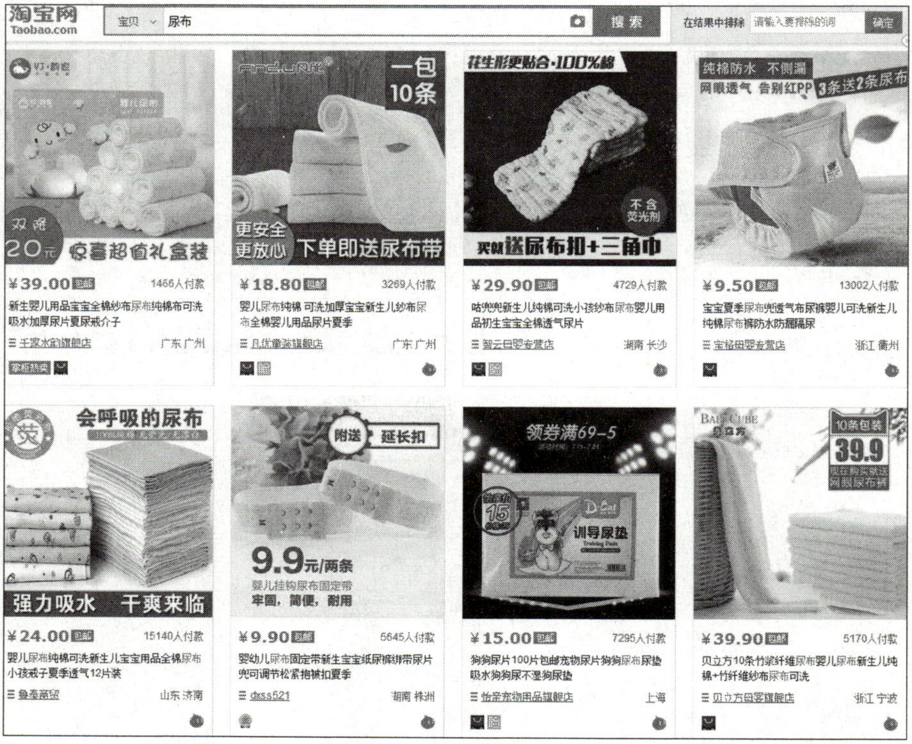

图 4-2 行业情况

4.1.2 低价冲销，卖家得到了什么

如图 4-3 所示，这是店铺 7 月的热款宝贝。很多人会说，客单价这么低卖这么多，还支持信用卡支付，多累啊！当然累，有哪个生意不累呢？关键的问题是我们要看清我们这么累，是为了什么。很多人就是盲目地进入淘宝，做了一两年钱没挣到，回头叹口气点根烟问自己：“我除了刷单，还学会了什么？我累了两年，又得到了什么？”

这会儿看这个案例，笔者就是要让你明白：即使我们等到了流量红利期，店铺依靠超低客单价野蛮生长了起来，我们真正获得的是什么。

图 4-3　单品销售情况

注意看（见图 4-4），这是店铺最近的流量结构。

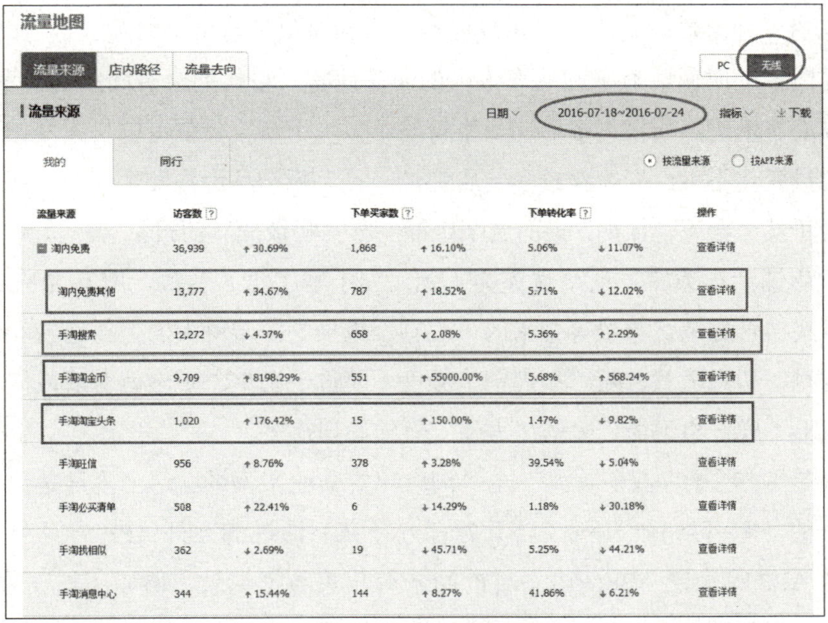

流量来源	访客数		下单买家数		下单转化率		操作
淘内免费	36,939	↑30.69%	1,868	↑16.10%	5.06%	↓11.07%	查看详情
淘内免费其他	13,777	↑34.67%	787	↑18.52%	5.71%	↓12.02%	查看详情
手淘搜索	12,272	↓4.37%	658	↓2.08%	5.36%	↑2.29%	查看详情
手淘淘金币	9,709	↑8198.29%	551	↑55000.00%	5.68%	↑568.24%	查看详情
手淘淘宝头条	1,020	↑176.42%	15	↑150.00%	1.47%	↓9.82%	查看详情
手淘旺信	956	↑8.76%	378	↑3.28%	39.54%	↓5.04%	查看详情
手淘必买清单	508	↑22.41%	6	↓14.29%	1.18%	↓30.18%	查看详情
手淘找相似	362	↓2.69%	19	↓45.71%	5.25%	↓44.21%	查看详情
手淘消息中心	344	↑15.44%	144	↑8.27%	41.86%	↓6.21%	查看详情

图 4-4　店铺流量结构

“淘内免费其他”、“手淘搜索”是免费流量，“手淘淘金币”是刚刚淘金币活动的效果，“手淘淘宝头条”是在 1.1 章节里谈到过的“淘宝头条”。只有这种超低客单价的商品，才会形成转化率奇高的景象。

在这里笔者要给大家带入一个概念——“秒品”。在手淘端进行快速成交，有三个非常重要的因素需要考虑：其一是超低客单价，其二是超高性价比，其三是刚需。超低客单价和刚需商品好理解，正如这个案例；超高性价比往往会被误解，很多人会尝试在详情页、主图、宝贝标题中反复用文字来描述“我的商品很划算，性价比多么高”，其实淘宝发展到今天，商品的性价比高低，在字面上对买家来说并无多大的理解价值。描述也好、对比也好、中差评也罢，淘宝目前的宝贝性价比其实是由以下两点构成的：

- 品牌溢价。

对于大多数商品类目而言，特别是母婴类目，是直接接触宝宝身体的商品，80 后、90 后妈妈们尤其慎重，闪失不得。在国外代购如火如荼的今天，淘宝卖家如果仅仅依靠低客单价就很难取得妈妈们的信任。如果是优秀的品牌，那么本身就能带来信任，而信任产生的溢价，是无限的。

- 价格习惯。

每个店铺都会有自己的“粉丝”，这也是淘宝这两年在手淘端不断变化想带给卖家的一种习惯改变。在手淘我们要把店铺粉丝理解为“兴趣人数”，当兴趣人数足够多的时候，对于回购率很高的商品而言，粉丝们会有固定的消费主张，即习惯的客单价。所以很多店铺如果粉丝不多，上新宝贝就可以快速变化价格区间，流量变化不大，而粉丝较多的店铺，一旦上新产品价格发生巨变，就会发现流量腰斩甚至全无。比如，上面这个店铺一款“喂饭兜”的日常客单价为 4.5 元，做一次店铺活动或官方活动调整为 4 元，别小看了这 5 毛钱，用 ECRM 或其他促销方式结合店铺优惠券等带来的“收割”效果是非常巨大的。铸造粉丝价格习惯的同时，切忌随意、随时搞促销，频度不要过于密集，不然就会造成信任过度消费，形不成价格习惯带来的“占便宜”的心理落差。

如图 4-4 所示，我们看到一个“淘内免费其他”流量，这个流量是很多人比较关心的，笔者解释一下：（以下为官方释义）通过淘宝外 APP 访问淘宝 APP 或天猫 APP 等淘系 APP，由于目前尚未有相关数据记录，所以无法识别来源，暂时归入淘内其他；淘宝 APP、天猫 APP 等淘系 APP 内有一部分无线的活动页面，由于没有打上相关的标记，暂时归为淘内其他；部分在淘宝 APP 中的插件，如安卓用户的部分日志缺失，则会将该部分数据归入淘内其他。

估计这个释义，大多数人看不懂，即便看明白了也还是不知道这个流量到底来自哪里。其实手淘 APP 现在有很多的流量来源还没有经过标注（官方在来路位置进行代码识别、统计），以前这个流量来路更直接，就叫“其他”。其实这个流量大多来自于达人的一些主题流量或站外的一些抓取。怎么得到这些流量呢？宝贝的人气或者产品特性为“新、奇、特”。宝贝的人气是目前手淘综合排序的主要依据，构成人气权重的维度有：宝贝主图点击率、收藏、加购、收藏转化率、加购转化率、售后分（含品质退款率、纠纷率、退款时间等）。当我们的宝贝处于超低客单价，而回购率又明显提高的时候，这类流量便会加大，而且效果颇好。

所以对于非品牌、品牌调性分并不高的淘宝卖家来讲，这个道理是成立的。

Tips

搜索它再怎么弱化，依然是王道！因为只要搜索的核心指标转化率、收藏、加购上去了，其他流量自然水到渠成，不需要你去做太多的变化。对于今天的中小卖家来说，新兴的渠道，我们只需要用心去观察其场景里面，宝贝的主图、属性、客单等大概是什么样子，怎么构成，那么我们在上新宝贝的时候最大化地匹配之，当宝贝人气起来的时候，当然会赢得新渠道流量的青睐。

回到先前我们提的那个问题，“超低客单价”的店铺，又累又不赚大钱，我们为了什么？来看看下面的内容，如图 4-5 和图 4-6（数据采自店铺 ecrm.taobao.com）所示。

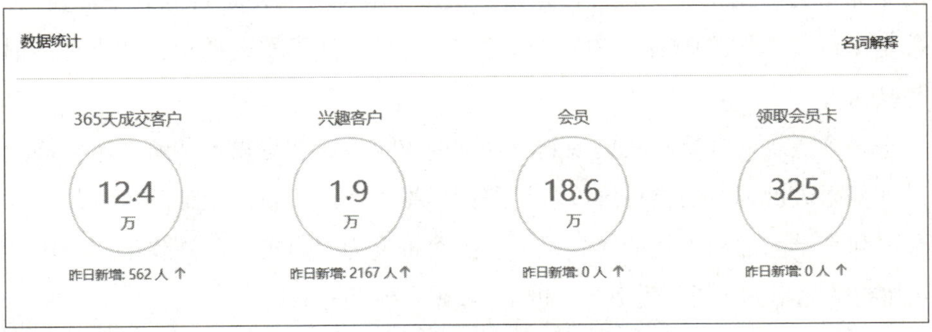

图 4-5 店铺用户数据

是的，我们获得的真正“财富”是粉丝，是客户，是高黏性的死忠用户。随着用户的年纪增长、需求变化，我们怎么可能一辈子卖 5 元的尿片？母婴类目需求面广，需要开拓、挖掘的空间巨大。当我们的粉丝数超过 10 万，365 天内的粉丝（按淘宝规则，180 天内活跃才算老客户）活跃度如果不错，我们就可以大胆地开发新产品、上新测试，这样就能健康地带动店铺 UV 价值、全店营收。

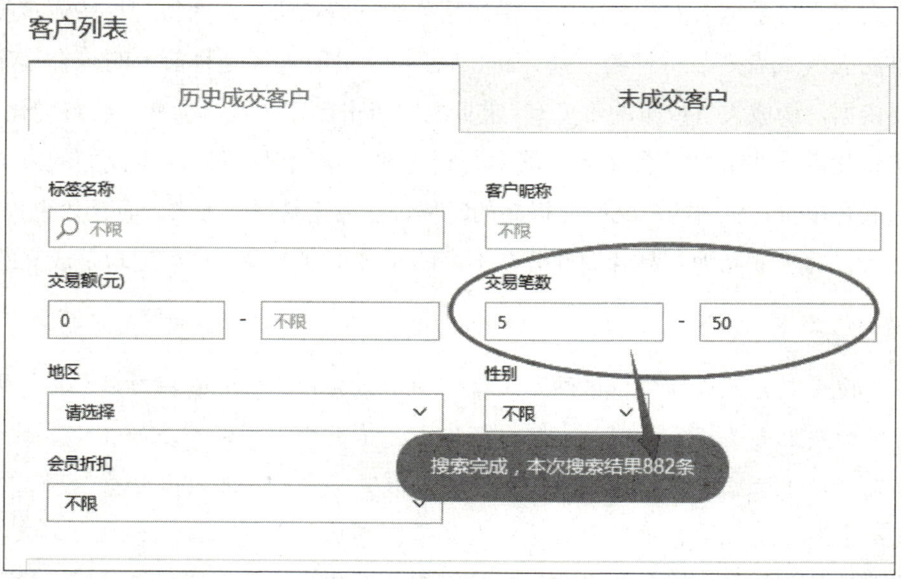

图 4-6　店铺高黏性用户数据

4.1.3　手机时代的搜索流量布局案例

手机时代来得很快，得益于手机制造商、智能手机系统设计师、网络运营商们的不懈努力。淘宝的手机时代来得更快，可能你会觉得走得太急，转变太快。这就是平台，当你的店铺依附于平台存在，你就得跟随平台摆动。你不动，则很容易被抛弃。

上一个板块内容里，我们谈到了搜索的重要性。在这里不妨给大家重构一下单品（基于关键词）的指标维度，这些指标维度经过流量的验证后，得到了好的效果，那么单品的权重就能得到提高。主要维度为：点击率、转化率（点击转化率 / 加购转化率 / 收藏转化率）、加购、收藏、售后指标。

手机的屏幕小，商品的展示面积有限，而手淘其实是依附淘宝的 PC 端进行升级存在的，所以请你不要把手机端和 PC 端直接分得很清楚。电脑屏幕足够大，便于比较商品与操作，展示商品数量也较多（搜索结果页一屏 48 个，不含右侧和底部直通车位置商品）。问题来了，你的商品上新后最有可能被 PC 端还是手机端的用户看到？

显然是PC端的用户。当你的宝贝在PC端有了展现，用户有了点击，这个时候判定你的商品是活跃的，就会在手机淘宝端有一个初始的排名，而我们今天已经发现绝大多数的成交都在手机端，有了排名的宝贝就会有人点击（主图）进入，点击进入就可能出现购买（点击转化率），或者进行收藏、加购（购物车）。

如果商品是秒品（上章节提到的超低价商品、品牌商品或刚需商品），那么点击转化率会很高，如我们上面案例的4.5元“喂饭兜”。如果商品的客单价不是很合理，而款式或需求还可以，用户就可能会收藏、加购，考虑一会儿或次日、择日再购买（收藏转化率、加购转化率）。用户购买行为完成后，如果商品满意就会给予好评等，这构成店铺的售后分值部分。

这样一套流程完毕后，每个上新的单品，在手淘这一次会进行以上指标的对比，对比的时间跨度为7天。这里尤其要注意，淘宝的7天周期，不是说今天开始到下周的今天，而是每一周期即为前面7天（今天加前面6天），以此循环。

在这里面，有一些个性化的因素会影响宝贝的展现：收藏过、购买过。所以当店铺的兴趣人群足够多的时候，上新商品的展现变得很容易，单品获得高权重的概率也就高一些。

而今年手淘调整了单品生命周期后，就需要店铺快速地成就多款活跃单品，这些活跃的单品，在不断进行权重累积中，也就形成了店铺的权重。这里我们抛开了天猫的知名品牌的“店铺品牌调性分”。

Tips

如果你认真地看完上面的文字，那么，想必已经知道为什么有些商家宝贝上新刷单就会被查到，为什么手机端怎么刷单品都没有排名。我们去理解搜索的逻辑，并不是为了钻空子。如果生意能够自己健康地产血，就将更容易实现长治久安，何乐而不为?

4.1.4 茉莉纯露

2015年上半年，笔者在一个县级市带经理人MBA班，课间一位传统企业主问笔者：“大叔，我想在淘宝卖茉莉纯露，怎么卖？我们当地是茉莉花重要的加工大区。”

我打开手淘APP搜索了一下“茉莉纯露”，可惜当时的搜索结果没有截图。

我们来看看今天的市场数据，如图 4-7 所示。

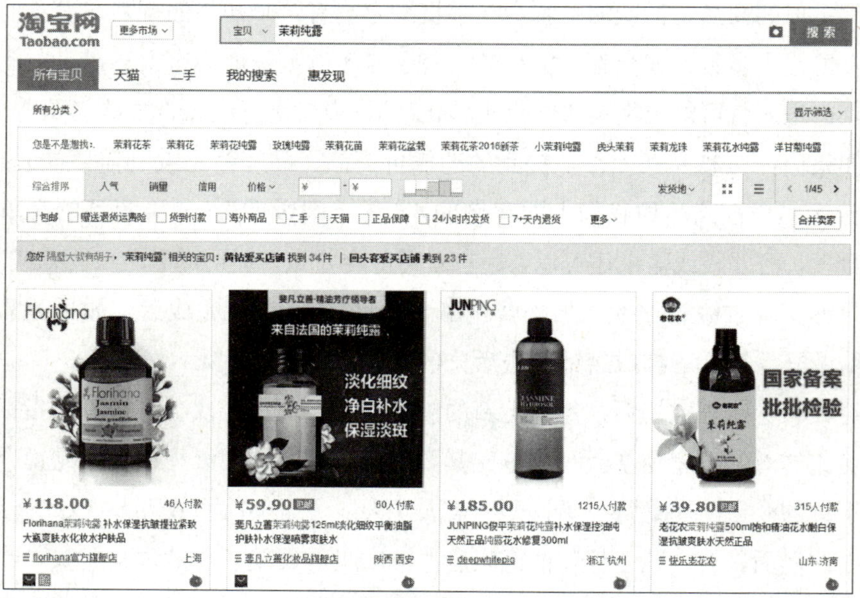

图 4-7　现在的搜索结果

从这个数据反馈来看，茉莉纯露才刚刚开始“冒尖”，在市场上传播开来，并被消费者尝试接受。

而笔者在 2015 年上半年搜索的时候，看到的“茉莉纯露”商品销量几乎都是个位数。纯露是用来做化妆水（妆前妆后均可）、淡香水、爽肤水使用的，越来越注重健康的当今女性肯定会考虑采用茉莉的清香来代替浓郁的混合香水味，这个市场具备潜力，而当我搜索“纯露”的时候，我们看到的商品，展现更多的是这样的，如图 4-8 所示。

显然，“玫瑰纯露”更被消费者熟悉和青睐，在平台上的各种流量指标均比较高，所以排序较为靠前。那是因为玫瑰纯露和茉莉纯露相比除了在“香气”上不同和具备补水作用以外，它还具有快速消炎、抗过敏、止痒、延缓衰老等作用，而这些都是淘宝购物主力女性群体的“刚需”。再者，这位传统企业主所在的西南地区也并不是茉莉花的主产区（广东、福建、苏州、杭州、南京等地为主产区），茉莉花可全国种植，该地并不具备地区唯一性标识，西南地区的该县仅仅是加工大区（如茉莉花茶加工）。

所以如果要去预先布置流量，那么，我们要优先考虑“玫瑰纯露”。

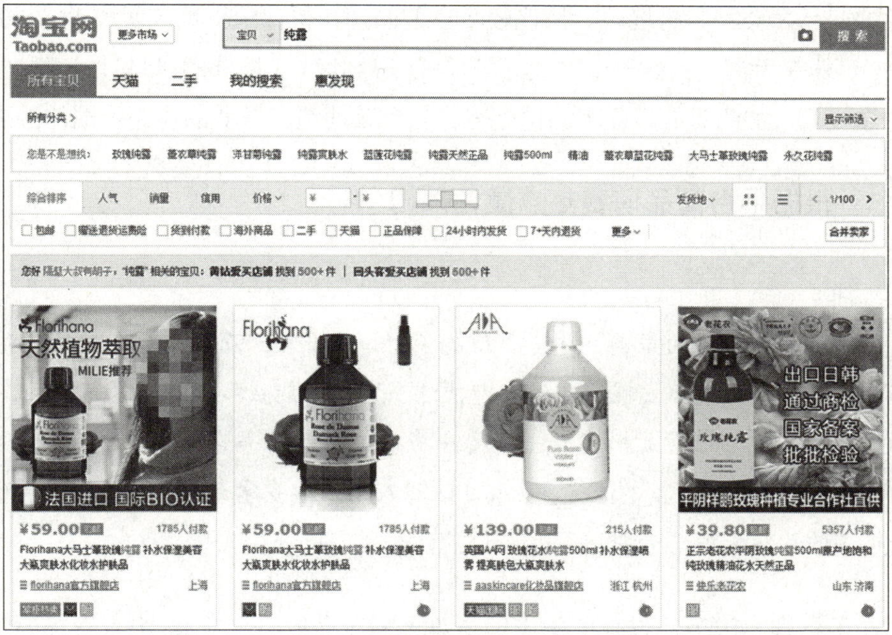

图 4-8　泛词搜索结果

如果对市场上的当前商品品质不熟悉，就采购几家销量较高、活跃度较高（观察 3～7 天销量变化即可）的玫瑰纯露回来看看包装、质量、品质，然后再找厂家谈，批发一部分或混批一些玫瑰纯露回来，先上架卖，哪怕亏点。

当用户通过平台成交最多的玫瑰纯露跟你这个店铺产生了消费行为，接下来他就成为你店铺的“粉丝”。你之后上新的商品就会优先展示在他的面前，同时他也才会有耐心听你教育，比如：“我们家的茉莉纯露也很棒哦！”其实在这个品类里面，我们线下的销售模式已经给了最佳答案：商品小样。

你带着女朋友或男朋友去逛商场的时候，是不是经常遇到赠送小样或试用装的？当我们售卖玫瑰纯露的时候，就可以在包裹里给客户送上一支精美的“茉莉纯露”试用装，注意一定是“精美”，品质要好，因为你想打开茉莉纯露这个较为“空白的市场”。

当试用装发出去一批后，你应该就要准备上新你的“茉莉纯露”新品了。上新后先观察一下店铺的流量情况：生意参谋、流量概况或单品分析（茉莉纯露产品），当发现进店的关键词有“茉莉纯露”的时候，就应该配合直通车去推广了（优先 PC 端）。

针对“茉莉纯露”这个词，一定要广泛匹配，这样客户在搜索“纯露”的时候你的商品才会被附带展现。用比较猎奇的图片，快速地提高宝贝在PC端的点击率，迅速在手淘端占到一个“较好的位置”，后续靠客服、旺旺尽量快速地成交，甚至靠收藏、加购后的转化率的提高来稳住“茉莉纯露”商品在无线端的排名。

4.1.5 根据平台商品消费热点属性入门

Tips

通过上个板块的案例，笔者总结如下：如果平台上没有大量成交的商品，那么，并不意味着你发现了蓝海（即便这个商品可能在线下成交很不错），在构建新品上线的流量的时候，一定要分析透彻商品的平台属性（符合平台用户当前购买习惯）、客单价格，先从PC端入手，尽量拿到点击率，然后才是手机端的后续发展……

在手机端，因为流量受限于店铺覆盖人群（兴趣用户数），当直通车的关键词展现量不足时，就需要借助报取官方试用甚至开钻展来辅助流量的拉升。这些时间点的掌握，都需要我们准确做好前期的流量布局准备，而不是追求“车到山前必有路”。

4.2 付费流量从配角到主角的逆袭

在平台商品匮乏的“流量红利期”（2008年以前的淘宝）以及付费用户并不多的时候（2012年前的淘宝），我们大可认为广告投入是不太需要的，而在那个时期，就算稍微投入点直通车费用，也会产生非常大的收益。而近年来，淘宝的流量在减少，商品数量在不断增加，品质化（资本实业）商家数量不断增加，随着2016年的“内容化”改革，用户发现流量真的“贵如油”了，甚至很多之前有免费流量的卖家一夜之间进入了“不开车便没有流量”的地步，坊间戏言“一言不合就开车”就是这样来的。

4.2.1 直钻肆虐，你Hold得住么

如图4-9所示，当我们打开直通车或钻展，进入公告栏，便会发现2016年直通车和钻展的变化如此之大，如此之迅猛。

首页 ❯ 最新公告

最新公告(12)

状态	消息标题	发送时间
	【新功能提示】抢位助手全新亮相！	2016-07-19
	【重要公告】车手体检中心	2016-07-18
	【重要公告】【账户提醒】阿里妈妈9周年红包发放通知	2016-07-16
	【新功能提示】直通车账户诊断功能优化升级！	2016-07-13
	【重要公告】一张图读懂6月淘宝直通车、钻石展位最新动态	2016-07-12
	【重要公告】阿里妈妈APP华丽升级，全新上线！	2016-07-07
	【重要公告】淘宝\天猫直通车处罚变更预通知	2016-07-07
	【重要公告】阿里妈妈9周年活动延期通知	2016-06-27
	【重要公告】淘宝直通车TOP20万词表页面链接更新啦！	2016-06-27
	【重要公告】阿里妈妈9周年，数智赢销新旅程	2016-06-13
	【重要公告】想不想让系统帮您推广？	2016-06-13
	【重要公告】想不想让系统帮您推广？	2016-06-13
	【新功能提示】直通车搜索人群618购物券标签，助您引爆流量！	2016-06-13
	【重要公告】一张图读懂5月直通车、钻展最新动态	2016-06-12
	【新功能提示】直通车新出价指导工具来袭	2016-06-07
	【重要公告】直通车创意功能升级通知	2016-06-02

图 4-9　直通车公告页

随着直通车的定向新功能层出不穷，钻展 CPC 和智能投放模式的开启，在手淘千人千面影响下，直通车很多时候都需要结合钻展进行投放，才能快速增加展现量，达到投放效果，这就是今年俗称的“直钻模式”。对腰部以下卖家（中小卖家）或中部卖家（中大型卖家）而言，直通车的重要性不言而喻：关键词的辅助上位功能无人能敌。

我们来看个案例，先交代一下案例背景：2016 年 3 月该店铺被扣罚 12 分。当然了，这是一家天猫旗舰店，如果是集市店铺，那么，基本就算出局了。

如图 4-10 所示，这是店铺在 2016 年 3 月的流量情况，店铺在 3 月底被扣分处罚。

如图 4-11 所示，店铺被处罚后，明显可以看到 4 月流量被腰斩了（流量损失比达到 2/3）。店铺为男装服饰类目，因为款式较好，店铺的活跃粉丝较多，所以在转化率上因为流量下跌导致店铺整体转化率反而呈现上升势头。

正是因为有这样的强劲支撑，让我们这位掌柜下定决心要把这个“将死”的店铺用付费流量“拉回来”。

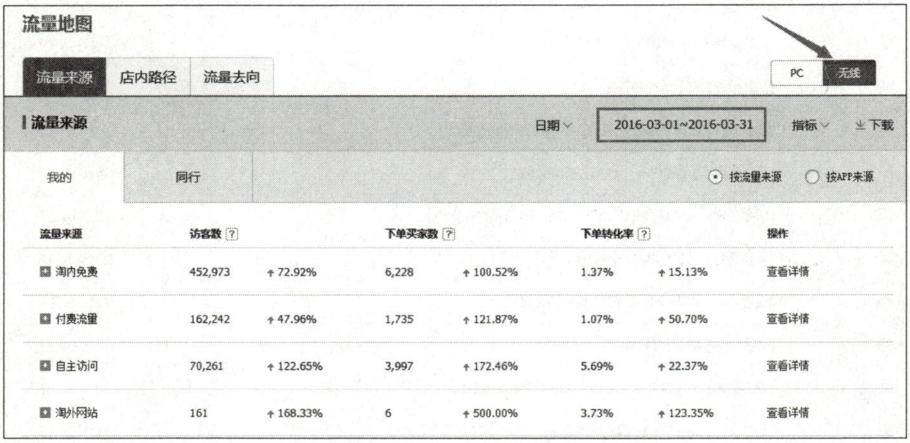

流量来源	访客数		下单买家数		下单转化率		操作
淘内免费	452,973	↑72.92%	6,228	↑100.52%	1.37%	↑15.13%	查看详情
付费流量	162,242	↑47.96%	1,735	↑121.87%	1.07%	↑50.70%	查看详情
自主访问	70,261	↑122.65%	3,997	↑172.46%	5.69%	↑22.37%	查看详情
淘外网站	161	↑168.33%	6	↑500.00%	3.73%	↑123.35%	查看详情

图 4-10　店铺 3 月流量数据

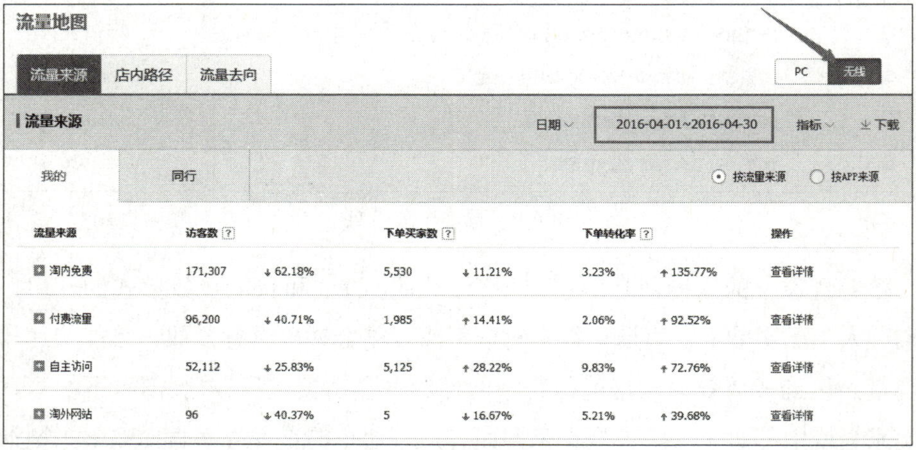

流量来源	访客数		下单买家数		下单转化率		操作
淘内免费	171,307	↓62.18%	5,530	↓11.21%	3.23%	↑135.77%	查看详情
付费流量	96,200	↓40.71%	1,985	↑14.41%	2.06%	↑92.52%	查看详情
自主访问	52,112	↓25.83%	5,125	↑28.22%	9.83%	↑72.76%	查看详情
淘外网站	96	↓40.37%	5	↓16.67%	5.21%	↑39.68%	查看详情

图 4-11　店铺 4 月流量数据

如图 4-12 所示，这是店铺 5 月 1 日至 5 月 31 日的直通车报表数据。因为店铺拥有活跃粉丝（全店 365 天活跃用户数达到 11 万）较多，所以直通车的开销并不会特别夸张（展现量有了保障），加之款式和客单相比同行具备一定优势，只要把点击率做上去就可以收到不错的效果。

虽然账户总体 ROI（投入产出比）只有 1.76（投入 100 元广告费，卖出 176 元的商品价值），但是通过直通车花费了 27 万元（几乎每天 1 万元）拿到了 1374 万的展现量！

日限额	展现量	点击量	点击率	花费	平均点击花费	总成交笔数	总成交金额	投入产出比
¥300.00	841,411	22,475	2.67%	¥27,077.49	¥1.20	559	¥33,287.92	1.23
¥400.00	84,222	2,328	2.76%	¥4,059.73	¥1.74	67	¥3,950.40	0.97
¥1,000.00	688,830	17,745	2.58%	¥26,231.88	¥1.48	558	¥27,750.43	1.06
¥300.00	194,734	8,987	4.62%	¥11,246.63	¥1.25	119	¥7,206.39	0.64
¥300.00	1,823	119	6.53%	¥704.93	¥5.92	1	¥59.00	0.08
¥1,000.00	5,538,733	169,344	3.06%	¥98,045.73	¥0.58	3,595	¥206,218.07	2.10
¥300.00	72,481	2,444	3.37%	¥4,813.24	¥1.97	24	¥1,621.09	0.34
¥1,000.00	6,324,161	125,955	1.99%	¥99,336.80	¥0.79	4,023	¥197,618.82	1.99
	13,746,395	349,397	2.54%	¥271,516.43	¥0.78	8,946	¥477,712.12	1.76

图 4-12　店铺 5 月直通车报表

我们来看看 5 月店铺的流量情况，如图 4-13 所示。

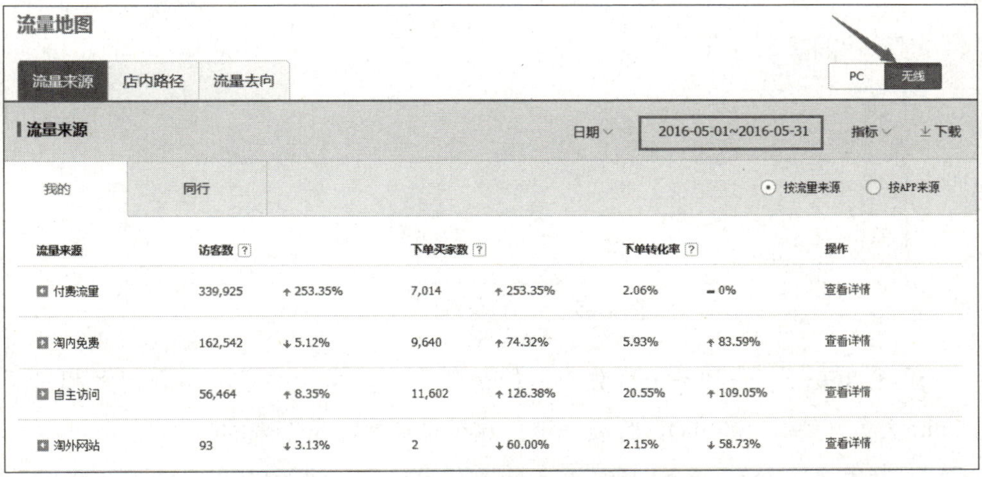

图 4-13　店铺 5 月流量数据

免费流量的流失已经得到了缓解（相比 2016 年 4 月 17 万的免费流量，这个月下跌了 5.12%），付费流量在上个月基础上增加了 253.35%。就算我们直通车会亏损（1.76 的 ROI 我们要保证单品毛利率要达到或超过 57%），但是从图中我们可以看到免费流量的转化率从 4 月的 3.23% 长到了 5 月的 5.93%，涨幅高达 83.59%，这将大大坚定我们运用直通车“拉活”店铺的信心。

如图 4-14 所示，2016 年 6 月，店铺免费流量的跌幅已经降到 1.5%，免费流量转化率持续涨幅高达 6.57%，而直通车持续加大的投入使得付费流量再次飙升，涨幅达到 34.03%。

我们看看直通车的收益，如图 4-15 所示。

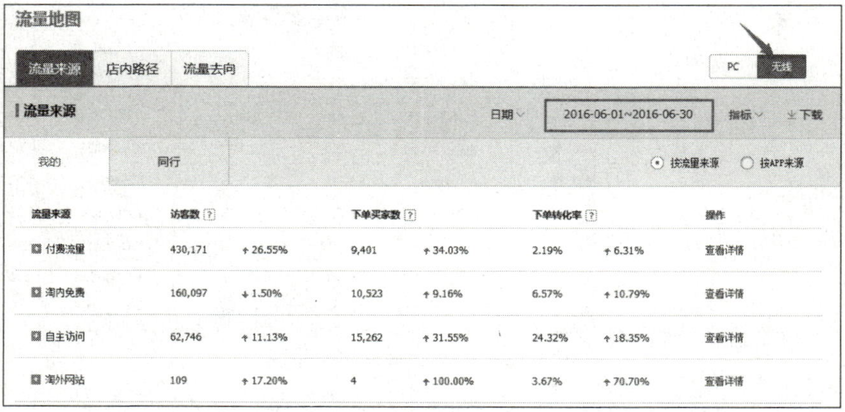

流量来源	访客数		下单买家数		下单转化率		操作
付费流量	430,171	↑26.55%	9,401	↑34.03%	2.19%	↑6.31%	查看详情
淘内免费	160,097	↓1.50%	10,523	↑9.16%	6.57%	↑10.79%	查看详情
自主访问	62,746	↑11.13%	15,262	↑31.55%	24.32%	↑18.35%	查看详情
淘外网站	109	↑17.20%	4	↑100.00%	3.67%	↑70.70%	查看详情

图 4-14　店铺 6 月流量数据

日限额	展现量	点击量	点击率	花费	平均点击花费	总成交笔数	总成交金额	投入产出比
¥300.00	36,003	557	1.55%	¥1,161.95	¥2.09	18	¥766.09	0.66
¥1,000.00	4,166,232	118,174	2.84%	¥97,39[illegible].54	¥0.82	3,119	¥157,137.72	1.61
¥300.00	105,369	5,831	5.53%	¥6,399.31	¥1.10	63	¥3,725.40	0.58
¥300.00	334,981	2,011	0.60%	¥3,118.17	¥1.55	66	¥3,162.69	1.01
¥1,000.00	5,253,965	136,426	2.60%	¥94,184.08	¥0.69	2,424	¥141,400.77	1.50
¥300.00	160,708	4,146	2.58%	¥6,793.50	¥1.64	60	¥4,135.18	0.61
¥1,000.00	10,162,553	200,582	1.97%	¥169,6[illegible]2.01	¥0.85	6,399	¥318,555.24	1.88
	20,219,811	467,727	2.31%	¥378,649.56	¥0.81	12,149	¥628,883.09	1.66

图 4-15　店铺 6 月直通车报表

虽然 ROI 下降了 0.1 个百分点，但是免费流量带来的下单笔数已经超过了 10000 大关（每天 300 单），你要知道，这可是免费流量带来的！

这里很多人会问一个问题："为什么免费流量就停留在 16、17 万不上涨了呢？"后面的章节笔者会仔细说清楚这个问题：店铺的层级决定了流量的天花板，付费流量和免费流量的配比需要店铺运营者进行科学化调配。

7 月底至 8 月初是服饰类目的上新高峰季，也是每年"双 11"大考的最核心的准备初期（初冬款上新预热、打造）。笔者这个学生的店铺底子好（活跃粉丝多，黏性高，现金流也较好，敢于砸钱），在扣罚 12 分的情况下依然能够"复活"，足见 2016 年直通车对搜索（免费）流量的辅助能力。顺带说一下，该店铺直通车关键词展现不足的时段，也通过钻展 CPC 加智能投放（适合钻展新手）做过拉新辅助。

Tips

当你看完这起气势磅礴的"死而复生"的直钻案例后，你还敢说不开直通车吗？直钻时代，已经来临，你一定不要死撑。

4.2.2　化繁为简："无人驾驶"般广告投放模式

直通车是适合中小卖家的付费投放工具，也是直观看到收益比，符合中小卖家"投资"心态的推广方式。其实从投放的操作难度上来看，钻展比直通车更简单、快捷，而正是基于淘宝教育（万堂书院、淘宝大学等）的课程设置明显偏向直通车，所以中小卖家偏向选择直通车居多，而中大型卖家却偏爱钻展。

直通车是阿里妈妈赚钱的收入渠道之一，也是淘宝网的主要收入来源。据传淘宝网挖掘了很多前百度"凤巢"系统的"科学家级别"架构师来打造新版直通车，所以我们在进入 2016 年以后发现直通车随时都在发生翻天覆地的变化，同时，直通车也积极地把一些功能简化、自动化，并且积极地把定向功能跟钻展接轨。

这样的结果就会导致进入直通车、钻展的卖家越来越多，甚至新手卖家越来越多。新手卖家对平台的付费推广模式、算法、ROI 核算等并没有深刻的理解，也没有过往的季节经验（不知道在某个时段某个关键词如何投放会达到什么样的效果），一旦进入直通车就会手足无措，根本拿不到展现。

如图 4-16 和图 4-17 所示，在"直通车诊断"工具里更新的工具，足以让新手近乎"无人驾驶"般，傻瓜式一键设置。

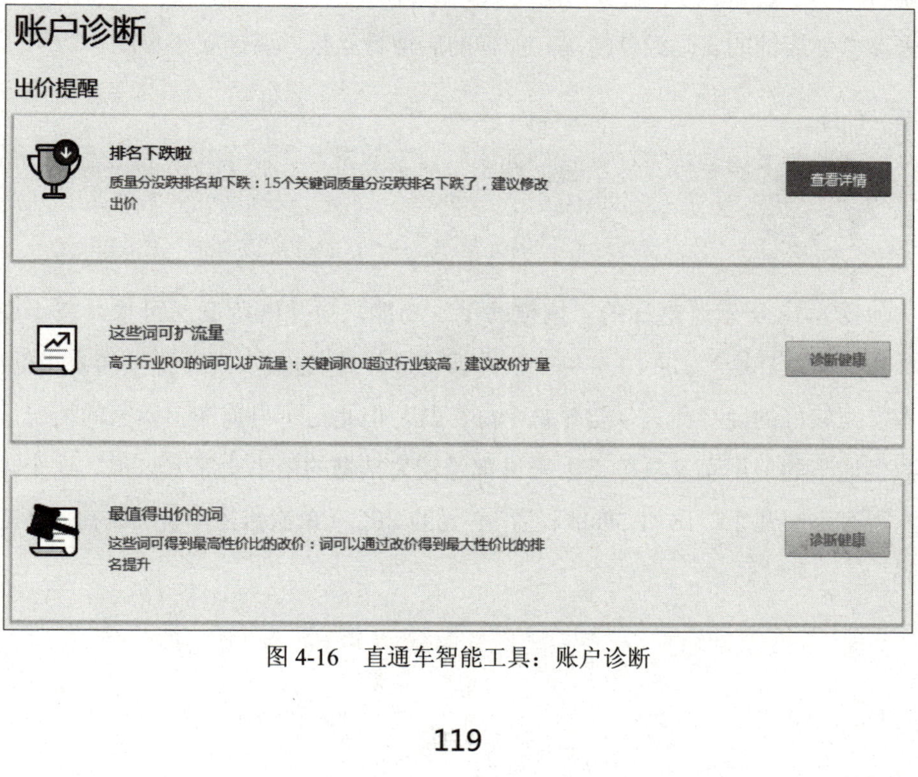

图 4-16　直通车智能工具：账户诊断

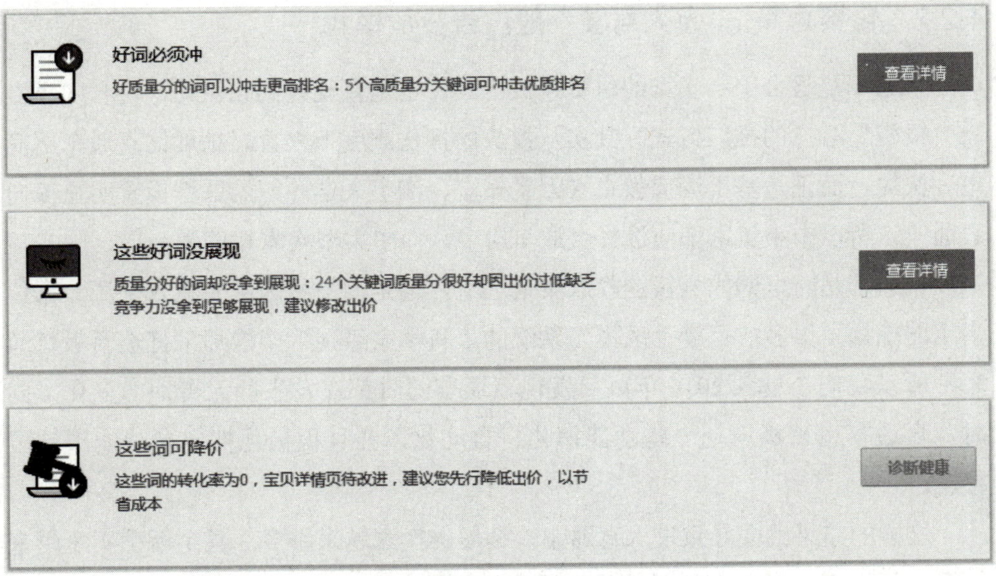

图 4-17　直通车智能小工具

4.2.3　温馨提示

在这里笔者要提醒直通车新手们：直通车目前大多的优化功能是基于“出价调整”，而且大多情况下系统判定“预算不够”时再进行抬价处理。直通车并不会去参考你店铺的实际经营情况，如你的店铺粉丝数，店铺底子厚度。

Tips

在使用这些看似“傻瓜相机模式”的工具时，一定要设置好日限额，不要“惹火烧身”。

如图 4-18 所示，这样的“抢位助手”功能，更是既刺激又可怕，被不少卖家称作“吸血狂魔”。每 10 分钟一次的调价进行排名抢位，对于那些流水很健康，资本实力较好的商户而言，自然是个好工具，但是对于目前淘宝卖家的情况（大多数直通车的使用卖家从数量上来讲都是较为拮据的中小卖家）来说，这个功能就显得有点突兀了。比如，你敢设置 99 元的 PPC（单次点击单价）去跟人 PK 竞价吗？

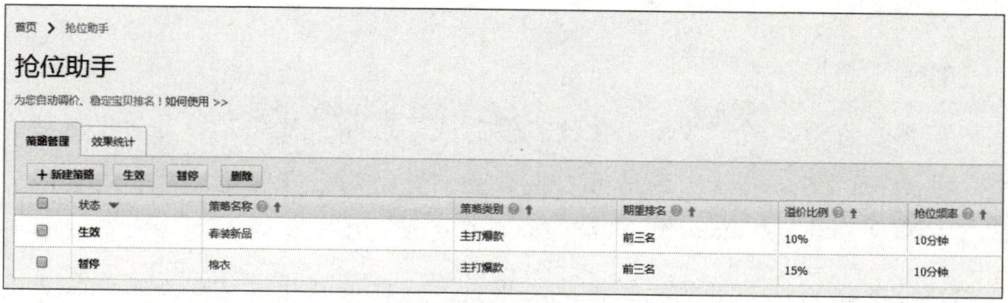

图 4-18　直通车“抢位助手”

现在的直通车真的很“人性化”，人性到你的计划什么时候会缺钱，缺钱导致流量丢失多少都会提示你，如图 4-19 所示。笔者并不是说这个功能有多么“变态”，而是想提醒卖家结合自身的经济实力和流水情况，量力而行。这个功能如果你确实觉得应用不上，那么没关系，可以结合它提示给你流量丢失的重点区域，手动设置溢价时间进行测试，如果这段时间的流量质量真的更高（付费带来的效果更好），那么这个功能的“附带功效”我们不就利用上了吗？

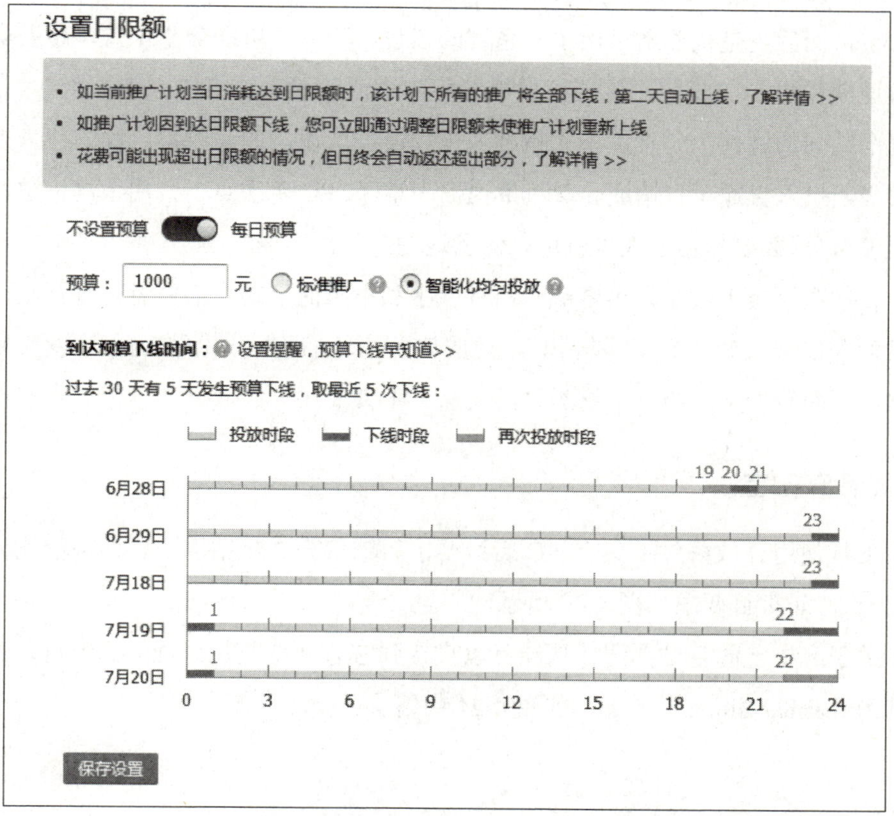

图 4-19　直通车日限额设置

Tips

诚然，直通车的“方便、便捷、傻瓜式、无人驾驶式”的自动化新功能有一些看似“不近人情”的地方，也让我们觉得淘宝在无情地吸食着卖家的血汗，但是积极的一面还是有的：至少它越来越简单化，不需要我们掌握太多的行业数据的情况下就能轻松地应用起来，也能够通过这些新功能给更多苦于开店但就是没有流量的卖家带来一些希望，同时提醒大家要重视产品、款式、客单价、客户服务。这样的好处就是你的广告费花得不冤枉，能够花出去后物尽其用。

4.3 付费流量的新生代

2015 年 1 月，淘宝网（阿里妈妈）推出了一个非常具有改革意义的工具：麻吉宝，而后更是快速地推出了一系列的红包、积分、协助分享工具，帮助卖家们快速获得更多的流量，这些流量被统称为“泛流量”或者“兴趣流量”，它们有两个共同的属性：付费、不太精准。正如前面所说，如果我们店铺的覆盖人群比较少，投入直通车、钻展获取流量也很困难（CPC 单次点击费用很高，也没多少展现），那么要想拓展人群就可以借助这些工具。

要注意这类工具是采用游戏、问答、小利小惠的形式与消费者进行互动，所以我们不能去关注“有多少转化”，而应该关注他们收藏、加购这些维度带来的数据，下面我们来介绍一下这类“泛流量”工具。

4.3.1 麻吉宝

工具使用开放条件：集市（C 店）要求店铺信誉 2 颗钻以上（同阿里妈妈接入门槛）。对类目要求如图 4-20 所示。

关于麻吉宝的基础介绍、功能可以直接到官方网站花几分钟阅读即可，官网地址为 majibao.alimama.com，如图 4-21 中箭头所指。

店铺主营类目	准入条件
国货精品数码	不开放
自用闲置转让	不开放
OTC药品/医疗器械/隐形眼镜/计生用品	不开放
处方药	不开放
隐形眼镜/护理液	不开放
家庭保健	不开放
成人用品/避孕/计生用品	不开放
服务市场	不开放
服务商品	不开放
其他	不开放
床上用品	天猫开放
运动鞋new	天猫开放
手机	天猫开放
手表	天猫开放
数码相机/单反相机/摄像机	天猫开放
音乐/影视/明星/音像	天猫开放
书籍/杂志/报纸	天猫开放
网店/网络服务/软件	天猫开放
网络设备/网络相关	天猫开放
腾讯QQ专区	天猫开放
网络游戏点卡	天猫开放
手机号码/套餐/增值业务	天猫开放
移动/联通/电信充值中心	天猫开放
个性定制/设计服务/DIY	天猫开放
本地化生活服务	天猫开放
度假线路/签证送关/旅游服务	天猫开放
特价酒店/特色客栈/公寓旅馆	天猫开放
电影/演出/体育赛事	天猫开放
交通票	天猫开放
特色手工艺	天猫开放
淘花娱乐	天猫开放
新车/二手车	天猫开放
保险	天猫开放
教育培训	天猫开放
电玩/配件/游戏/攻略	天猫开放
电子词典/电纸书/文化用品	天猫开放
网游装备/游戏币/帐号/代练	天猫开放
外卖/外送/订餐服务	天猫开放
餐饮美食	天猫开放
酒类	天猫开放
休闲娱乐	天猫开放

图 4-20　麻吉宝开放类目

图 4-21　麻吉宝页面

当你店铺符合麻吉宝开通条件后，点击“卖家中心”→“营销中心”，选择麻吉宝，如图 4-22 所示。

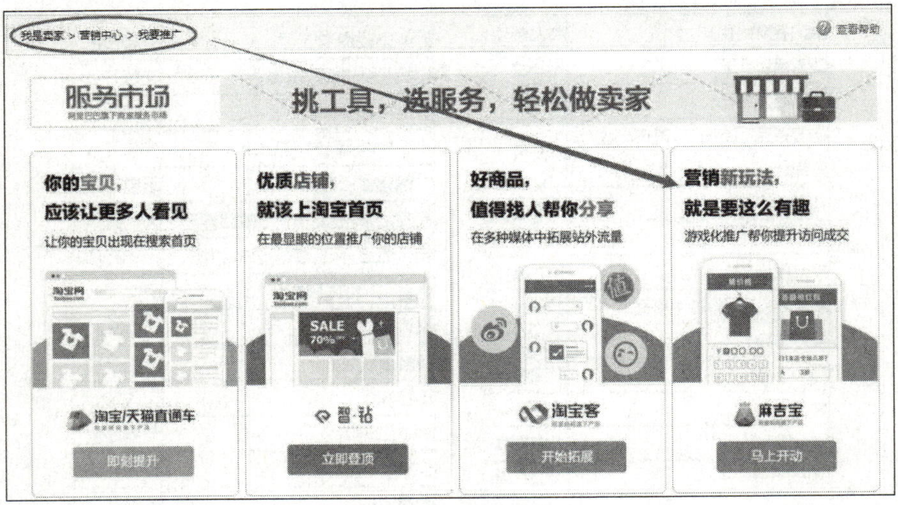

图 4-22　麻吉宝位置

4.3.2　麻吉宝资金管理

要注意麻吉宝是阿里妈妈旗下的一款工具（由原来的 A 计划演变而来），通过设置问题答卷互动问答，买家获取积分的形式完成引流。充值的起点是 500 元起，用多少充多少，不要一次性充值太多（充值可以退，但是申请流程比较麻烦）。资金概览和余额情况如图 4-23 所示。

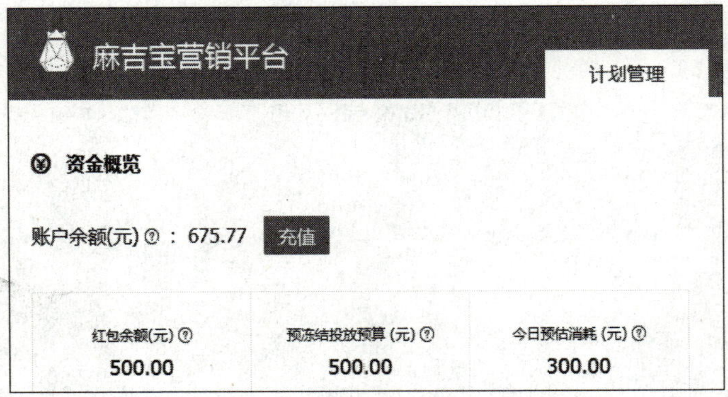

图 4-23　麻吉宝资金页面

4.3.3　麻吉宝计划创建

从创建计划开始，设置好投放金额（建议设置为 1 毛即 0.1 元，这样投放时间较长）和投放的问题，提交创意（审核后即通过），麻吉宝就会冻结投放预算（进行扣费），这个时候麻吉宝才正式开始投放。

如图 4-24 所示，先去制作创意，审核通过后再去“计划管理”里新建计划，开始投放广告。创意分为两类：问答互动和猜价格互动，非常好理解。问答互动的创意需要你脑洞大开地去想尽量跟产品有关系的问题，比如，店铺绿色款宝贝客单价是多少，这样访客就会去你店铺里找哪款商品是绿色，价格是多少，以此圈到更多访客……

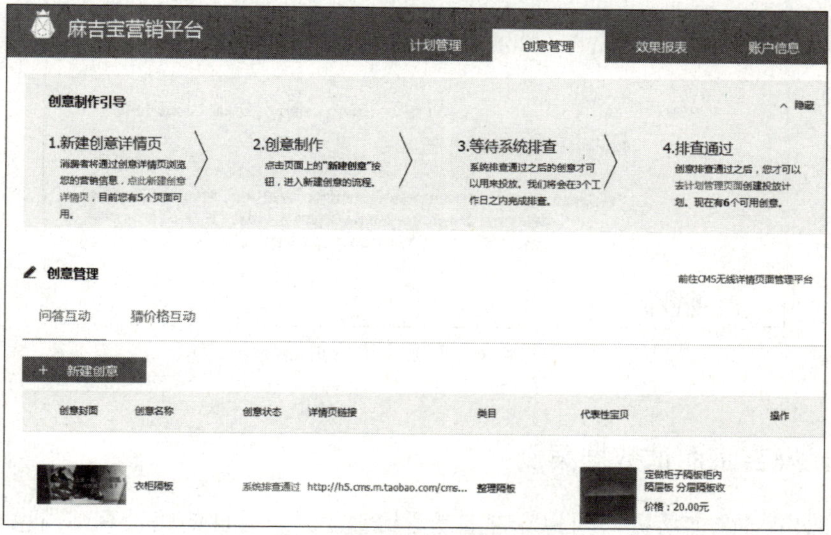

图 4-24 麻吉宝创意制作

在新建计划的时候要注意，新出的功能“活动回流计划”是会进行二次扣费的，请详细阅读使用说明。猜价格也可以尝试，目前这个功能使用后反馈也不错，具体如图 4-25 所示。

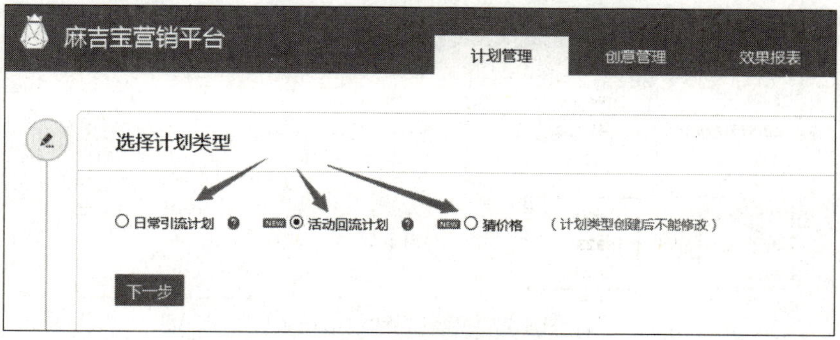

图 4-25 麻吉宝计划选择

如图 4-26 所示，在进行单次出价设置和回流出价（活动回流计划功能）设置时，建议按照较低的价格设置，这样计划存在的时间就会比较长，获得的互动次数足够多。

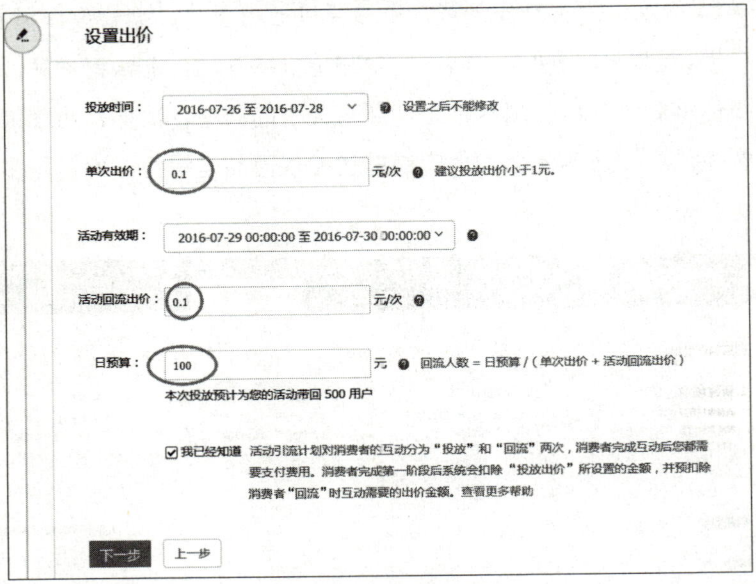

图 4-26　麻吉宝出价页面

4.3.4　麻吉宝测试数据案例

正如笔者之前所提，因为麻吉宝是泛流量工具，投放的路径有站内也有 APP 站外，所以获得的流量我们在报表里看到的也只有加购、收藏和曝光率等指标，只能模糊衡量投入产出比。笔者测了一周数据，来看看效果（见图 4-27）。

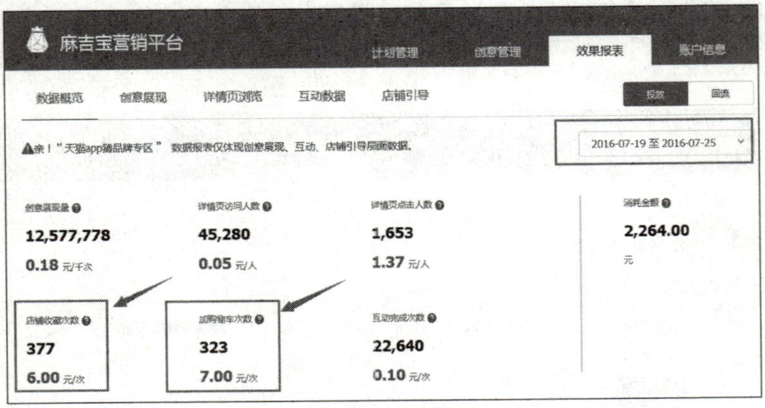

图 4-27　笔者测试数据结果

这是投放 1 周后的数据（7 月 19 日到 7 月 25 日），如果要对比直通车的投放数据，收益指标就会显得有点低，但是作为拉新（增加店铺、单品覆盖人群）这个逻辑去看，会觉得“还行”。创意曝光次数 1257 万次，千次展现的费用为 0.18 元（比现在钻展的 CPC 低点）。花费 2264 元，获得了 UV 人次 1653 个，PV 次数 45280 个，收藏 377 个，加购 323 个。

Tips

笔者要说的是，麻吉宝带来的收藏、加购，即店铺的兴趣人群，紧跟着结合 ECRM 进行兴趣人群优惠活动“收割”（后续章节会详细讲到）这一波的引流即可。

4.3.5　其他“泛流量”引流工具

淘宝的会员分为几类：天猫会员（积分可以直接抵扣现金，全天猫店通用）、淘金币会员（集市店铺通用，淘金币抵扣现金全网通用）、店铺会员（店铺 VIP，可以领取权益等），而这些人所有的权益、抵扣代用币都需要卖家进行设置，从商家身上扣除。这里我们要提到的是对引流、辅助单品宝贝进行售后服务等有帮助的权益活动，包括但不仅限于：支付宝红包、优酷会员卡、流量钱包、淘话费等。

1. 权益类工具

我们进入自己店铺的 ECRM 系统（ecrm.taobao.com），在左侧菜单栏上选择“平台权益”，即可找到这些可以设置的权益形式，需要进行签约、预存费用（如支付宝红包）或者购置赠送流量（如流量钱包）等，然后通过调用第三方工具或官方的渠道工具跟消费者形成互动（现已升级到“聚星台”中），如图 4-28 所示。

这里面目前应用面较广的就是支付宝红包、随机面额支付宝红包、流量钱包和淘话费（集市店铺的淘金币自然不用说）。没有签约的需要进行签约（点击签约即可），然后点击“权益管理”，购入对应的资源，如图 4-29 所示。

设置好红包模板（创建支付宝红包模板）后，才能在使用渠道里调用这个模板，进行红包互动活动，如图 4-30 所示。

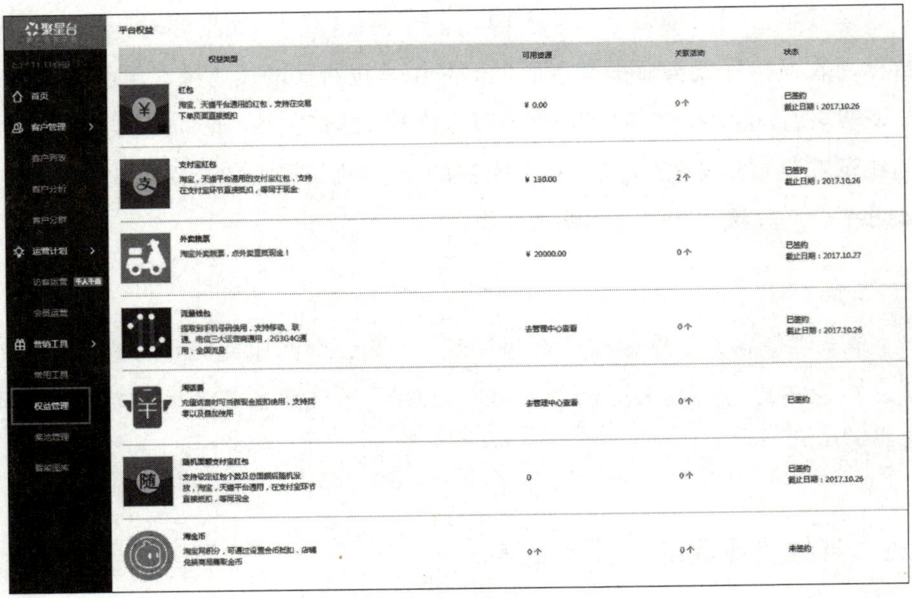

图 4-28　平台权益位置

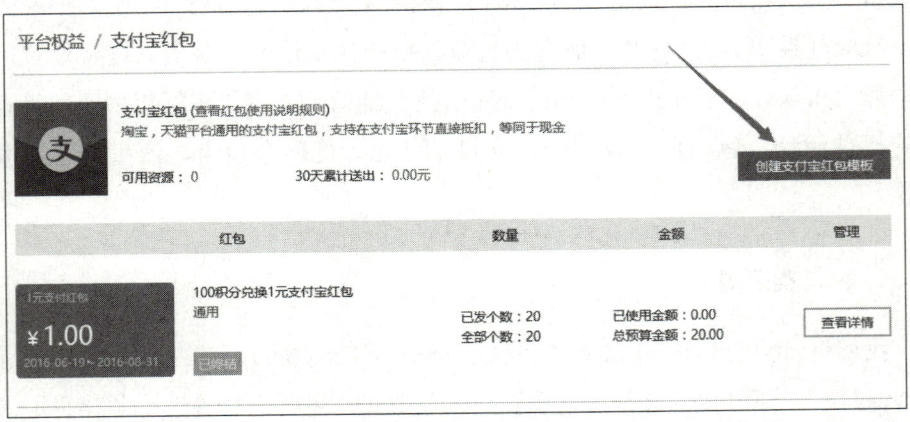

图 4-29　创建红包

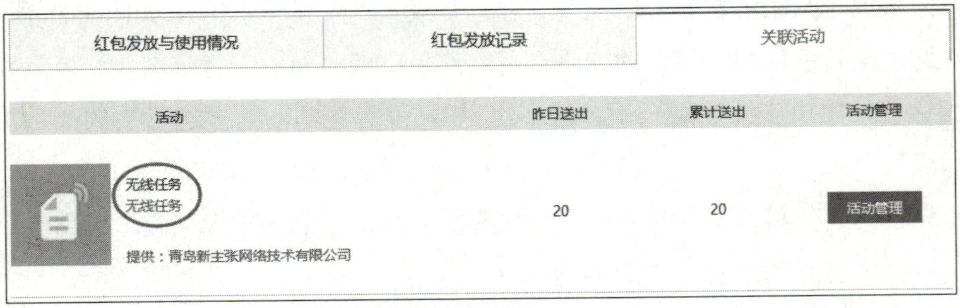

图 4-30　关联第三方活动

2. 第三方引流、互动工具

我们可以在服务平台（fuwu.taobao.com）找到一些无线端的第三方任务（有些免费有些需要签约购买），通过这些应用才能实现红包发放的功能（晒图有礼等）。

由于 2016 年淘宝全网禁用“好评返现”这类的动作，所以支付宝红包的应用是目前官方支持的可以完美替代“好评返现”的合法化的手法，也广泛被卖家运用。

我们在利用以上的泛流量工具辅助店铺运营的时候，一定要弄清楚这个应用到底能够带来什么意义。很多小卖家（新手卖家）流量缺失很严重，饥不择食也不加理解地看到什么工具就用什么工具，连运用的工具投放的流量到底是站外还是站内，收益到底是收藏、加购还是分享或者转化都没弄清楚，如此一来肯定会剑走偏锋、劳民伤财。

Tips

对于这类的泛流量工具而言，笔者的建议是当你的店铺在报取一些官方中大型活动、新品上新、换季清仓等活动场景时，应充分运用它们的拉新能力，进行有必要的预热。

同时，不要希望这些工具所带来的流量能直接转化或者提高 DSR 等，这都是需要一个过程和时间的。

而到了今天，从麻吉宝、流量红包等引来的消费者，大多都不具备立刻转化的可能，充分运用好淘宝 ECRM 的定向优惠等进行催化，能够抓回多少就算多少。如果无法带来大面积成交，那么就不要大面积地再次频繁运用此类工具去拉取泛流量。需要注意的是，这类流量不属于搜索流量，转化率这些核心要素并不会给搜索流量的权重带来冲击。

4.4 付费流量和免费流量如何搭配

淘宝店铺的流量分为六大类：免费流量、付费流量、自主访问、淘外网站、其他来源、淘外 APP。其中免费流量和付费流量的流量结构拆分最清晰也最多，付费流量和免费流量里面有很多相辅相成的地方，同时也互相影响，互补甚至会排斥。

而付费流量里面的淘宝客流量其实基本都来自站外，关于这些流量之间如何最有效地搭配运用，本章节将重点叙述。

4.4.1 流量天花板和店铺层级

我们经常说到店铺层级，现在为卖家所能直接看到的是店铺支付层级，位于生意参谋里，如图 4-31 所示。

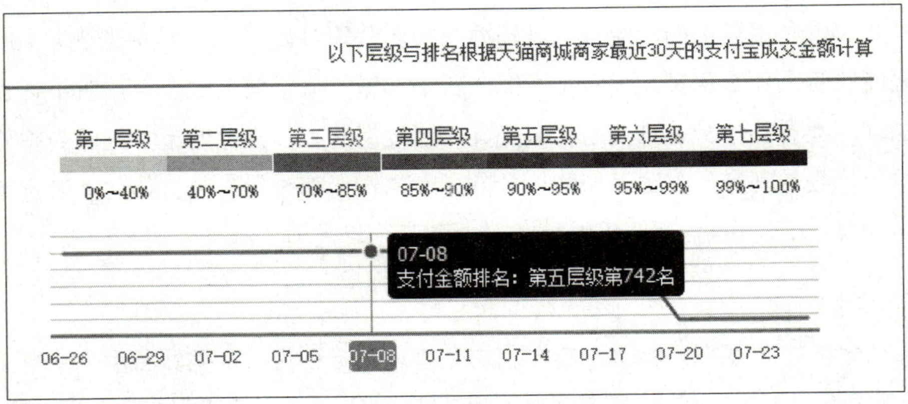

图 4-31　店铺支付层级

这个支付层级是指店铺在最近 30 天通过支付宝成交的订单金额排名，我们称之为店铺支付层级。如同字面上的意思，支付层级只有你最近 30 天的支付金额较高才会提升排名，并不意味着你的店铺真实层级（店铺权重）就一定高，比如，你本来处在第三支付层级，这个月因为拍了个“聚划算”坑位或者上了两次“淘抢购”活动，导致你的支付金额在 30 天内超过了很多同行，可能就突然跳到第四支付层级了。

为了表示区分，本章节叙述的店铺层级，也可以用“店铺权重”来代替。它是指店铺在上新品或者做店内活动、综合排序单品位置的时候能够为单品的排名效果提供辅助，快速带来销量的店铺因素。

店铺层级里面包括：品牌调性分、店铺活跃度、买家喜好度、售后分等因素，并且会随着官方的季节性或政策性指标影响不断调整（当然大多是微调）。一个店铺层级很高的店铺，上新只有几个销量甚至 0 销量的商品可能都比你的销量过千的宝贝排名靠前（如 PC 端）。

4.4.2 品牌调性分

淘宝的品牌有两类：一类是知名品牌，另一类是淘品牌。知名品牌好理解，分为国际顶级品牌、国际一线品牌、国际知名品牌、国内顶级品牌、国内一线品牌、国内知名品牌等，如杰克琼斯、优衣库、斯莱德；第二类的淘品牌泛指在淘宝线上成长、发育起来或进行了类别注册的新兴商标品牌，如裂帛、花笙记、三只松鼠等。

我们假设品牌调性分为10分，那么根据原有品牌的知名度和消费者号召力，它的初始分可能就比较高，如6分。我们都知道针对品牌商家的单品宝贝，在宝贝属性上方有一个叫"品牌关注"的，如图4-32中箭头所指。

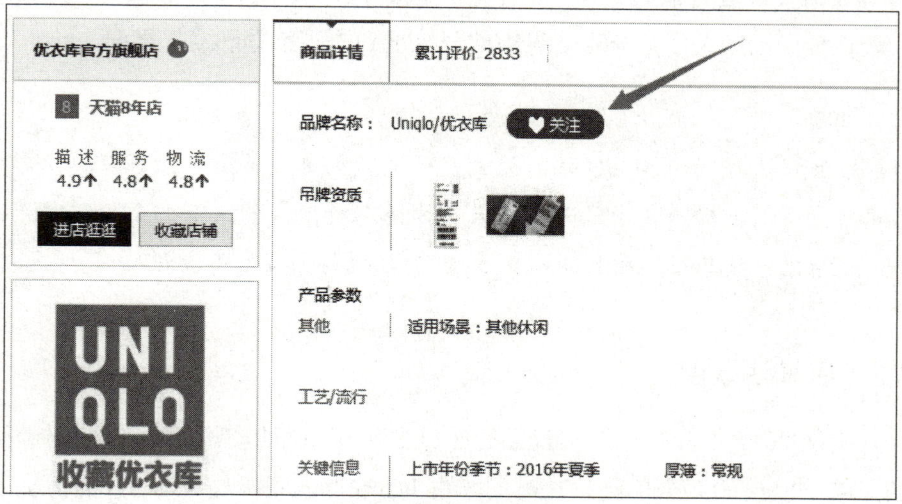

图4-32 品牌关注位置

关注店铺有2类，一个叫"收藏店铺"，如图4-32中左侧所示，一个叫"品牌关注"，如图4-32中箭头所指，这是两个截然不同的概念。目前只有天猫店铺（旗舰店、专营店、专卖店）才会有这个品牌关注，消费者关注"品牌"的权重是高于收藏店铺、收藏或加购单品宝贝的。

一个消费者在PC端（品牌关注只有PC端显示）选择关注了某个品牌，那么品牌的旗舰店商品就会个性化地优先展现给消费者。所以从这点上来理解，我们就很容易明白为什么天猫旗舰店的商品给人感觉"权重要高那么一些"。

像苏泊尔这个品牌，他在天猫旗下就有10多家小家电、大家电的授权品牌店铺，所有的授权店铺在本身做代理或分销赚钱的同时，也在为"苏泊尔"这个品牌不断赢得消费者的关注。这种品牌关注，我们可以称之为"线上品牌调性分"，一定要以分值计算的话，可以把它假设为 3 分。

如果是一个顶级品牌入驻天猫，算上本身的品牌分 6 分加线上的调性分 3 分，它就有了 9 分，剩下的 1 分，比如，这个店铺签约了淘宝 KA 商家（重要商户），积极参与官方的活动、聚会等，可能小二会有个打分，如打个 1 分、2 分，那么该品牌的总计品牌调性分就有 10 分，属于非常高的了。而我们非知名品牌的商家，可能上线后就只有 2 分、3 分，在起跑线上就落后很多了。

如果淘宝店铺和企业店铺本身没有品牌关注功能，这个分值丢掉，那么，明白为什么打不过品牌了吧？对于品牌方而言，笔者的建议是可以在包裹里印制卡片，引导消费者进行品牌关注，给予一定的回馈（优惠券、赠品等），快速提高线上调性分。品牌关注本身也会累积部分权重到"买家喜好度"里面。

Tips

在天猫 APP 和天猫 PC 端的搜索里面，我们都知道宝贝上下架因素影响不明显，所以天猫的搜索综合排序最重要的影响因素就只有三个：品牌调性分、动销比（销量周期增长即人气）、宝贝属性相关性（手机端）。

4.4.3 店铺活跃度

其实从 2015 年开始，淘宝就已经在鼓励卖家多增加热销款，并削弱千年爆款的影响，以前的某个单品，长时间霸占 PC 端搜索豆腐块（前 3）的历史一去不复返。

店铺活跃度有两层含义：一是店内不能有大量滞销款（比如，超过 1/2 的宝贝出现 30～60 天内无流量、转化、收藏、加购等用户触发行为），所以对于那些一上新就大量单品，然而本身店铺权重不高，也缺乏推广经费的卖家而言，在店铺活跃度的这个指标上就给自己带来了很大的损失。二是店铺里面需要保持上新，并且要保持多款宝贝是热销宝贝。这里很多卖家会走误区，认为宝贝如果滞销了，那么就下架到仓库里，然后修改宝贝标题、主图甚至详情页或宝贝属性，再上架。这种行为有较小的可能性可欺瞒搜索，被判定为"上新"，大多情况下其实没什么作用，因为宝贝 ID 没有改变。

Tips

这里笔者顺便说一下2016年淘宝搜索判定新品的维度：宝贝标题、宝贝属性、宝贝客单价、宝贝主图。如果你的某个新品上新被打上了“新品标”，我们就都知道会获取较多的新品流量（推荐扶持），但有时候新品标时间很长可以维持2周甚至更久，有时候新品标刚打上，次日便不见了，为什么呢？这是因为有跟你的类似的新品宝贝起来了（即上面提到的4个指标），动销比你的好，那么它就是“优质新品宝贝”，你的本身被判定为新品的宝贝就被它替换掉，新品标就丢失了。

4.4.4 买家喜好度

这个维度包含的内容比较多，也有很多人把买家喜好度直接理解为“宝贝人气”，因为我们经常去报名官方活动或集市店铺进行金牌卖家打标时会被提示“买家喜好度不够”。

我们要分别去理解这个官方创造出来非常复杂的指标，如果报取活动的时候提示，那就是指报取活动的指定单品在7～15天（某些活动甚至考核30天）的买家喜好度对比报取活动的同坑位产品而言较差或达不到活动要求指标；如果我们选择金牌卖家打标便是考核过去15天的买家喜好度，且针对店铺里面的多款热销单品进行考核对比同级别卖家。

买家喜好度的指标包括在考核周期内买家的访问数、老客户的回访率、复购率、买家分享推荐率、宝贝客单价是否正常、主营类目占比、卖家旺旺响应速度（这个指的是平均回复速度，包含但不仅限于设置旺旺自动回复）、卖家账号曾作为买家账号买过的商品评价（这项是大众评审指标主要运用于金牌卖家考核）、售后维度（含品质退款率、介入纠纷、退款速度重要指标）等。

今年淘宝缺流量，所以会在买家喜好度里加入复购率、回访率、分享（如之前火爆的手淘APP社区分享、微海报、淘口令等）；淘宝整治低客单价爆款扰乱市场秩序，影响用户体验，就会加入宝贝客单价是否正常指标；对于活动报取而言则要优先考察店铺的主营占比是否符合要求；而如果店铺有大量退款，那肯定也不会符合活动的要求，这样即使通过活动也会给买家带来不好的感受同时大幅度降低店铺的 DSR 指标。

Tips

所以，买家喜好度这个维度是随着淘宝不断地变化而进行改动的，包括的指标里面，个别指标会因为国家政策、商业或行业规范变更、买家习惯偏移等进行时段性的强化调整，请灵活掌握。

4.4.5 售后服务指标

对于天猫店铺而言，纠纷退款率和退款速度是很重要的，如图 4-33 所示。

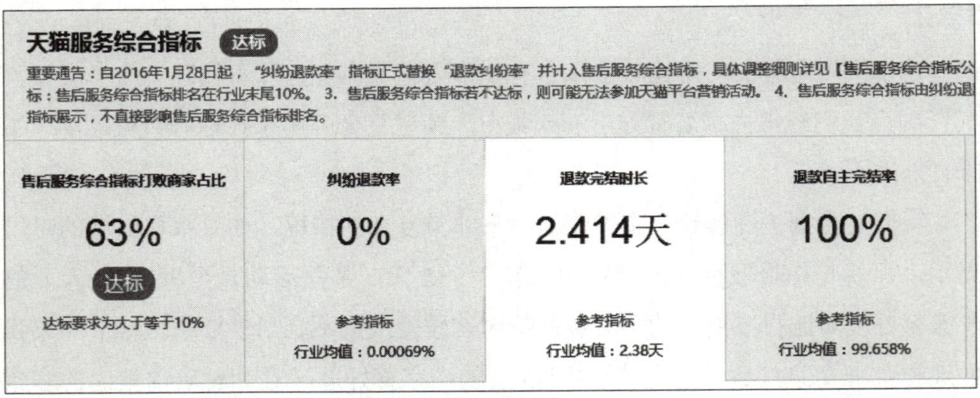

图 4-33　天猫售后分看板

2015 年春节伊始，天猫推出“闪电（极速）退款”，旨在不断提升买家体验，强化“品质天猫”。由此，天猫的退款完结时长（退款速度）也成了售后分部分里面最重要的指标，考核时长为 28 天。

而对于集市店铺（C 店）的售后分部分来说，影响因素就较多了，如图 4-34 所示。

纠纷率、退款速度、品质退款率、投诉率都会成为核心的影响因素，所以集市卖家最怕差评，这话一点不夸张。而现在手淘还有“问大家”这样的新功能，为卖家特别是集市卖家带来了很多宝贝动销率、售后分的影响隐患（如同行恶意提问）。集市店铺的售后分考核时长为 30 天。

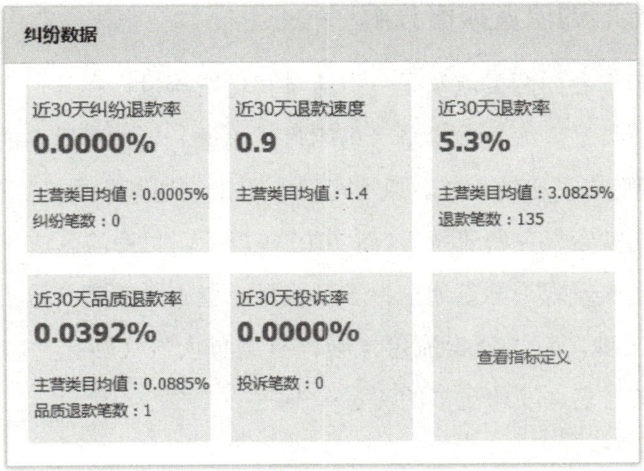

图 4-34　集市店铺售后分看板

4.4.6　店铺权重小结

综上所述，笔者也仅仅是把店铺层级里面最重要的 4 个因素进行了叙述。跟买家喜好度指标一样，随着市场和淘宝规则变化、类目调整等因素影响，店铺权重还会不断地补充、更新更多的参考指标。

而店铺权重较高的店铺，理应获得更多的曝光（其实本来条件就已经很不错了），并获得官方不断的扶持；而店铺权重较低的店铺，不仅自身产血会很慢，还不会得到官方扶持，甚至单品权重被不断削弱。

前面章节笔者提到，2016 年淘宝将大多品类的单品宝贝生命周期调整为最多 3 个月，如果今年的卖家们还不重视上新和多款热销品的打造，那么生存发展空间就越来越窄。

在店铺层级里面，店铺的支付层级是可以直接反应店铺在最近 30 天的经营情况的，所以店铺层级近似可以看作店铺最近 30 天的层级，但是绝对不等同。可以说店铺支付层级越低，我们获得流量或扶持的可能就越低。

Tips

关于店铺流量的天花板可如下理解，店铺支付层级为第二层级的卖家要想单日搜索流量破万，是非常困难的一件事情，因为单日的销售额和行业规范里的客单价、转化率就已经决定店铺能吸收多少流量了。

4.4.7 交叉影响的流量如何分解

店铺里面最重要的两类流量是免费流量和付费流量，在各位卖家的生意参谋里可以看得一清二楚。而免费流量（也叫自然流量）与付费流量的关系从过去的互不相干，慢慢变成了相辅相成。以前可以不用推直通车不用开钻展不用做淘客，也能获取不错的搜索（免费流量），而2016年以后，付费流量成了主打。

很多中小卖家发现不开直通车根本没流量，更别说搜索流量了。而搜索流量是店铺的根与灵魂，有了搜索流量才会拥有宝贝人气（转化、收藏、加购等），才会带来更好的排名，获取更多的流量……

Tips

以前我们打开生意参谋的流量地图，能看到的流量分支很少，所以没法分析、拆解流量，而今天随着手淘APP的不断完善和改进，流量来源也越发清晰，可以科学化地去了解每一个分支流量的来龙去脉，以至于我们可以针对性地优化宝贝、店铺，使店铺的流量更健康、野蛮地生长。

如图4-35所示，可看到的流量分支，除了“手淘搜索”流量以外，其他的基本都归属免费流量里的“导购型”流量或者叫“模块”流量，这些导购流量因为搜索流量取得较好的效果，在某些维度表现得较好，被模块免费抓取，进而获取分支流量。如“手淘人群”(位于手淘APP首页猜你喜欢上方的个性化流量)“每日好店”、“猜你喜欢”、“消息中心”、“私人订制”、“淘内免费其他”等；而有些导购流量是需要卖家自己手动去“做”了才会有的分支，如微淘、手淘社区流量，这些新兴的流量数量惊人，转化率甚至大多超过搜索流量。当掌柜发现这些流量效果很棒的时候，就应该加大人手、精力去引导买家做更多的社区分享，手动去做更多的微淘内容使这类流量最大化，获取更大的价值。

如图4-35所示，所有这些流量的来龙去脉，卖家都可以通过最右侧的“查看详情”，具体如图4-36所示，去了解，而采集原则或获取方法，就需要你去对应的位置查看已录取的宝贝客单、属性、动销比、主图、标题等进行模拟测试。

淘内免费	125,742	↓5.12%	1,561	↓0.32%	1.24%	↑5.08%	查看详情
手淘首页	46,634	↓6.44%	67	↓11.84%	0.14%	↓6.67%	查看详情
手淘搜索	44,713	↓8.20%	509	↑12.36%	1.14%	↑22.58%	查看详情
手淘其他店铺	12,052	↓5.18%	70	↓10.26%	0.58%	↓4.92%	查看详情
淘内免费其他	10,739	↓8.55%	444	↓21.69%	4.13%	↓14.49%	查看详情
手淘每日好店	10,188	↑33.82%	14	↑27.27%	0.14%	–0%	查看详情
手淘旺信	4,811	↓13.56%	1,073	↓2.10%	22.30%	↑13.26%	查看详情
手淘人群	3,730	↑48.49%	7	↑40.00%	0.19%	↓5.00%	查看详情
手淘找相似	3,374	↓26.09%	20	↓48.72%	0.59%	↓30.59%	查看详情
手淘我的评价	2,245	↓9.80%	68	↓24.44%	3.03%	↓16.30%	查看详情
手淘消息中心	1,948	↓19.57%	339	↓5.83%	17.40%	↑17.09%	查看详情
手淘必买清单	1,467	↓18.55%	1	↓80.00%	0.07%	↓75.00%	查看详情
手淘微淘	1,239	↑149.80%	11	–0%	0.89%	↓59.91%	查看详情
手淘其他店铺	1,039	↓17.08%	26	↑44.44%	2.50%	↑73.61%	查看详情
手淘私人定制	916	↓26.25%	3	↑50.00%	0.33%	↑106.25%	查看详情
手淘问大家	879	↑28.13%	44	↑69.23%	5.01%	↑32.19%	查看详情

图 4-35　流量概况

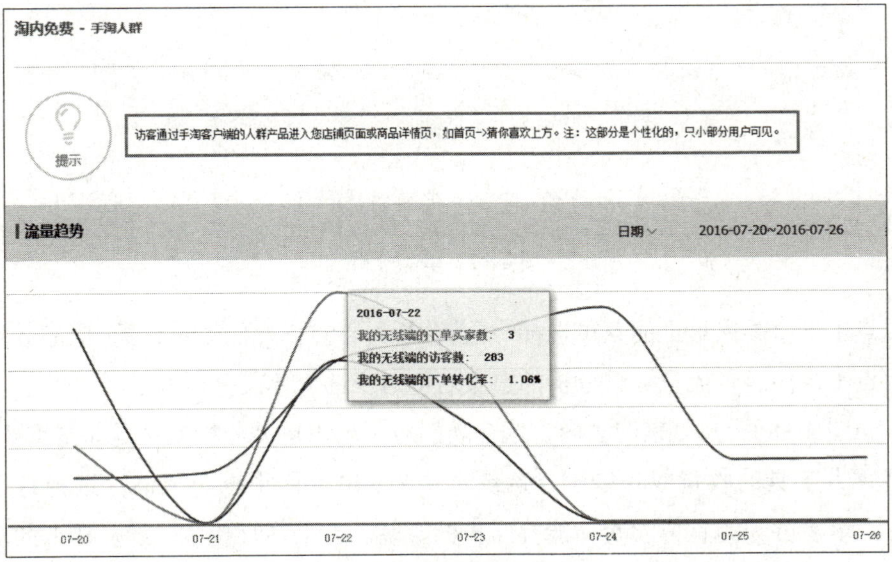

图 4-36　分支流量详情

Tips

对新出来的模块或流量分支，千万不要因为刚开始获取的流量较少就不重视，要知道这仅仅可能是你“运气好撞到了”，因此获取到一小部分流量，对于中小卖家来说，苍蝇再小也是肉。花点心思去研究对应场景的宝贝或店铺，运用起来，你会发现突然打开一扇窗即见蓝天。

4.4.8 单品宝贝流量分解

上述我们看的是店铺流量结构，查看店铺流量结构的目的是知道店铺的大概情况，如果我们店铺只有一款宝贝（单爆款），那么单品流量结构基本就代表了店铺，而如果我们店铺的活跃度较高，有多种热销款，那么就需要单独“单品分析”来进行流量拆解（见图 4-37）。

当前状态	无线端的商品访客数	无线端的商品浏览量	无线端的下单件数	无线端的支付金额	无线端的加购件数	操作
当前在线	77,809	160,154	4,203	83,737.36	4,879	商品温度计 单品分析
当前在线	62,460	154,456	2,743	50,859.28	4,640	商品温度计 单品分析
当前在线	13,917	26,843	410	32,229.93	1,337	商品温度计 单品分析
当前在线	7,197	13,122	49	7,432.29	309	商品温度计 单品分析

图 4-37 单品分析

点击生意参谋最上面菜单选择“经营分析”，再点击左侧菜单栏的“商品效果”，然后点击需要进行流量拆解分析的宝贝右侧对应的“单品分析”。

如图 4-38 所示，“来源去向”这个功能对于宝贝单品分析来说是非常重要的。这是官方工具的收费版功能，订购价一年为 240 元。根据个人情况选择订还是不订，笔者并无为官方收费功能打广告的嫌疑。如果你订购生 e 经，那么此功能雷同。

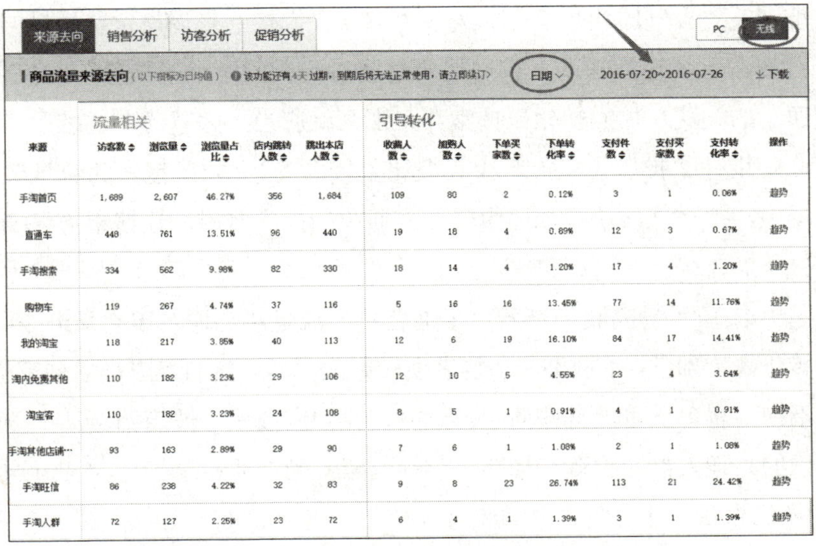

来源	流量相关 访客数	浏览量	浏览量占比	店内跳转人数	跳出本店人数	引导转化 收藏人数	加购人数	下单买家数	下单转化率	支付件数	支付买家数	支付转化率	操作
手淘首页	1,689	2,607	46.27%	356	1,684	109	80	2	0.12%	3	1	0.06%	趋势
直通车	448	761	13.51%	96	440	19	18	4	0.89%	12	3	0.67%	趋势
手淘搜索	334	562	9.98%	82	330	18	14	4	1.20%	17	4	1.20%	趋势
购物车	119	267	4.74%	37	116	5	16	16	13.45%	77	14	11.76%	趋势
我的淘宝	118	217	3.85%	40	113	12	6	19	16.10%	84	17	14.41%	趋势
淘内免费其他	110	182	3.23%	29	106	12	10	5	4.55%	23	4	3.64%	趋势
淘宝客	110	182	3.23%	24	108	8	5	1	0.91%	4	1	0.91%	趋势
手淘其他店铺…	93	163	2.89%	29	90	7	6	1	1.08%	2	1	1.08%	趋势
手淘旺信	86	238	4.22%	32	83	9	8	23	26.74%	113	21	24.42%	趋势
手淘人群	72	127	2.25%	23	72	6	4	1	1.39%	3	1	1.39%	趋势

图 4-38　生意参谋“来源去向”（付费功能）

如图 4-39 和图 4-40 所示，选择日期为最近 7 天，勾选“无线”标签，注意图中我们需要观察的几个主要核心维度：跳失率（跳出本店人数 / 访客数），跳失率过高意味着买家喜好度指标下降；收藏、加购、支付转化率，这些都是单品的核心人气指标，点击最右侧的“趋势”即可查看最近 30 天的指标维度变化。

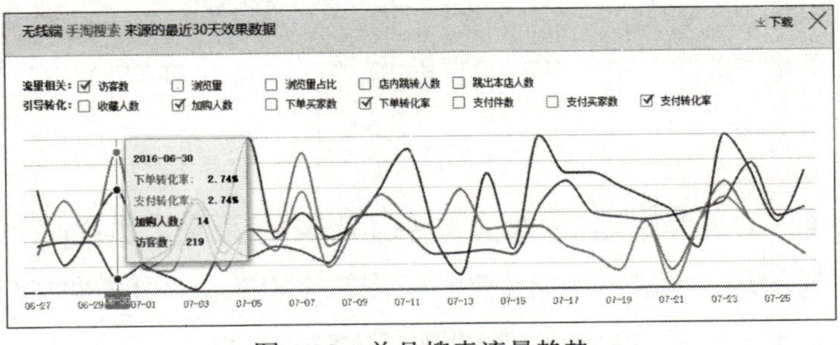

图 4-39　单品搜索流量趋势

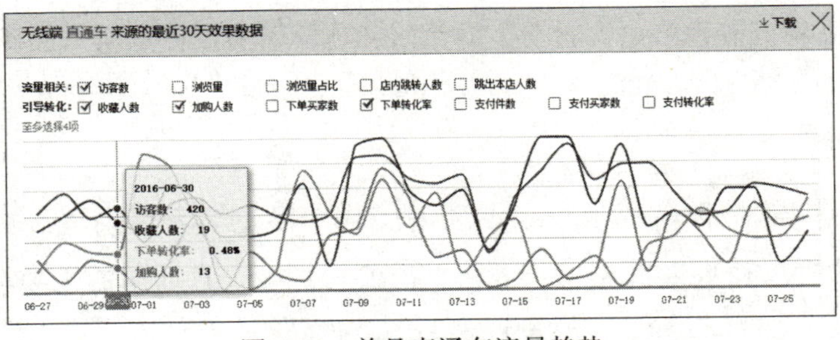

图 4-40　单品直通车流量趋势

由于淘宝的人气周期是 7～15 天，为方便我们接下来调整付费流量的投入产出以及对搜索流量进行辅助，我们就要对比前一天的两个流量分支的流量效果。如果直通车的收藏、加购转化比搜索高，那么就应当加大直通车的推广（不管当前直通车使用什么推广方式，至少收益比是较高的）；如果搜索的流量效果比直通车好得多，那么次日就应当适当降低直通车的推广费用，让搜索流量表现得更好一些。

如图 4-41 所示，当我们查看“手淘首页”流量趋势，发现它最近 30 天的表现里面转化率特别低，而收藏、加购表现较好的时候，我们就应当立刻反应过来：款式还不错，客单价可能有些问题。此时，我们应该做一波店铺活动来测试一下这批新增的兴趣人群（收藏、加购、店铺收藏）的“质量”了，如针对这款单品的 ECRM 优惠活动（后面章节详述）。

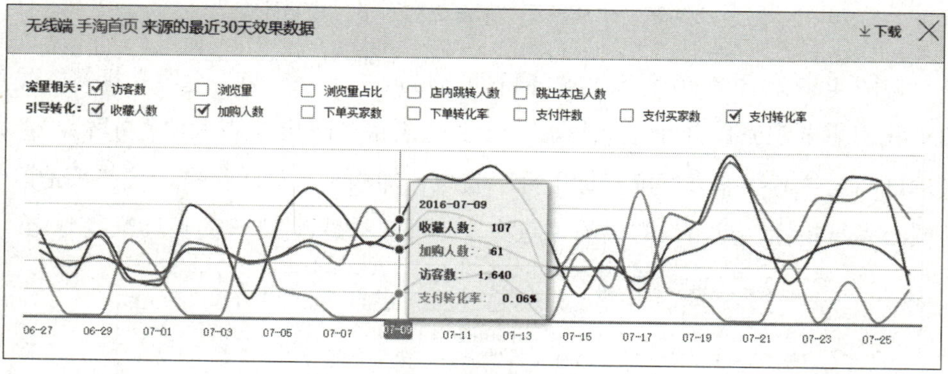

图 4-41　手淘首页分支流量趋势

而如果免费的手淘首页流量趋势为转化率很高，收藏、加购也不错，那么这款宝贝的人气就是较好的，近期还会不断被其他的模块流量抓取甚至达人推荐。该款宝贝如果不是纯利润款（不纳入推广的单品），就完全可以加大直通车定向位置（“猜你喜欢”手机端、PC 端）的推广，然后快速地报取官方的活动，通过率较高。

4.4.9　小结

流量分支的指标分解是一个烦琐的工作，以上笔者仅仅通过店铺流量概括、单品分析和趋势来讲述了一下简单的流程。由于直通车的主要功能是通过关键词进行投放人群匹配，所以直通车流量跟搜索流量有重叠的时候肯定会互相影响。

Tips

卖家在分解单品流量的时候尤其要注意单日直通车的流量收益和搜索流量的收益，直通车好就加大投放，搜索多就应该降低直通车投放，以此来促使单品流量健康化发展。

4.5　模块流量或导购型流量

在免费流量和付费流量之间，穿插着很多的模块流量（或者叫导购型流量），这些流量有的需要卖家手动去做一些动作才能获得，有的会摘录进推荐商品库然后被达人以文体形式推荐到模块里，而有的是系统自成模块，根据宝贝的人气，“新、奇、特”属性以及客单价区摘选进某个主题分类。

这些流量跟搜索权重并没有太直接的关系，哪怕转化率很低也没关系，不会影响搜索关键词的效果及权重。

所以在今天，我们要多善于观察模块流量，主动去迎合，以期获取更多的此类流量，加大店铺收益。

4.5.1　手动触发类模块流量——新版微淘

新版微淘相比老版的微淘，位置更重要了（手淘对微淘的定位），互动性也更强了（见图4-42）。

以前我们说手淘的微淘就是用来给粉丝们进行上新告知的，而现在店铺上新已经变成了最基础的功能。

2015年微淘粉丝调整为只要关注店铺，收藏、加购单品的即认定为该店铺的粉丝即会收到店铺的微淘上新内容。淘宝更是将微淘上新改为了自动发送（只要店铺有上新，微淘就会自动发送），这是微淘的最基本功能。而新版本的微淘，更是将微博的重要功能“话题”植入其中，充分运用好话题功能，对吸粉、粉丝互动起到非常大的催化作用。

图 4-42　新版微淘

而“视频直播”是 2016 年淘宝流量内容化、直播视频火爆的直接产物，现在重视这块的卖家还不多，新手卖家应该赶紧进行多媒体创作，抓住这个风口，快速形成裂变。

微淘现在采用分级制：你的内容活跃度高（粉丝点赞、评论多），那么你的微淘账户权重也高。并且所有的内容评论需要用户采用手机绑定实名制的方式，避免了同行恶意评论、攻击。我们先看看最近操作的 3 款男装在一个天猫旗舰店的微淘效果，如图 4-43 所示。

流量来源	访客数		下单买家数		下单转化率		操作
淘内免费	452,973	↑72.92%	6,228	↑100.52%	1.37%	↑15.13%	查看详情
手淘搜索	278,314	↑57.61%	2,934	↑76.75%	1.05%	↑11.70%	查看详情
淘内免费其他	83,325	↑69.78%	1,314	↑105.96%	1.58%	↑21.54%	查看详情
手淘微淘	41,933	↑245.44%	2,260	↑164.55%	5.39%	↓23.20%	查看详情
手淘其他店铺	27,652	↑76.57%	186	↑173.53%	0.67%	↑55.81%	查看详情
天猫搜索	24,050	↑92.26%	387	↑112.64%	1.61%	↑11.03%	查看详情
手淘男装	19,684	↑151.23%	174	↑411.76%	0.88%	↑104.65%	查看详情

图 4-43　手淘微淘流量效果

注意“手淘微淘”内的数据。这是 2016 年 7 月店铺免费流量的整体数据，因为换季（7 月底是秋装上新预热期），可以明显看到搜索（淘宝 APP 和天猫搜索）的转化率比较低，特别是手淘的搜索转化率只有 1.05%，而被达人抓取的“淘内免费其他”这类流量的转化率高达 1.58%。

微淘的流量虽然只有搜索流量的 1/7，但是相比上个月没有重视微淘流量时暴涨了 245%！转化率更是高达 5.39%，总成交的买家数仅仅比最主要的免费流量来源手淘搜索的 2934 个少一点，达到了 2260 个！

Tips

在类似商品换季的时间段里，淘宝平台上也只有微淘这种互动性很强的模块流量能够达到这么恐怖的成交水准。

4.5.2　微淘怎么发

接下来笔者带你一起来看看新版微淘应该怎么玩，微淘的操作地址没有变，依然是 wuxian.taobao.com（即无线运营中心），使用卖家账号登录即可。

首先，我们要设置一下系统自动发送微淘上新的模板，这点是卖家们最容易忽略的地方，导致大家的宝贝上新出来的内容千篇一律。如何引起粉丝的注意，在万千人中能够一眼看到你的商品呢？如图 4-44 所示。

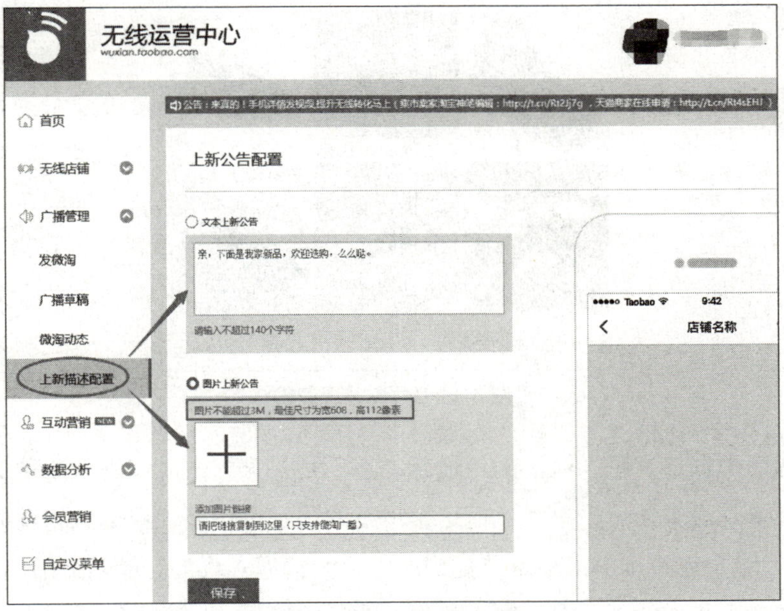

图 4-44　无线运营中心

选择左侧菜单栏上的“上新描述配置”，注意箭头所指的两个位置，一个是文本内容，一个是图片公告内容（图片大小不要超过 3MB，最佳视觉效果尺寸为 608×112 像素）。

卖家一定要用点心在文本和图片上，这样才能跟同行区别开来（现在微淘进行推荐展示的逻辑是最先推荐给最近浏览过的买家，那么你的微淘极可能是跟竞争对手同时出现在买家的微淘界面）。设置好上新描述配置就可以不用管了，当我们店铺有宝贝上新时，微淘会自动调用这个配置进行上新公告。

到此，最基础的功能配置完成，我们来看看微淘默认展现的逻辑（见图 4-45）。

图 4-45　微淘展现逻辑

注意图中框选文字，微淘的“最新动态”是买家点击微淘进入后默认跳入的页面，流量是最大的一个单元，而这个单元的展示逻辑是“根据您看过的宝贝为您推荐”，这个就跟本书最初章节提到的“手淘猜你喜欢”对应匹配了。

譬如，当我们的单品有很多“猜你喜欢”的流量，用户会选择点击，这部分流量可能是免费配给的，也可能是直通车抓到的付费定向流量……也就是某个单品被用户点击多，微淘给的流量更多。图中就这么一条简单的一句话加几张图的广播，获得了 2.9 万的阅读量，何其恐怖！而微淘里面的人大多都是精准的消费者呀！

所以，当你的店铺有大面积的“猜你喜欢”、“每日好店”、“爱逛街”、“有好货”等模块流量，商品被大量展现的时候，作为运营的你，第一个反应应该就是“我得马上去更新发布一两条微淘广播”（见图 4-46）。

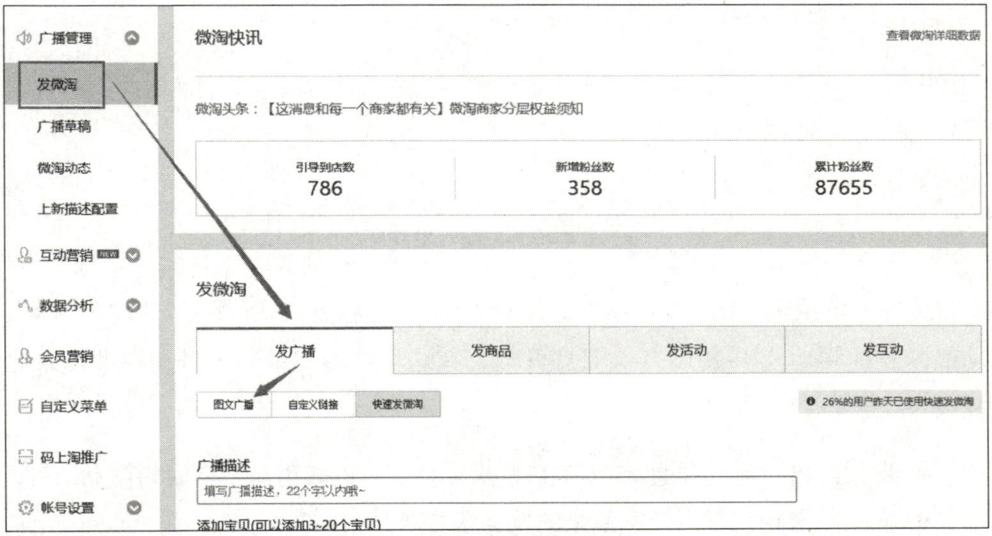

图 4-46　立刻“发微淘”

4.5.3　掌握好节奏才是发微淘的正确姿势

这里要注意的是发广播要选择好时间（如你店铺付费广告推广比较集中的时段或者店铺流量高峰期时段），这样你才能获得更高的阅读量，而获得更高的阅读量的同时，互动也能跟上的话，你就能获得每天多 1 条广播的权限，即微淘账号层级提升。

为了照顾消费者的感受，避免刷屏，微淘要限制卖家的发送广播次数，而如果我们还要尝试发送视频，就请至少预留一条广播给视频，不要浪费了。

接下来我们来看看微淘在 2016 年 4 月更新的视频功能，也就是互动率极高的一个功能模块。发送视频的功能如图 4-47 所示。

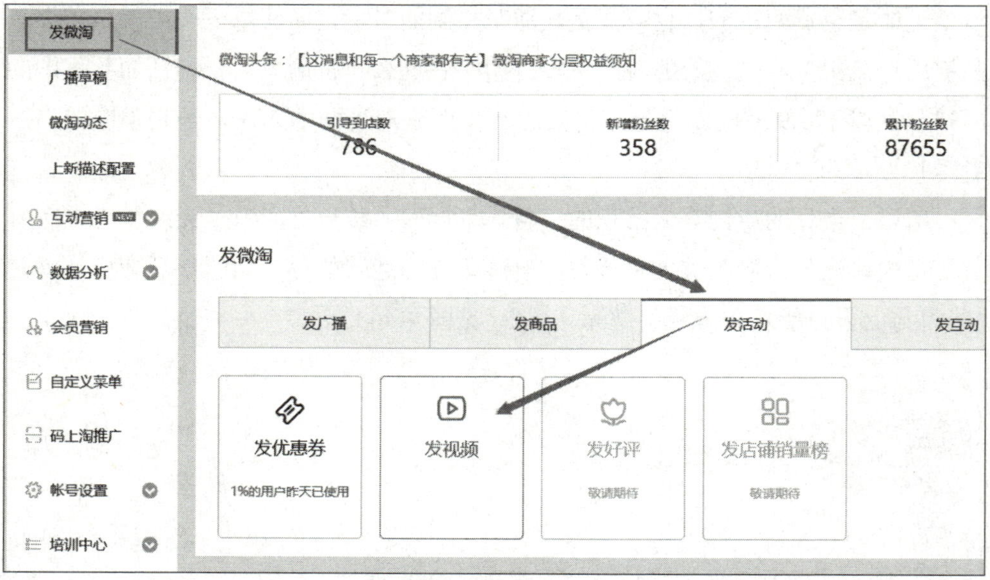

图 4-47　微淘“发视频”

选择左侧菜单上的“发微淘”，再选择“发活动”标签，并选择下方的“发视频”功能。发视频功能于 2016 年 4 月底开放，在这里笔者列举一下微淘视频发布的规范。

- 视频广播功能已开通 75 个类目，虚拟商品、成人用品、禁限售商品除外。
- 视频广播功能占用商家原来的发布条数权限。
- 发布内容需符合《淘宝微淘平台管理规范》。
- 商家需对视频拥有合法权利，所发视频不侵犯任何主体的合法权利。
- 视频内容要求：不得含有黄、赌、毒及暴恐、反动、涉政内容。
- 商家上传视频最长时限为 3 分钟，最大 18MB，视频尺寸 16:9。
- 商家 PC 端发布的视频格式必须是 MP4 格式。
- 视频发布需遵守《淘宝交互信息管理标准》。

在视频发布页面，视频的标题字数不能超过 140 字（同微博非会员 ID 发布微博的字数限制）视频的封面是支持本地上传或直接在淘盘已有的图片中选取的，封面图片尺寸大小不小于 800 × 450 像素即可，如图 4-48 所示。

点击选择视频，进入下一步，如图 4-49 所示。

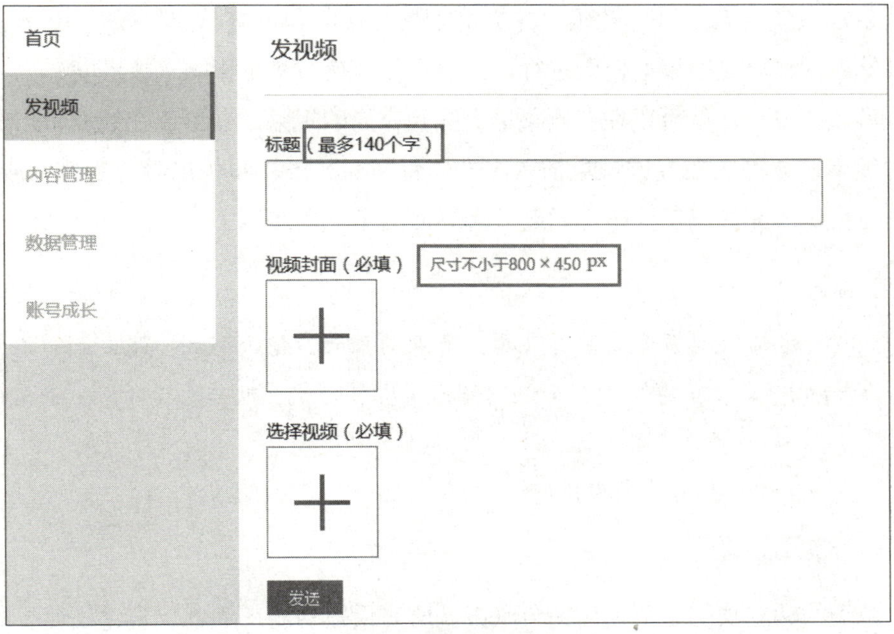

图 4-48　微淘视频发布

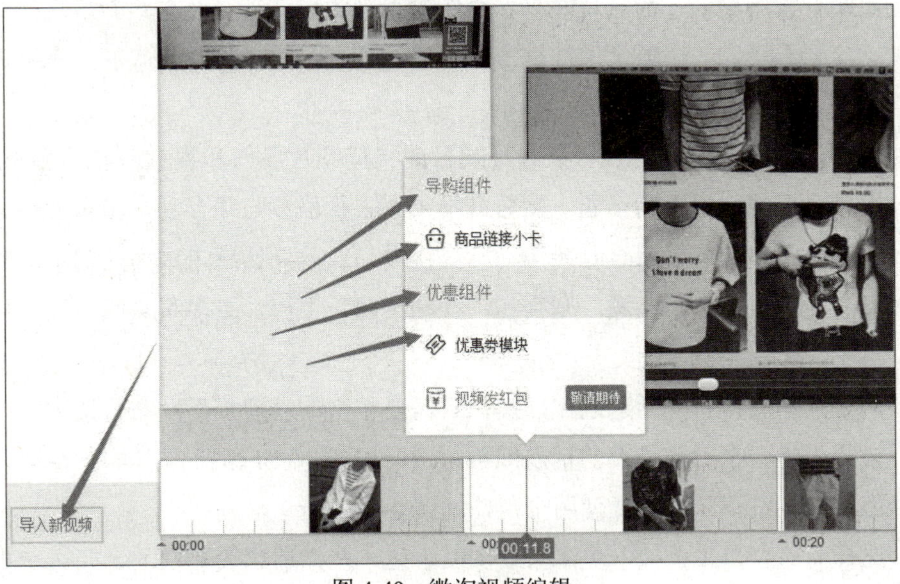

图 4-49　微淘视频编辑

在这里，点击左下角的“导入新视频”即可进行上传、转码、审核，视频总时长不要超过 3 分钟（180 秒），文件压缩为 MP4 格式，尺寸比例为 16:9。上传成功后，系统会自动进行转码，并提交审核。转码和审核时间一般是 10 分钟左右（笔者的经验是建议在白天进行，不要选择半夜，容易影响审核进度）。

审核完成后，就可以在左侧菜单上找到完成的视频，并可以在线编辑，支持帧频编辑，并可以在视频帧里插入组件，包括商品链接和优惠券。制作完成后，点击右上角“完成编辑”即可回到微淘界面点击“发布”了。

Tips

微淘视频的浏览量从目前来看，是互动里面价值较高的（跟我们前面提到的微博类似），值得我们大开脑洞好好摸索、尝试，这是属于年轻创业者的世界。

4.5.4 微淘话题

微淘的话题功能这个单元完全照搬微博的话题功能，笔者一直建议现在的淘宝卖家要多关注微博，就是这个道理。兴许下一步淘宝就会把微博里面的其他功能都照搬到微淘里面，而且现在来看微淘的很多主题活动已经在跟微博直接进行互动了（要求卖家在微博上关注官方账号进行话题互动，如 7 月底的“淘宝造物节”）。

微淘的话题功能，消费者参与形式目前支持图片参与和视频参与两种形式，建议卖家早点创建自己的话题，然后鼓励买家去积极参与和互动，买家参与方式可以在进入卖家的店铺后查看微淘动态直接参与（前期话题未成为热门话题时），若卖家的话题成为热门话题，则会在“互动话题”上榜，更多买家就可以直接点击参与了，如图 4-50 所示。

当前全网支持新的话题创建，卖家只需要在微淘管理页面发布一条图文广播时，自行创建一个目前没有的话题即可，话题格式为“# 话题名字 #”，注意“#”符号为英文半角符号，不要使用全角，如图 4-51 所示。

选择商品会自带链接，更多借助图文表达一些当前比较热门的话题带来更多互动……

在发布广播的时候，标题内容栏前面填写新话题名字，如图 4-51 中案例所示的“# 胡子胡说 #”，如果当前微淘内没有这个话题存在，那么发布成功这条广播，话题即创建成功。

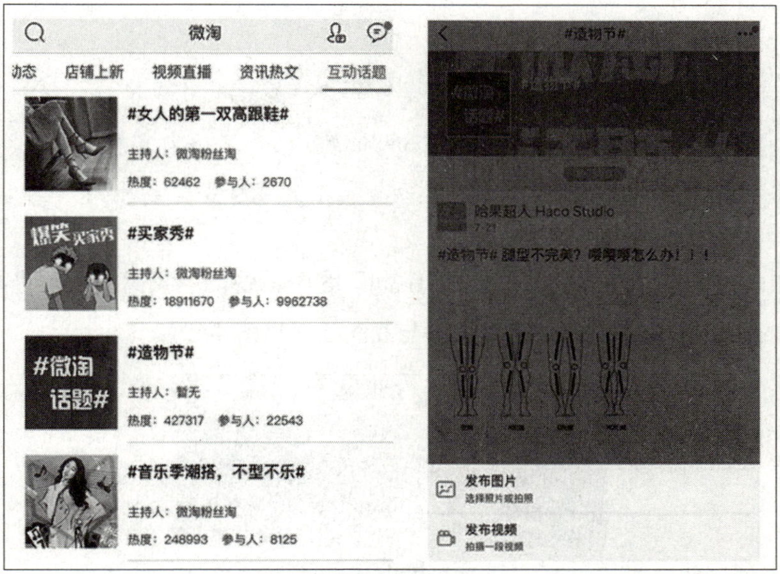

图 4-50　微淘话题

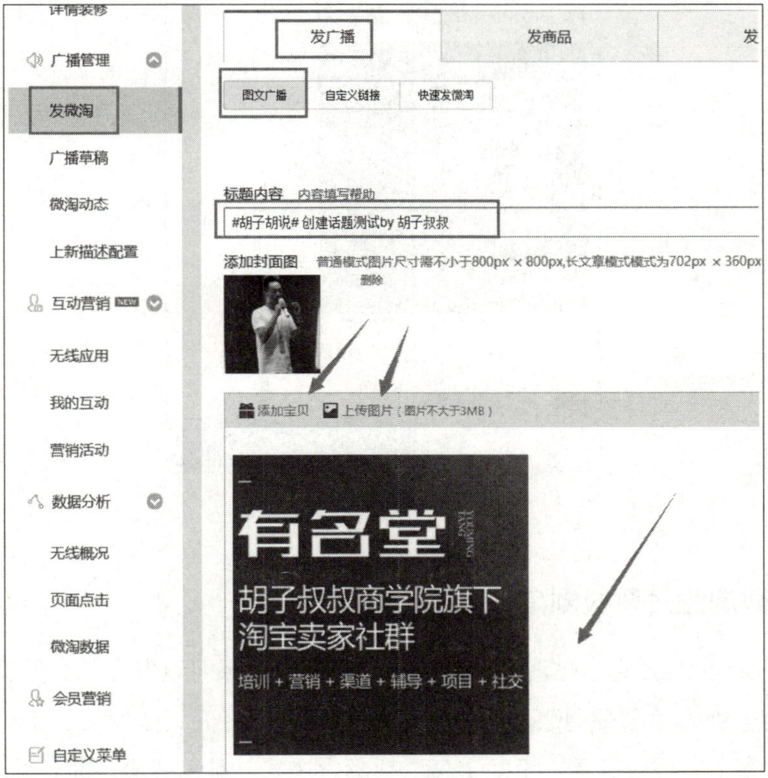

图 4-51　创建微淘话题

Tips

如果想申请成为该话题的主持人（当话题关注人数多了后，很多人愿意跟随这个话题来互动，主持人拥有很多的特权，如某条内容置顶等），就需要微淘账号等级为 W3，就需要你的互动数、微淘质量等较高。

比如，我们刚刚创建的“# 胡子胡说 #”这个话题，当我们的粉丝进入店铺微淘界面，就可以看到新建立的主题并参与互动了（见图 4-52）。

图 4-52　参与话题

4.5.5　微淘账号等级制度

如前面提到的：每个微淘账号的等级不一样，每天可以发送的条数也不一样。刚刚开始运营的卖家微淘账号等级较低（如 W1），每天只能发布一条微淘动态，只能在动态、广播或话题、手动上新、视频中选择一种形式来发布。

如果该卖家同时开通了达人账号，在达人账号那边进行推送信息时勾选了“同步到微淘”，那么也会占用每日的限制发布条数。

如图 4-53 所示，微淘账号目前的等级划分为 4 级，分别是 W1～W4，前两级发送的内容并不会进入系统推荐，发布条数每天也只有一两条。

前期的微淘运营非常考验人，我们需要不断地动员、引导、鼓励我们的买家参与其中，也可以多借助一些第三方的互动工具（fuwu.taobao.com）来协助进行微淘互动。只要升级到 W3 账号，就可以申请话题主持人，进入算法推荐以后，微淘号发出的内容曝光量就会暴涨，粉丝也会裂变式增长。怎么样，是不是很有意思？

升级的判别条件是官方依据活跃粉丝数、新增活跃粉丝数、图片质量、月发布条数等纬度对商家的微淘表现打分，目前的等级考核方式为每个自然月月末计算一次总分，每个自然月月初第一个工作日进行分层调整。

账号等级	功能	发布条数	是否推荐
W1	基本功能	1	否
W2	基本功能	2	否
W3	增加话题主持人申请功能	3	进入算法推荐
W4	增加直播等创新功能	4	进入算法推荐
基本功能包括：图文广播、ISV 工具、视频广播、话题广播、快速发微淘、千牛插件发微淘等			

图 4-53　微淘账号等级

卖家在做微淘运营的时候，要注意以下几点：

- 对于同是商家和达人的账号来说，微淘以商家的纬度进行分层。
- 消费者首次注册达人或者开通店铺的，分层权益于次日生效，当天没有发布权限。
- 商家被系统抓取的自动内容，不占用商家的发布条数。
- 商家定时发布的内容，不占用编辑当天的条数，占用正式发布当天的条数。
- 买家秀每日可以额外推送一条到微淘，不参与商家分层。

微淘后续（2016 年 7 月以后）会增设：

- 活跃粉丝数。

卖家应当在微淘上多发布一些优质的内容或有趣的话题、游戏，和更多粉丝互动起来，增加店铺的活跃粉丝数。

- 新增粉丝数。

卖家应当鼓励消费者主动关注自己的微淘，涨粉越多，次月总分越高。

- 图片质量。

微淘发布的图片质量是官方考评的一项重要标准，发布越多干净、无牛皮癣的图片，下个月总分越高，建议多配上一些参考图。

- 月发布条数。

就跟微博的互动一样，微淘不能停下来，需要持续不断地提供原创内容和有质量的内容，才能升级更快。

4.5.6 手淘社区玩法

这个单元由原来的“吧啦”演变而来，是给买家进行玩乐、闲逛的功能单元，所以这个模块的“手动参与”要求卖家积极地利用优惠、返利、赠品等形式鼓励买家来参与，帮助构建流量。如果执行的效果比较好，那么这块的流量获利是非常大的，如图 4-54 所示。

手淘我的足迹	3,793	↑87.22%	100	↑122.22%	2.64%	↑18.92%	查看详情
手淘必买清单	2,790	↑52.29%	10	↑66.67%	0.36%	↑9.09%	查看详情
手淘我的评价	2,395	-	3	-	0.13%	-	查看详情
手淘收藏夹	1,606	↑76.87%	31	↑244.44%	1.93%	↑94.95%	查看详情
手淘社区	1,462	↑73.84%	70	↑9.09%	4.82%	↓37.40%	查看详情

图 4-54　手淘社区流量

这是笔者尝试了一个礼拜引导买家去做社区分享晒单（晒好物、发帖）的效果，流量上涨 73%，转化率明显比其他渠道更好，达到了 4.82%。由于是买家去做的类似推荐流量，可信度较高。所以这块也是我们可以用心把量做起来，取得较好业绩的位置。

Tips

请注意：社区目前是无法支持卖家账户进行参与互动的，所以只能鼓励买家参与，而很多买家可能还不清楚如何参与互动。建议卖家自己先去使用买家账户尝试操作后，写成简单的图文攻略配合优惠、礼品等官方允许的方式积极引导买家，增加商品在这个板块的曝光率。

买家账户参与互动有两个步骤，即买家账户在手淘社区的账户等级分两级：普通账户只能在某个话题发帖子，当帖子的曝光量和互动达到一个水平（其实比较低）就可以自动开通“晒好物”权限（即可以发布已买到的宝贝进行晒单）；部分买家因为之前的购物信用等级较好，会被系统自动开通“晒好物”权限（我们称为邀约买家）。参与方式如图 4-55 所示。

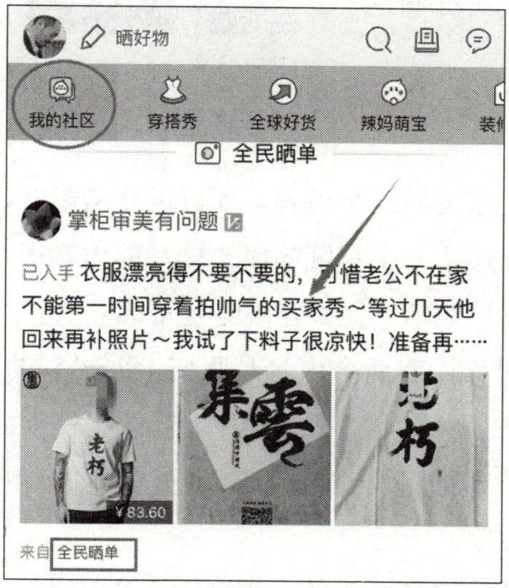

图 4-55　全民晒单

买家账户打开手淘 APP 后，选择最下面中间的“社区”，找到任意一条主题都可以进行互动，点击该内容进入，然后点击右上角的该社区标签“全民晒单”，进入该话题，如图 4-56 所示。

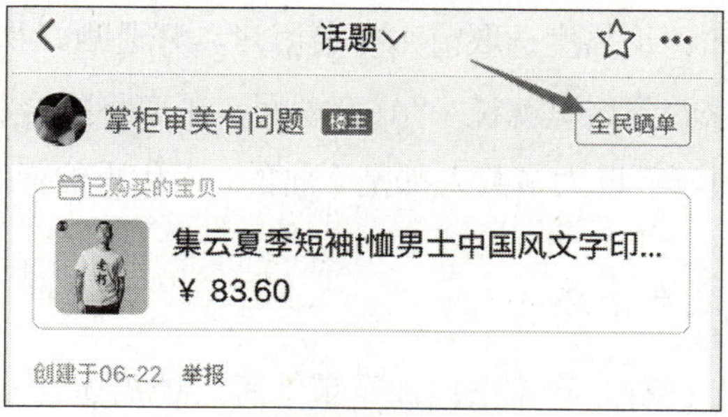

图 4-56　话题参与

进入话题后，拉到最底部，就可以看到“发布分享”链接，如图 4-57 所示。

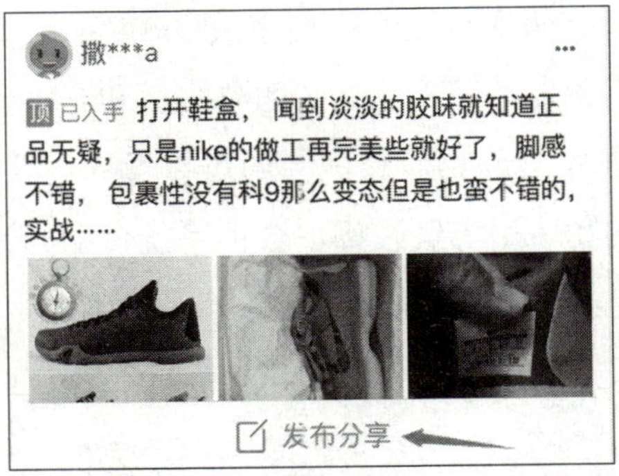

图 4-57　发布分享

卖家如果要鼓励买家去做这个内容，就可以参考笔者以上三张图的格式（笔者就是这么干的，先海选了一个社区等级比较高的忠实用户，重金邀请他帮助发布了一个话题分享，然后邀请其他买家参与互动）。

而在发布分享的时候，有两个内容是我们上面提到的：发布帖子和晒好物，发布帖子需要买家账户至少签到 5 次（天），若你比较重视这块，那么建议给予买家一定的奖励（如升级店铺会员等级等），鼓励他很快升级社区等级，最重要的其实是“晒好物”权限。

获得晒好物权限的前提是发帖子，获得发帖子权限的前提是签到 5 次（天）。目前发帖子可以支持的官方话题有“# 穿搭晒物 #”、“# 型男晒物 #”、“# 宝宝晒物 #”、“# 外国货晒物 #”、“# 家居晒物 #”、“# 美妆晒物 #”、“# 数码晒物 #”等，以这些为前缀话题进行帖子发布。发布帖子的时候要提醒参与的买家：需要 2 张以上商品图片（建议拍买家秀之类），最少 30 字以上真实的推荐理由。每周官方会根据帖子的浏览和评论热度选取前 100 名用户，开通晒好物的权限，并发送特别邀请函。很多卖家看到这里就说：“好麻烦啊，买家不配合啊。”

是的，确实麻烦。所以大多数人都是平庸的，而优秀的卖家就只有那么几个。

4.5.7 淘宝达人之卖家达人

淘宝达人账号分两种，在本书前面章节笔者已经描述过：专业达人账号（买家账号进行认证或加 V）和卖家（兼）达人账号（卖家账号认证或加 V），整个手淘现在可以说是“达人的天下”，本章节内容主要讲述卖家达人账号的一些重要内容。

作为商品和服务的主要载体，淘宝认为卖家应该把重心放在商品和服务上，内容创作这块的事情交给专业的达人去做即可。当然，给予卖家达人号的权益，卖家要尽力去争取，比如，2016 年 7 月 27 日，女装卖家达人号的权益已经提前放出来了，权益如下：

- V 标，成为“大 V”卖家以后，达人粉丝可以享受定向优惠、红包、秒杀、优惠券等不同玩法！
- CPS 结算，可以享受淘客佣金了（不管是推荐自己的商品还是其他店铺的商品，只要开通了淘客佣金，即可享受佣金返现）！
- 必买清单投稿权，可以自己搭建清单并投稿了！
- “有好货”、“淘宝头条”、“达人直播”的申请权。
- 申请达人直播前，记得请先上传店铺达人的视频，证明自己有直播能力！
- 针对第一批开通权益的卖家，会有专门的小二通知并跟进，请大家留意旺旺。

卖家达人号相比买家达人号的申请、加 V，门槛更低，如粉丝数，卖家达人号初始的粉丝数就是店铺粉丝数（和微淘粉丝数同步），如图 4-58（卖家达人号）和图 4-59（买家达人号）所示。

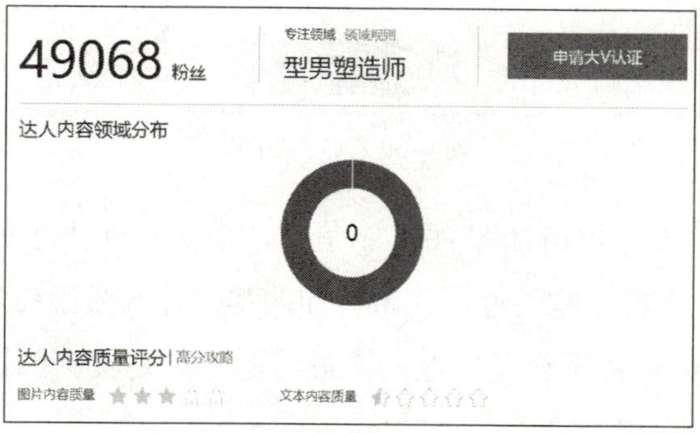

图 4-58　卖家达人号

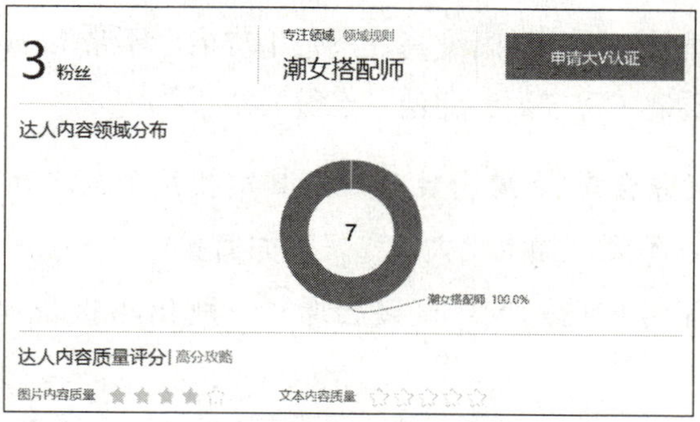

图 4-59　买家达人号

达人的登录管理地址是we.taobao.com。卖家开通达人，只需要打开这个网页，登录你的卖家账号即可。卖家账号开通后即会被系统自动判定其账号的“专注领域”。如图4-58所示的天猫男装店铺开通达人后提示其账号专注领域为“型男塑造师”；而如图4-59所示的买家账号开通达人后，发布了7篇达人帖子，内容选择方向都为女装搭配，被系统匹配为“潮女搭配师”，帖子内容契合度是100%。

而申请达人加V成为“大V”卖家达人号，才是我们卖家应该去做的事情。这里重点叙述一下成为“大V”达人号的要求，如图4-60所示。

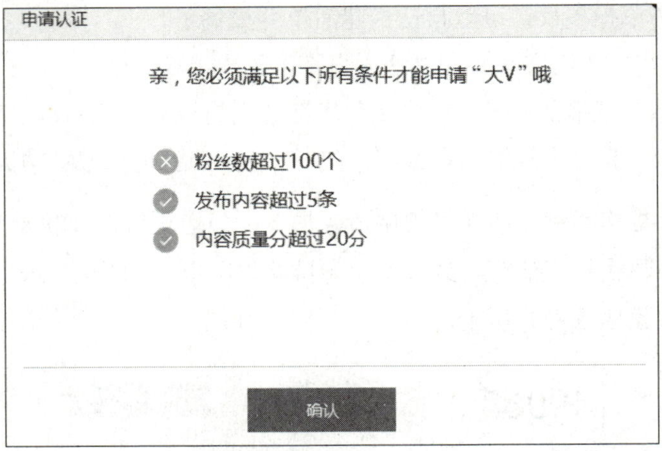

图4-60 达人加V

这是非卖家达人号申请加V的提示信息，而卖家达人号的粉丝一般都不会少于100个（兴趣人群：购买过、收藏、加购都会计入微淘粉丝，微淘粉丝同步达人粉丝），所以粉丝数不会是问题。而最后面一条是卖家们比较纠结的：什么是内容质量分？20分有多难？

内容质量分由两部分组成：

- 图片内容质量（图片清晰度高、不带牛皮癣、不带Logo等）。
- 文本内容质量（阅读数、评论、点赞）。

比较菜鸟的卖家会觉得20分比较难，其实找几个人“弄”一下就达标了，你要是连20分都达不到，加上“大V”又能如何呢？

大多的卖家账号申请加V，直接会通过，跳出填报资料页面，如图4-61所示。

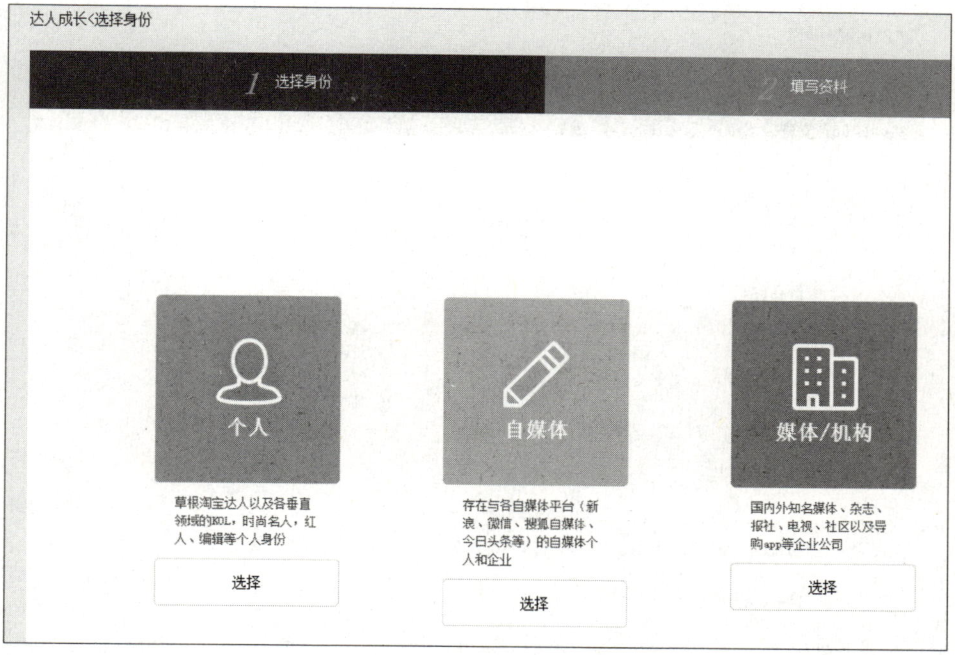

图 4-61　达人加 V 认证

对于草根的品牌卖家或者普通卖家来说，选择“个人”即可；如果你拥有粉丝较多的微博账号（1 万粉丝以上）或微信公众账号、今日头条号、搜狐的自媒体账号等，就可以选择“自媒体”认证；如果你是知名媒体、杂志、报社或者做 APP 的媒体或机构，就选择“媒体 / 机构”认证。

如图 4-62 所示，在选择身份领域的时候请慎重：一旦选取了领域意味着你以后的内容创作方向就要往这个方向偏移。有的卖家喜欢较真：“这些身份里面没有我经营类目的归属啊！”可以选“达人”。

接下来无论你选择何种认证形式（个人、自媒体、媒体 / 机构），都需要你上传运营后台的截图和职业身份证明材料（媒体 / 机构需要上传企业营业执照，个人代理需提供单位授权函）。运营后台截图，打开微信公众号截取粉丝数量截图，或者打开微博截取粉丝数量截图即可；职业身份证明，如果有获奖证书那么上传即可，或者上传单位的工牌照片、个人名片。

同时要在你填报的微博或微信公众号发送一条信息，如“胡子叔叔申请淘宝达人认证大 V”，如图 4-63 所示。

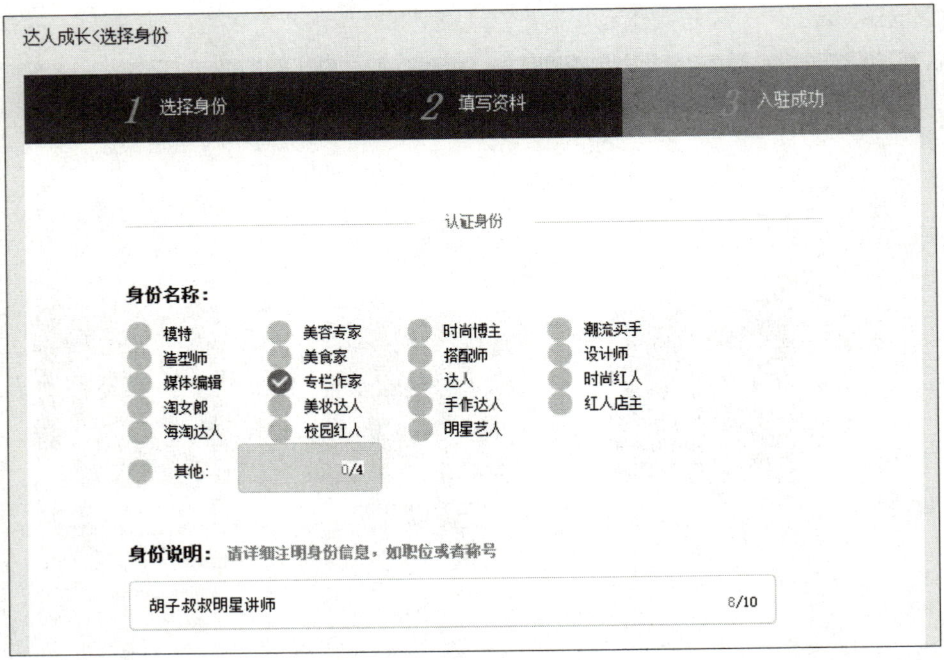

图 4-62 达人身份

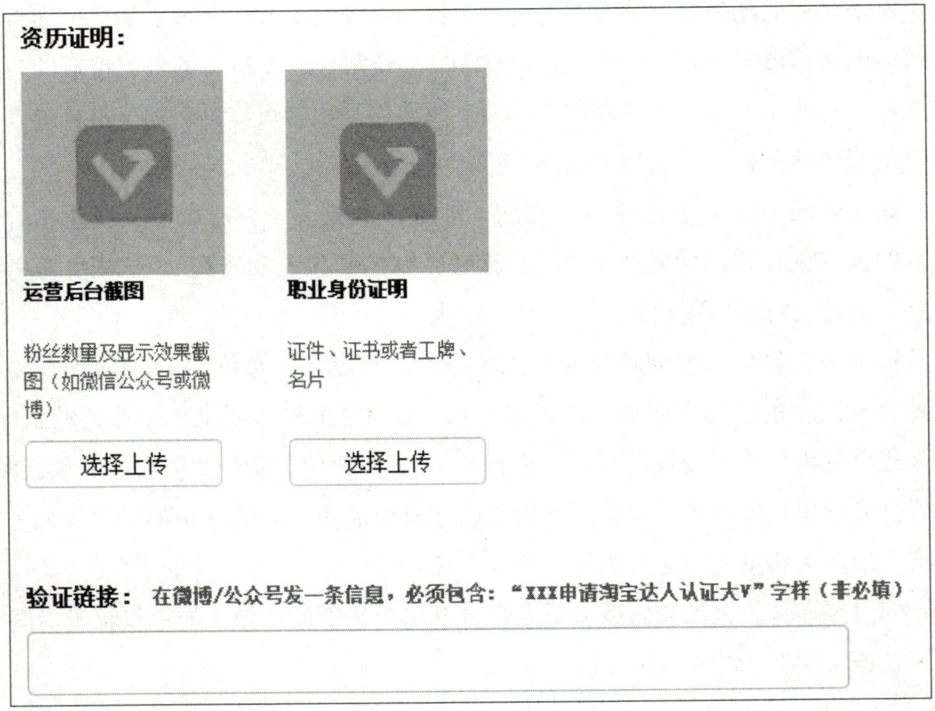

图 4-63 资料上传

申请提交后，审核时间较长，一般都在30天以上（注意，是工作日）。如果审核失败，那么多半是因为你的资质有问题，系统都会提示你怎么做。修改再次提交等待即可，不要急躁。"大V"的福利，笔者在上面已经列举了女装类目，淘宝随后会不断出台各个品类卖家达人账号的权益和福利，卖家们一定要多多关注。

Tips

卖家达人可以直接开通淘宝视频直播，直接出现在手淘APP的首页，你一定要动手去抓牢这个风口！

4.5.8　系统奖励类导购流量

卖家通常在生意参谋的流量地图里看到一些莫名其妙的流量，如"手淘首页"、"淘宝站内其他"等，这些分支流量会随着生意参谋的升级和进化不断分解。

比如，手淘首页的流量目前60%～70%由"猜你喜欢"构成，而"猜你喜欢"可以分为免费和付费两种类型。"猜你喜欢"目前的转化率明显在不断提高（甚至超过搜索的转化率和直通车关键词转化率），作为淘宝卖家应该不断地去关注最新出现在"猜你喜欢"的同类商品的客单、属性、主图、关键词等属性，调整自己上新商品的方向，尽量争取更多的此类奖励流量。

"猜你喜欢"的商品展现逻辑是依据买家的消费层级、消费地区、浏览过的、购买过的店铺等因素进行综合形成推荐的。当消费者有需求（如搜索过此类商品的某个关键词或浏览过对应的文章乃至点击过同类商品），"猜你喜欢"才会根据消费习惯、层级、喜好等推测出客户可能喜欢的产品。

与其说"猜你喜欢"是一个流量类型，不如说它是一个入口，分为多种不同的流量类型：购买过的店铺、浏览过的店铺、依据综合消费推荐同等类型的产品、直通车付费位置等。

- 购买过的店铺，即消费者购买过产品的店铺，并且这个产品能匹配到同等类型的产品，优先推荐。
- 浏览过的店铺，优先推荐购买过的同样的单品（如相似款），同类店铺的其他产品购买过后，搜索相同的店铺的同类型的产品也会优先推荐。

购买过的店铺和浏览过的店铺都有机会获得两次推荐，其一展现在“猜你喜欢”中，其二展现在搜索里面。

购买过的店铺的推荐是指买家在店铺购买了商品 A，搜索商品 B 的时候，恰好我们店铺里也有商品 B，“猜你喜欢”就会优先推荐。根据这点，可以在大促前利用一些活动，买 A 产品引流 B 产品。

举个例子，季前做活动大批量卖出很多便宜的羊毛衫和羽绒服，在商品活跃季节到来的时候，大量买家搜索羽绒服时就会有很多购买过的店铺推荐给他们，此时店铺应季推出的价格高一些的羽绒服的销量也会很好。

而浏览过的店铺的推荐，相对比较粗暴。通过增加投放直通车、钻展（如 CPC+ 智能投放）的付费推广甚至通过麻吉宝，拉到更多的展现，同时图片、标题等优化得比较有吸引力，能让客户点击，就能让客户看到浏览过的店铺推荐。

“猜你喜欢”里面占比最大的是根据同等类型产品进行推荐，这让商家尤为感到头疼。简而言之就是买家想买商品 A，推荐的商品并不是之前在某个店铺购买过的商品，也不是浏览过的店铺的商品，而是一个自身优化比较好，店铺权重比较高，售后综合评分也比较高的店铺的商品 B。

Tips

“猜你喜欢”这股流量对店铺运营的要求比较高，要求店铺权重比较好，售后综合评分高，产品有优势，经常做“聚划算”、“淘抢购”等提高转化率的促销活动，产品比较有亮点（新、奇、特），设计有风格（如集市的风格店铺）。

4.5.9 付费的“猜你喜欢”流量

直通车付费的“猜你喜欢”有两个展示场景，分别在 PC 端首页下部和手淘 APP 首页的下部，如图 4-64 和图 4-65 所示。

图 4-64 所示为 PC 端“猜你喜欢”的展示位置，左起数第 4 个，一共投放 15 排，共计 15 个位置。

图 4-65 所示为手淘 APP 的苹果系统用户手机和安卓系统用户手机的付费“猜你喜欢”的展示位置，位于手淘 APP 下半部分“猜你喜欢”单元里的第 4 排起，左边第 1 个，出现形式为隔排出现（第 4、6、8 排），一共 3 个位置。直通车的“猜你喜欢”位置投放如图 4-66 所示。

图 4-64　付费“猜你喜欢”PC 端首页位置

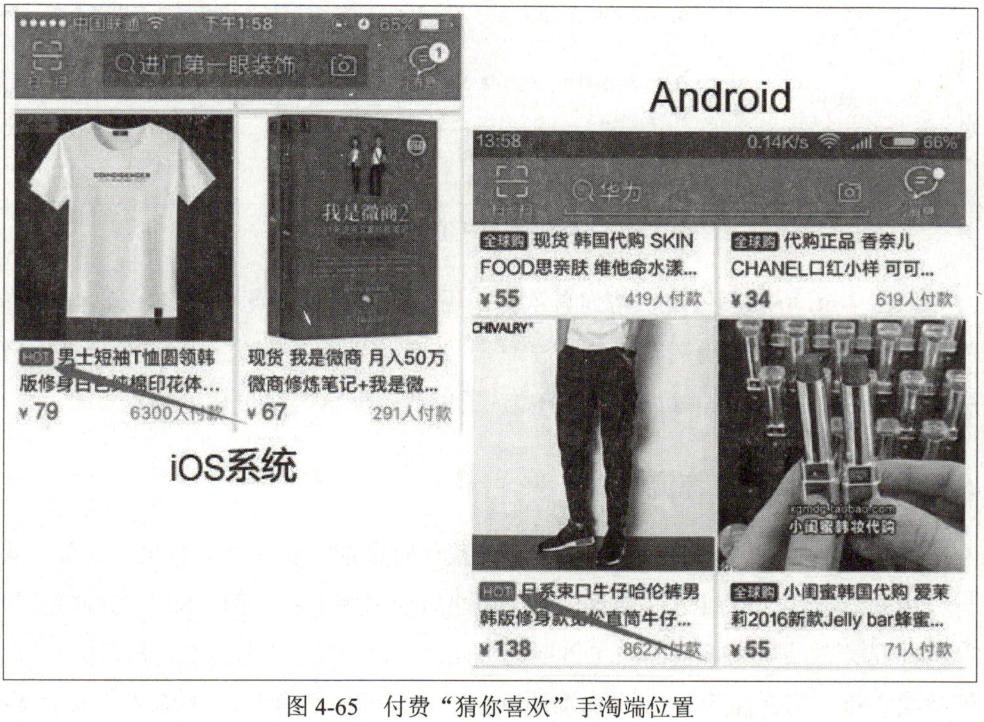

图 4-65　付费“猜你喜欢”手淘端位置

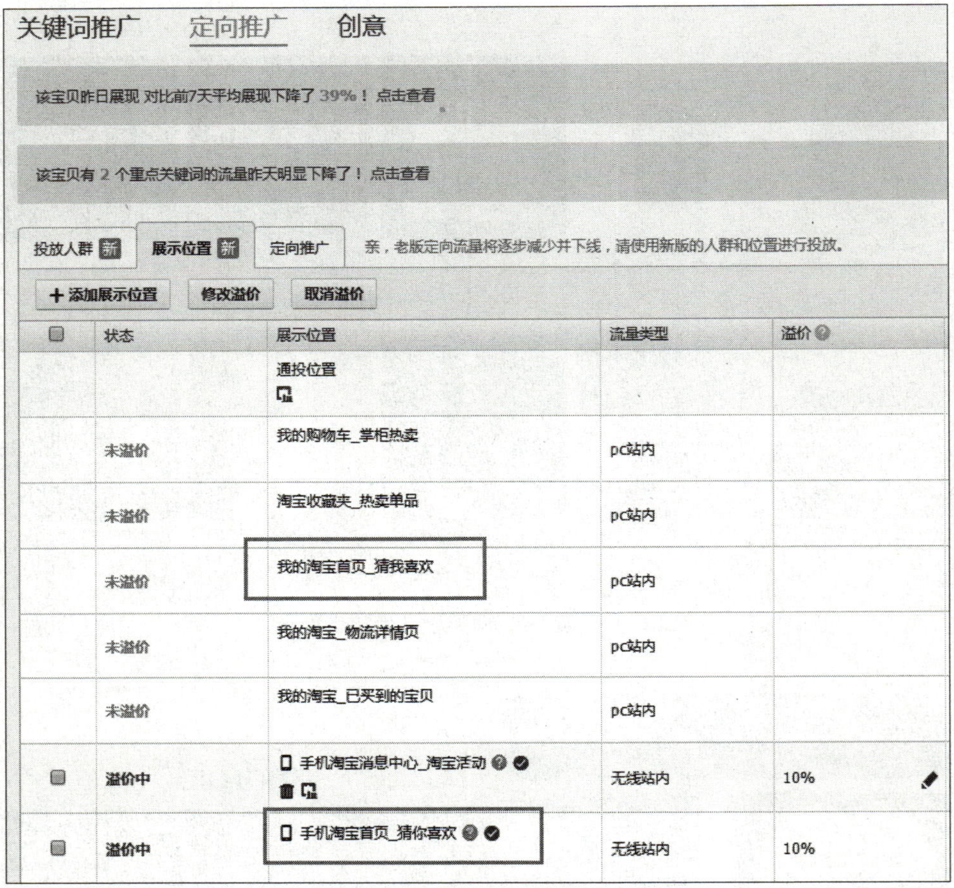

图 4-66 “猜你喜欢”直通车投放位置

如图 4-66 所示，付费“猜你喜欢”采用通投溢价形式竞价排名，分为 PC 端的“猜我喜欢”和无线端的“猜你喜欢”，目前这两个位置大多类目溢价都比较高（很多超过了 120%，封顶是 300%），所以要争取这两块付费位置。

4.5.10 PC 端的推荐流量

如图 4-67 所示，我们在 PC 端搜索关键词时会经常看到产品合集，这类合集一般由系统直接抓取或达人推荐构成，模块展现名字五花八门，如“品牌特卖”、“商场同款”、“品质尖货”等。主体标题不同，所需要的商品也会不一样，比如，“品牌特卖”肯定需要品牌商品，“商场同款”要求你的商品有商场价签，“品质尖货”中商品要么是“新、奇、特”，要么人气较高。

图 4-67　搜索里的产品“合集”

在手淘APP这一块,也会有类似的主题模块,如达人推荐的一些专题、主题等,会嵌入很多应用单元里。而这些类似“奖励”性质的模块流量，除了付费的通道（与达人对接或直接投放直通车位置等），都具备一个通用要诀：商品的人气高，比同类别的商品好。

想要商品被抓取或被推荐，卖家应该多点开这些模块、导购单元，观察已经被选上的商品的价签、宝贝属性、核心关键词、人气动销比等，然后在上新、优化宝贝的时候进行参考，才能不断地拓宽流量渠道分支，让店铺不用单靠搜索，一条路走到黑。

4.5.11　达人流量的顺序：“先求后有”模式

手淘达人兴起，覆盖面积宽广，商家不得不去寻找达人来帮助商品曝光。达人现在可以采用的曝光形式多种多样，除了本书前面提到的“淘宝头条”的文体形式，还有各种精选、主题、专题、视频直播等。

卖家最关心的是怎么联系某个达人，联系上以后怎么沟通。笔者在这里会手把手教大家，先说怎么去找达人。

1. 主动出击，寻求达人合作

- 首先寻找自己感兴趣的达人板块,以“有好货”为例。先去手淘APP的“有好货”里看看有没有合适的达人，如图4-68所示。

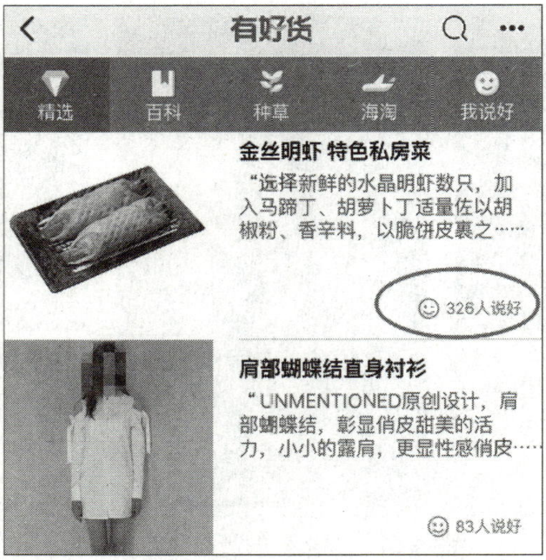

图 4-68　寻找达人

- 如果我们是做食品、农特产品的，那么肯定会对图 4-68 圈中所示的这条“有好货”感兴趣，点击这条推送，找到这个人的达人号，如图 4-69 所示。

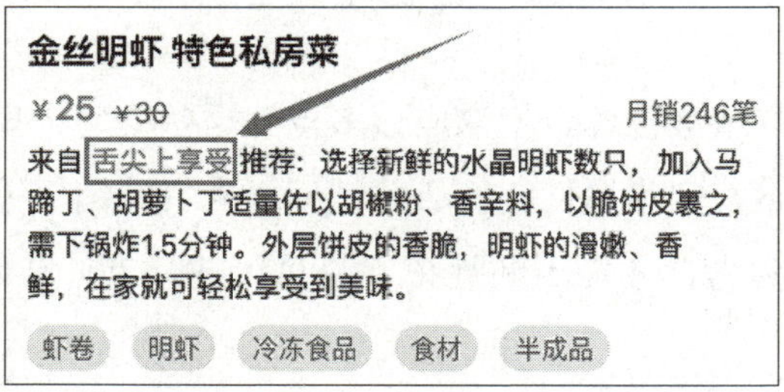

图 4-69　找到达人账号

- 记下这个达人号“舌尖上享受”，然后回到手淘 APP 首页，往下拉，找到淘宝直播，点击进入“更多”，如图 4-70 所示。

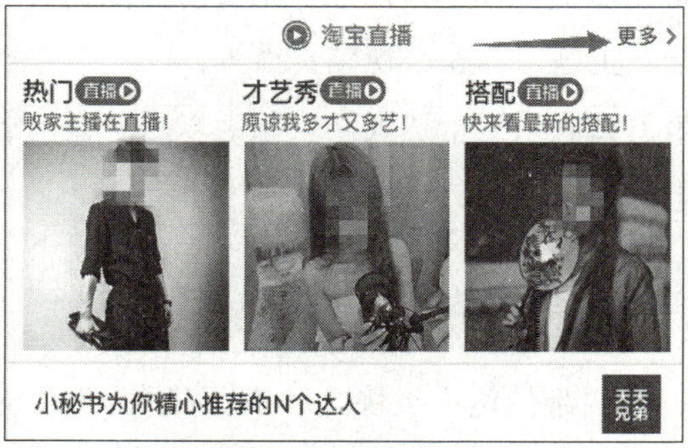

图 4-70　淘宝直播

- 随意点击淘宝直播频道里面的某个直播达人的 ID 名字，如“微鲸官方旗舰店”，如图 4-71 所示。

图 4-71　点击任意达人名字

- 点击进入之后，可看见账户页面右上角有个“环球”的小图标，这是用来搜索达人的，点击它，如图 4-72 所示。

图 4-72　找到搜索入口

- 至此，我们就到达了“达人首页”，可以在这里任意搜索我们想要找的达人，并立刻与他对接，如图 4-73 所示。

图 4-73　搜索达人号

在达人首页输入我们要找的达人账号“舌尖上享受”，找到打开后，点击“私信”。知道弹出对话框上面的 ID“舌尖上的新鲜”是什么吗？是这位达人的旺旺号！

Tips

我们现在只是找到了一个美食达人的旺旺号，接下来就要重复以上步骤多次，多进入几个模块，找更多的“人气达人”，如法炮制，将这些达人的旺旺号记录到一个文档里面，备用。

接下来就要准备商品链接、活动方案、达人进阶奖励文案、商品佣金测算等工作，然后通过电脑端的旺旺一一去加这些达人挨个直接谈。为什么用电脑端？因为方便复制粘贴，方便发送商品链接、文档。

目前淘宝达人处于“生长发育”阶段（仅限于 2016 年 7 月），很多达人要的佣金不会像现在的淘宝客一样狠，大多类目只要支付 30% 佣金，达人即可开推。

活动方案方面，比如，你可以跟达人约定在文稿里加上一句类似“天王盖地虎”的达人推荐口号，凡看到达人推荐的帖子过来的买家报此暗号即可享受 5 元立减（你可以直接改价，也可以送优惠券）……请脑洞大开，充分运用你的智慧去跟达人互动。

还可以跟达人约定一些销售进阶的奖励，如销售笔数达到 100 笔，奖励多少奖金或什么物件等。你跟达人聊天，千万避免“你好，在吗”这样的繁缛文字，招人讨厌。单刀直入，简单介绍自己是某店铺的运营主管，要推荐什么产品，需要什么类型的文案，投放位置，佣金建议是多少，活动形式甚至销量奖励是多少整理成文档直接发给达人。直接、快速、高效，不要婆婆妈妈浪费自己和达人的时间。

有的达人是有直播权限的，他会跟你说；有的达人是自己愿意上镜做买家秀的，你也可以直接跟他聊。合作的形式多种多样，聊多了自然你就懂了，所以达人并不难沟通，关键是你不要浪费时间。

达人对接成功后，他会快速地去起稿、投放，一旦有成交，达人都会用 CPS 由系统自动扣除你们谈好的佣金，返还到达人自己的账户中，无须担心。

如果跟达人对接的时候谈好了有单独的奖励，如销量达到 100 笔返多少给达人，活动结束后就应当主动去找达人给予奖励和表扬，不要拖拉，做一个有诚信的生意人。达人推荐过来的买家，如果有“暗号”这种形式的奖励，就不要吝啬，果断给。在配合达人推荐期间，一定要跟客服沟通清楚，以免造成误会，导致买家去责难达人，若是如此，达人与你基本说再见了。

2. 通过达人平台招募达人

另外一类达人，官方也有专门的平台给予对接，需要卖家先去审核店铺资质，然后进行任务发布，招募达人。网址是 da.taobao.com，这个相对简单也没什么技巧可言，笔者就一笔带过。卖家可自行进入网站填报，摸索便好，如图 4-74 所示。

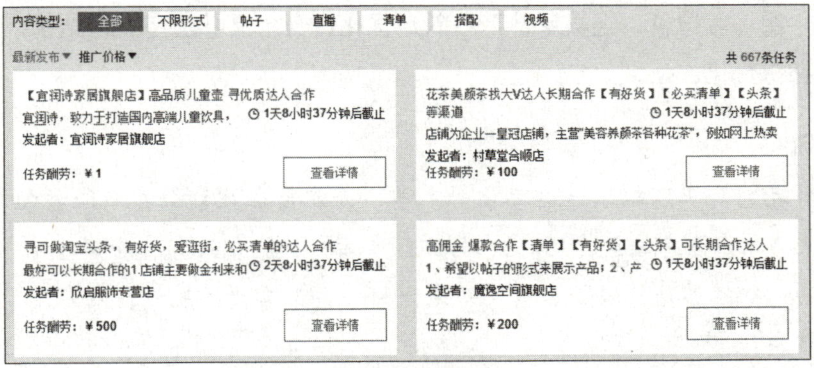

图 4-74　阿里 V 任务达人招募

要强调的是，平台目前不适合设置过高的任务佣金。因为目前 V 任务的达人都还在摸索着跟商家进行合作，任务佣金模式跟我们上一种直接找达人谈的 CPS 模式相比，差别在于任务达人未必会那么重视推广效果，激励形式也不同。

笔者也希望阿里 V 任务平台能够不断快速成长，并且在达人激励刺激这块能有更多的选择。

就像淘宝客刚开始盛行的时候一样，健康、良好的推荐系统应该复合多种模式，在卖家和达人之间多建立一些可以沟通的桥梁，再辅以一定的市场制度约束。

Tips

卖家对待达人，特别是人气较高的达人（内容产出效率高，效果稳定），秉承“先求后有”的心态，不要急躁也不要要求过高，中小卖家初期先尝试寻找中小规模的达人，等到后续宝贝人气起来了，卖家才能匹配到更优秀的达人，甚至达人自己找上门。

4.5.12 小结

流量作为淘宝卖家的生存之本，重要程度不言而喻。时至今日，付费流量已经开始占据重要的战略位置，模块流量、奖励流量层出不穷，很多人天天叫着“没有流量”，其实是自己懒，不愿意接受新的知识、新的事物或形态。

这类卖家永远希望“天上掉馅饼”，搜索流量是根，是大哥，但如今的搜索流量更多作为一种奖励的形式出现，要想依靠搜索流量做好淘宝，追求搜索流量的价值也可以，但是不可把所有的希望都寄托在这条线上。

淘宝也好，阿里妈妈也好，都在不断尝试给用户创造流量，挖掘新的流量入口，不断推出新的功能模块、单元，卖家应该积极配合去点击、观察新鲜模块的布局、主图、客单价、宝贝属性，不断地优化自身产品甚至产业链结构，来顺应变化，拥抱变化。

Tips

当我们真正理解了这些变化的本质，并能自己找到引入新流量的方法，我们就可以自信地告诉自己“我的店铺，不缺流量”，而淘宝店铺运营中后期最难的，往往不是“缺”流量，而是如何舍弃不需要的流量，做好流量的科学化布局。

第 5 章

淘宝活动的价值

淘宝店铺的营收主要由两部分构成：平销和活动。健康并可持续发展的店铺应该由稳定的平销和较为稳定的活动相辅相成，活动分为店铺活动、官方活动和站外活动等形式。

作为平台电商，淘宝应以官方活动为主，站外或店内活动为辅。随着 2016 年淘宝大量削弱第三方活动给予淘宝商品带来的权重（不计入搜索），严厉打击非常规低客单甩货，取消好评返现，“聚划算”、“淘抢购”等活动坑位的产出不理想，而官方一再要求坑位售罄等事件的发生，很多卖家对官方活动原先寄予“赚钱”的心态，需要发生根本性的变化。活动基本上不会给你带来利润上的激增，而应该成为一种引流手段，如我们上面章节提到的对“猜你喜欢”等分支流量的正面影响。

5.1 淘宝官方活动从 0 到 1

以前我们聊到活动，自然就是站外活动（折 800、9 块 9 等）和站内活动（淘金币、聚划算、淘抢购、天天特价等）。而在 2015 年淘宝创造出“企业店铺”之后，快速精确定位生产制造型企业和产业优势集中且愿意通过在线平台发展自主品牌的企业便成了天猫做品质，企业做深耕的新淘宝战略。

随着企业店铺的全面上线，“中国质造”、“极有家”先声夺人，在2015年“双11”形成对中小卖家碾压式的优势，2016年伊始，“质+”、“淘特来斯”、“潮电街”等紧跟其后，通过手淘发力。商家明显感觉连活动流量都被均分了，慢慢的，各类主题、达人活动穿插其中，“聚划算”、“淘抢购”不再是淘宝活动里的“双王”。

2016年3月以后，参与“聚划算”和“淘抢购”的卖家们明显感觉坑位产出吃力。卖家应该清晰地认识到自己的定位，淘宝和买家已不再认可“只要是商品就可以卖得出去”的平台战略模式，淘宝逐渐演变为品质化、品牌化、产业化、规范化的新“四化”平台。这也难怪很多人无法理解淘宝的变化为什么这么快，他们有可能是自己一头钻到电商的领域里追求“技术”，而忽略了生意的本质：产品、人、服务。

5.1.1 活动场景和坑位需求分析

很多卖家对官方活动的需求属于“饥渴”型，不管什么活动，只要能让上，就上。结果一塌糊涂，被活动拉黑1个月甚至3个月。郁郁寡欢，平销做不好，活动也上不去。在这里面，我们要分清楚每个活动的背景和意义，正如官方活动的命名。

- 天天特价：特价处理，绝对不允许在活动前30天报名商品以比活动单价还低的价格售卖。
- 淘宝清仓：顾名思义，季末甩货、清仓处理，甚至低于成本抛售。
- 淘宝试用：新品测试、客户反馈，给予商家充足的试错测绘人群支持。
- 淘金币：金币抵扣，惠及金币控的资深买家。
- 淘抢购：手淘王牌抢购活动，要求单坑产出比高及价格有优惠。
- 聚划算：品牌商家的乐园，佣金团、品牌团、抢拍坑位，要求商家对商品和品牌极具自信。
- 主题活动：由达人穿插其中的新模式活动，强调互动、宝贝人气。

现在官方标准活动（包括行业营销活动和手淘活动）品种越来越多，还有一类活动不面对所有商家开放，而采用店铺、商品打标的形式，或者邀约模式进行，这类活动就是我们刚提及的“中国质造”、“极有家”、“质+”等，这类活动我们可以称之为品牌商家活动，品牌活动里也包括“淘抢购”、“淘金币”、“淘宝试用”、“小微快采”、“全民抢拍”等形式。

我们以淘抢购来举例，活动的硬性要求如下：店铺信誉 3～5 颗钻，年度无扣分 6 分以上，开店时间大于 90 天，报名活动单品近 30 天销量最低数、店铺主营类别、店铺主营占比、DSR、扣分记录、消保等也有固定要求。这些几乎是雷打不动的，满足不了即无法报取活动，而活动的软性要求即活动是否能通过的条件，包括但不仅限于商品人气、活动优惠价值、坑位产出、售罄率等。

软性要求会随着应季商品的变化而发生变化，笔者会把这些规则讲清楚。但不要按部就班地强行应用在所有的活动场景里面，具体的要求还要根据活动小二的提示和官方活动告示进行策略调整，才能保证店铺拥有较为稳定的活动周期。

5.1.2　商品人气

这个维度较好理解，在报活动之前的 7～15 天，对要去报活动的宝贝（2～3 个为宜）加大推广，使其人气较之前有极大的提升（带动搜索覆盖人群、主图点击率、转化率、收藏或加购）。

5.1.3　优惠价值

活动优惠价值是什么呢？比如，报名活动的商品 A 日常销售价是 100 元，报活动价位 50 元，那么单个宝贝参加活动的优惠价值为 50 元（100-50=50），填报活动的时候填写的商品库存数为 500 个，那么该款宝贝活动优惠价值为：50×500=25000 元。

某一个活动中宝贝的活动优惠价值应该定多少呢？这就需要活动专员仔细观察，特别是从来就没报上过某个活动的店铺。需要耐心观察该活动里面的同类商品或相近的商品，记录商品在活动前的销量和客单价（很多店铺在商品要参加官方活动前都会在店内预热，很容易找得到），并记录商品在活动后的销量和活动的价格，最后算出优惠价值。摘取 1～3 个活动中的宝贝来做均值，就可以算出该时间段内这个活动的单品优惠价值是多少，以此来确定自己商品去报取这个活动的活动价格。

如果觉得 1 次数据统计还不准确，那么活动专员可以先去查看该活动的“疲劳期”（即 1 个商品报取活动再次参加活动的间隔时间），然后观察商品是否再次入围，如果又进入坑位（通过了活动），那么前一次该商品的活动优惠价值就可取。

5.1.4 坑位产出

坑位产出即货值是最好计算的。单品报取活动的价格 × 报活动的宝贝库存数 = 坑位产出值。“淘抢购”这类活动基本都会由小二公布单品坑位必须达到的数级，如 5 万元（今日必抢为 30 万元），那么假设我们商品客单价 100 元，活动价 50 元，需要报取的库存数：50000÷50=1000 个。如果活动卖不完 1000 个，那么就是完不成坑位产出，即售罄率不达标，店铺极可能因此被活动拉黑 1～3 个月。

5.1.5 售罄率

这项指标是现在多数标准活动都要求达到的。比如，结合上面案例的坑位产出，小二要求当期活动单品售罄率要达到 80%，那就是至少要卖出 800 个商品。坑位产出（货值）要达到 4 万元，活动优惠价值：50 × 800=4 万元。

5.1.6 卖家参加活动的意义在哪

很多人为了完成售罄率、坑位产出、优惠价值，不惜血本刷单、卡位（活动中大面积拍下不付款），严重影响活动秩序。

小二处在中间两头为难，既要考核业绩也要活动健康有序发展。2016 年初就发生多次“淘抢购”、“聚划算”的整顿事件，很多商户中招，甚至有小二被处分。官方希望店铺如果报取抢购类活动，就应该在准备期（预热期）全面开展老客户宣传、直钻（直通车 + 钻展）推广拉新等工作。

宝贝之所以被活动方选中参与活动，本身就是该款宝贝在活动前的人气值有可能或者有希望完成坑位所报的库存售罄数，如果商家在活动前就开始尝试欺瞒系统，麻痹小二（为了通过活动大面积虚假交易），导致活动期内宝贝无人问津，那么本身就是对自己不尊重，属于欺骗自己的行为。

其次我们也要充分理解“抢购”、“特价”这类活动的根本意义，这跟大促是一样的道理：通过预热尽力将影响人群扩大，也可能将大量的平销压低（买家知道这款宝贝过几天就要做特价活动，转化率肯定会降低），使其集中在一天爆发，在活动期间通过羊群效应吸引更多的消费者参与抢购。活动的意义其实就是帮助你拉新，而并不是用来“赚钱”的。

因此，这类活动在结束的时候，才是刚刚开始，接下来你需要面对快速打包发货以及各种售后问题，这些都会影响店铺 DSR 指标的售后维度。笔者见过很多店铺因为一两场活动里的纰漏（食品袋包装批量出现问题、延迟发货、库存不足等）导致店铺活动后动态分持续拉低，甚至因为违反承诺被处罚、降权，严重的店铺从此一蹶不振。

一次活动包括活动前的预热准备和老客户互动、活动关联产品的预热、库存设置，活动中的辅助（客服、推广等）以及活动后库存及供应链抗压能力、售后的支援、包裹设计、客服话术。而这些事情完结后，活动后续所带来的影响需要快速地响应：次日的回笼流量和活动期间未直接转化的收藏、加购等订单，需要持续地给予二次店铺活动或促销、优惠来消化，才能引起活动的二次裂变。如果活动是亏本做，那么活动后的工作将变得更加重要。

5.1.7　细心查看活动规则

对于“淘抢购”这类活动而言，除了需要做这些思想准备和行为准备工作，更重要的是熟读规则，“淘抢购”可以在官网（qianggou.taobao.com）查看所有的规则细则，一定要耐心阅读、理解（见图 5-1）。

图 5-1　“淘抢购”页面

活动流程、报名入口、招商规则、卖家管理细则和公告，务必逐条阅读，理解透彻。点击报名就可以进入“淘抢购”商家管理中心，如图 5-2 和图 5-3 所示。

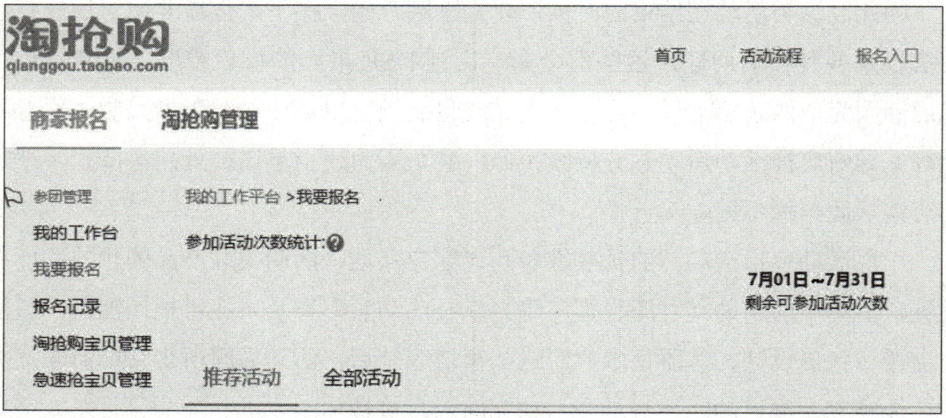

图 5-2 “淘抢购”报名

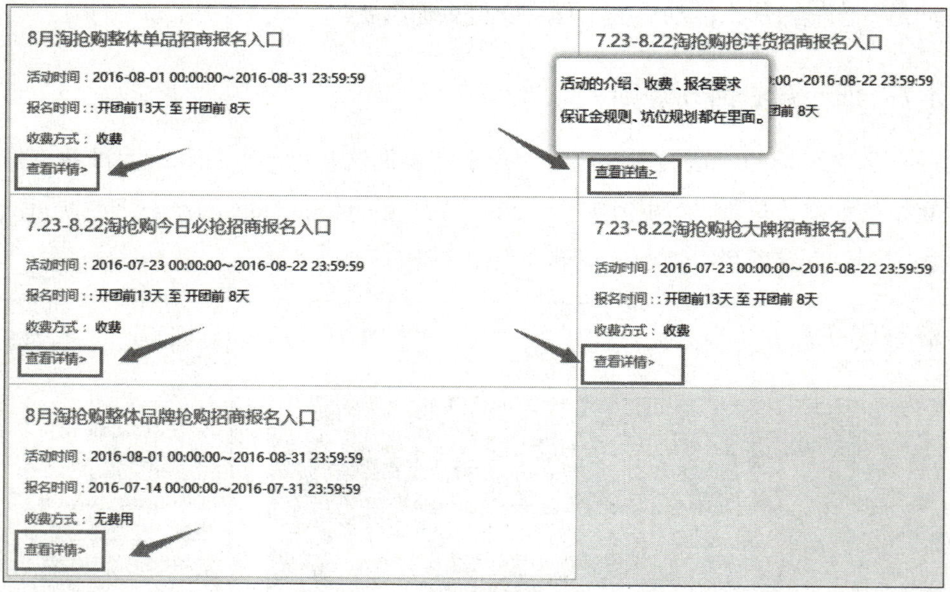

图 5-3 “淘抢购”规则入口

5.1.8 “淘抢购”展示位置

“淘抢购”的 PC 端展示地址为 qiang.taobao.com，无线展示位置，如图 5-4 所示。

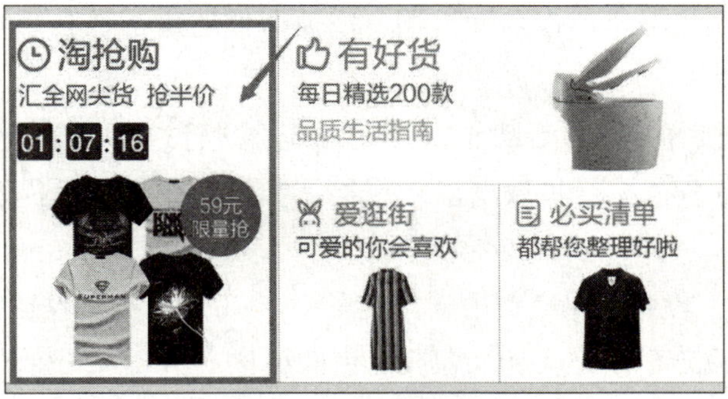

图 5-4　手淘首页“淘抢购”

5.1.9　活动的误区你别踩

除了上述活动硬性门槛条件和软性条件以外，还有一些属于卖家报取“淘抢购”活动的注意事项，笔者总结如下：

- 报名当日只可报名 7～9 天后的活动（日常活动为 4 天报名 +5 天审核）；当天报名一款后，可以在 4 天以后再次报名，一天的活动最多报名 2 款；同款 15 天内只能报名 1 次；1 个自然月内，一个店铺最多参加 6 次活动。
- 审核时间为报名后的 4～7 天内，最晚会在活动前 1 天审核出结果。
- 报名的原价需要和详情页的原价一致，不能修改。
- 参加活动商品不能下架，需要取消此款宝贝的第三方上下架工具。
- 商品库存数必须大于报名库存数（审核通过后会锁定），如果因入菜鸟仓后商品售卖，库存少于报名库存，那么需要联系小二处理；不能随意修改 SKU。
- 活动商品若是品牌商品，需要有相关资质，如售卖证明、购买发票、品牌授权等；集市店铺标类商品（3C 数码、家电和美妆）需要品牌授权。
- 报名商品必须为一口价；商品报名后不能修改原价（审核通过前可以修改价格），审核通过后在商品发布前，价格只能改低。
- 报名商品最近 30 天销量建议在 30 笔以上。
- 报名“淘抢购”通过同时又通过了“聚划算”，两个活动时间重叠的，比如，被“聚划算”预热锁定商品或者天猫商家参加天猫官方活动，活动就会被中止，商家必须 2 选 1。若放弃“淘抢购”（联系小二取消），就会被拉黑 3 个月。

- 预售类商品不建议报名淘抢购，因为即便通过了也会影响成交指标，被活动拉黑。
- 报名通过后的商品，活动前 24 小时系统会进行巡检，若因虚假交易被处罚，哪怕扣 0 分，也会被取消活动资格；如果没扣分，只提示降权，活动就可以继续。
- “淘抢购”收费：保底费用 = 报名货值 ×30%× 类目收费费率，比如，女装类目保底费用 =50000（保底货值即坑位产出）×30%×5%=750 元。关于收费的一些调整和类目收费费率标准，卖家要多关注论坛 qianggou.bbs.taobao.com。
- 若想参加活动的商品在手淘 APP 首页得到展示，需要在商品报名时，上传一张手淘入口素材图，如图 5-5 所示。

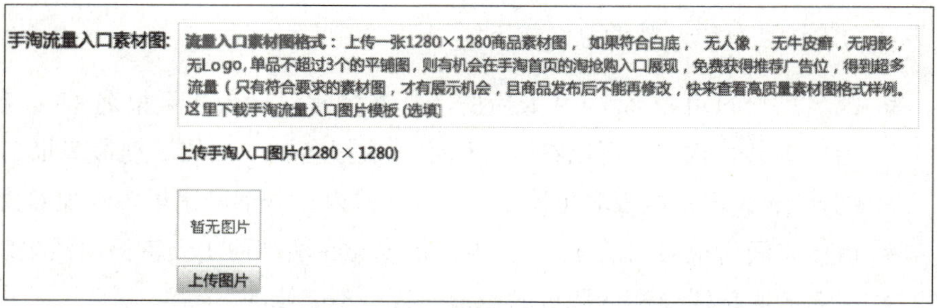

图 5-5　“淘抢购”首页要求采摘

- 报名商品图片为 640×640 像素白底，240KB 以内，清晰，主题明确且美观，不拉伸变形，不拼接，无水印、Logo、文字信息，支持 JPG、JPEG、PNG 格式，一图一个商品或单个模特。
- 报名商品标题为 18～24 个汉字或者 36～48 个字符，标题格式为“品牌”+“商品内容”+“商品描述”，对商品有准确清晰的描述，严禁堆砌关键字，不可出现特殊符号。

5.1.10　活动的问题如何及时解决

以上我们列举了“淘抢购”活动的注意事项，其实每个活动场景的需求、规则等卖家都可以在官方网站查询、细读，进行总结，以上这些内容都是笔者的学生经常问的问题。

官网实在查询不到，你还可以通过淘宝网右上角的“联系客服”咨询云客服来快速解决问题，不要轻易相信一些第三方的“活动 100% 包过”等信息，运气好撞到偶尔有一些作奸犯科的小二参与给你通过，一旦查处，你的店铺后续得到的伤害将是无穷大。而笔者看到的更多是交钱被骗投诉无门的案例。

目前淘宝已经把几乎所有活动的入口都囊括在淘宝营销中心（yingxiao.taobao.com）中，只要打开这个官方网址，登录店铺旺旺号，就可以查看所有可以报名的活动和被邀请的活动，甚至不可以报名的活动，如图 5-6 所示。

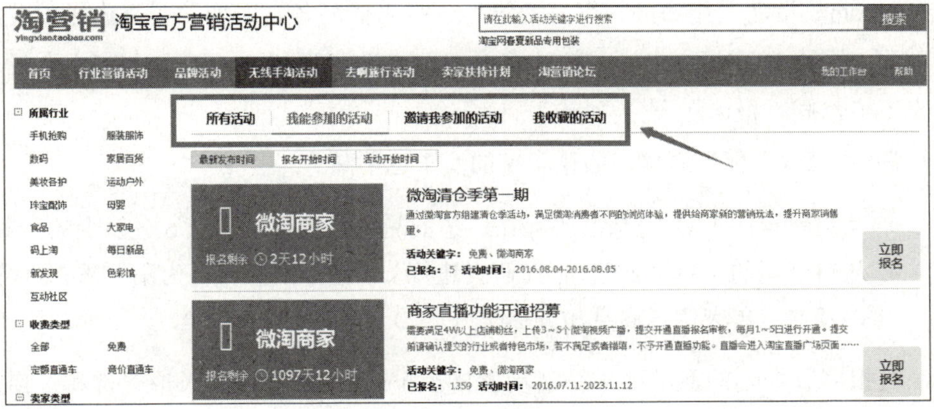

图 5-6　淘宝营销中心

对于活动新手来说，不要轻信其他第三方网站，一切以官网和淘宝对应的活动论坛为依据。

5.1.11　大促活动：年中大促、“双 11”、“双 12”

淘宝全年的大型活动主要分布在年中、年尾，年中的“6·6 大促”（淘宝）、“6·18 大促”（天猫）在 2016 年显得十分平淡，反而京东出了彩。“双 11”、“双 12”算是淘宝开的先例，作为平台电商的大促开山鼻祖，当仁不让，每年“双 11”是淘宝向其他平台竞争对手亮剑表明霸主地位的重要时刻，所以“双 11”的店铺营收也被看作每个店铺一年的终极表现。下面我们分别来说一下这 3 个大促的一些安排和注意事项、技巧。

1. 年中大促

2016 年淘宝“6·6 大促”的主题是“淘得 6 才是活得 6”，面对全网卖家开放（主打集市店铺，部分类目支持天猫商家），未进行店铺报名打标，只对单品进行报名打标。淘宝“6·6 大促”的支持面并不是特别大，虽然设置有内场（主会场 + 分会场）和外场，但活动支持方面只有“天天特价”，而对活动期间的商品排序还是按照淘宝大促的一贯方式：跑马机制。

招商机制非常简单，内场报名时间为大促开始前半个月（5 月 17 日到 5 月 23 日），外场招商时间为 5 月 17 日到 6 月 7 日，2016 年淘宝“6·6 大促”因为延期招商，审核时间设置为 5 月 26 日。报名地址只提供了一个入口，即 yingxiao.taobao.com。报名采用商品报名，卖家选择报名商品各自对应的类目内场的分会场即可（分会场商品报名通过后由赛马机制选取表现优秀的商品入围主会场），卖家不可以同时报名多个分会场。

淘宝“6·6 大促”对集市店铺卖家的要求也不高：

- 从自然年的 1 月 1 日起，不存在违禁商品或品控抽检扣分 6 分以上的商家。
- 从自然年的 1 月 1 日起，存在假冒违规（包括个别假冒行为不严重扣 0 分，以及前一年因假冒商品扣分 24 分以上）的卖家不予参加。

对报名分会场的商品要求是活动价格小于或等于最近 30 天拍下价和一口价（特殊类目除外），商品库存达到分会场要求标准以及最近 30 天的成交量达到分会场要求。

由于淘宝“6·6 大促”主要是面向集市店铺（含企业店铺）的全网活动类型，所以活动的优惠形式基本集中在店铺红包和淘金币上：店铺必须设置店铺红包、满返红包，商品必须设置淘金币抵扣，店铺必须设置全店抵扣并且卖家淘金币账户数量≥ 0，淘金币抵扣设置 1%～99%。

淘宝“6·6 大促”的场景支持有：淘宝网（PC 端）首页焦点图、引导图、资源位、行业频道首页焦点图等；手淘（必买清单、有好货、手淘社区圈子等）和 iPad 客户端、“淘金币”、“天天特价”活动场景；淘客站外、钻展、直通车、内场会场和外场会场、商品打标（“6·6 大促”）。

关乎淘宝平台的大促都会有“赛马机制”，2016 年的淘宝“6·6 大促”赛马机制主要集中在会场赛马和“天天特价”赛马两个场景。

活动开始前 3 天即进入活动期，6 月 3 日 0 点到 1 点，分会场赛马拉开帷幕，依据活动商品在前一日加购（购物车）的金额高低来安排会场展示。6 月 3 日 2 点开始到 6 月 7 日 24 点活动结束之间，赛马频度变更以 1 个小时为单位，会场展示的排序依据上一个小时店铺活动商品成交的金额高低来进行。

所以在 5 月 26 日公布审核结果的时候，卖家就应该开始活动商品的预热准备：直通车、钻展、老客户（淘宝 ECRM 和微信等辅助）、麻吉宝、红包工具全都要充分利用起来，准备的核心是加购，而不是转化，所以这个时期如果卖家去刷单，那么基本都是找死。

Tips

每次活动开始前，为保证活动的商品品质和市场秩序，淘宝品控部门按照惯例会提前一个月左右加大商品抽检力度，作为淘宝"6·6 大促"的核心商户——集市（C 店）店铺，尤其要注意店铺热卖商品的品质，一旦被抽检到不合格或假冒伪劣，别说参加大促了，连店铺能否持续经营下去都会成为问题。

2. 天猫"6·18 年中大促"

属于天猫商家的大促招商活动一般会提前一个月进行，2016 年天猫"6·18 大促"在 5 月 10 日就开始进行店铺招商报名，而活动商品申报的时间是 5 月 20 日开始。

活动分为两部分进行：预热活动和正式活动。预热期在天猫"6·18 大促"的前两天，也就是 6 月 15 日～6 月 17 日，天猫"6·18 大促"为 6 月 18 日当日全天。

2016 年天猫"6·18 大促"采用了"预售招商"和"正式活动招商"两种活动形式，以此来增加整个大促期间的活动氛围。商家可以报名"预售活动"，报名时间跟正式活动报名时间一致，而预售商品的买家订金支付时间段为 5 月 30 日到 6 月 5 日，预售活动结束后，买家的尾款支付时间为 6 月 6 日当天全天。

如果商家报名了预售活动，同时也报名了"淘抢购"活动，那么是会发生冲突的：活动开始后，买家从"淘抢购"频道进入，商品显示的价格是"淘抢购价"，从其他渠道进入，商品显示的是"大促价"。如果"淘抢购"官方人员发现商品同时在参加其他活动，就会清退卖家的商品。

2016 年已经出现过几起这样的冲突事件，所以在之后的天猫"6·18 大促"时，天猫商家要引以为鉴。同时，如果参加了天猫"6·18 大促"的商品，报名了不同期的"聚划算"（天猫"6·18 大促"会产生商品最低价），进入划线价区域，系统就会自动把商品参加大促的活动价格同步为"聚划算"报名的价格，所以天猫商家一定要谨慎。其他关于商品的销售最低价等要求类似淘宝“6·6 大促”的要求。

3. “双 11”

年终大促“双 11”是淘宝每年对卖家的“大考”，也是淘宝每年的“巅峰之战”，已经成为全中国乃至全世界范围内最具影响力的消费节日之一。

从 2015 年“双 11”的历史来看，整个淘宝对“双 11”的备战、支持力度空前强大。全站都会透出资源位，手淘、淘宝、支付宝、旺旺、一淘、新浪微博、UC 浏览器、优酷、土豆等都有重点资源位配合。一些外部媒体门户网站、垂直类网站、视频、网址导航、搜索引擎、主流互联网媒体、导购、APP、手机厂商、浏览器等都会覆盖，线下的一二线主要城市地铁、候车亭、楼宇全面覆盖，央视、省级卫视、广播等媒体全线铺开。

“双 11”从去年开始主要发力点在手淘，面向的是全网商家，但招商对象自然还是以天猫商家为主。每年的“双 11”招商都需要提前 3 个月开始，招商规则也会随着报名的开启进行公示。

2015 年“双 11”商家报名是 8 月 18 日～ 8 月 26 日。“双 11”分为预售活动和正式活动（“双 11”其实就是将淘宝“6·6 大促”、天猫“6·18 大促”等集合起来的玩法），商品报名也分两类进行报名（店铺申报成功以后），9 月进行预售商品报名，10 月进行正式活动商品报名。

这里重点说下 2015 年“双 11”大促的核心关键词。

最低真实成交价：是指最近 3 个月时间范围内，活动商品在天猫平台真实成交的最低价（淘金币价、店铺优惠券、全积分兑换、积分加钱购、秒杀、试用、万人团、品牌会员权益价、校园专享价、企业频道价除外），如 2015 年“双 11”考核的时间为 2015 年 9 月 15 日 00:00:00～2015 年 11 月 10 日 23:59:59，所以我们习惯把“双 11”的这段考核最低成交时间段叫作“9·15 划价点”。

专柜价：专柜价是活动商品被对比价格的统称，包括活动商品的厂家吊牌价、建议零售价或由物价局等国家法定机构核定的价格，上述价格需活动商家以线上或线下的方式产生真实销售，如未产生真实销售的，不得以上述价格作为专柜价填报，请商家务必保留相关销售凭证。

不同于天猫“6·18 大促”的是，“双 11”当日的活动商家或活动商品也可以和“聚划算”、“淘抢购”同时进行，平台会同步为同一个价格，即最低价格。鉴于“双

11”的注意事项较多，笔者摘录一些常见的问题如下：

- 已被通过的活动商品，如果期间被处罚，就会提示“宝贝异常”，即不会在活动当日展示。
- “双 11”期间可以正常发布新商品，商品的主图、标题、详情页、店铺装修等不受限制。
- 为考虑“双 11”商品下架效果，一般都会提前 1 个月开始规划“双 11”商品的下架时间（包括不参加大促活动的商品），没参加活动赛马的商品建议下架时间错开凌晨 12 点高峰期。
- 报名商品有多个 SKU 价格的，在导入时，选择其中一个 SKU 的价格填写商品 ID，导入成功后，商品为“待设定”状态，选择“优惠设定”操作设定每个 SKU 的专柜价、活动优惠价。每个 SKU 的专柜价可以不同。
- 针对“双 11”的大促优惠和其他营销工具优惠券叠加的问题，一般在活动当日都是以“双 11”优惠优先展示，具体情况卖家一定要仔细阅读大促规则。
- 每年“双 11”的活动规则、游戏规则都有区别，在 8 月中旬（或八月底）大促公示前，不要贸然相信第三方发布的“‘双 11’玩法”等信息，一切以淘宝官网发布的信息为准。
- 2016 年“双 11”将切入大量的直播、达人，这延续 2016 年上半年淘宝网的主打旋律，在时间充足的时段，卖家一定要先去尝试、学习、了解和掌握。

Tips

“双 11”的报名入口和天猫“6·18 大促”一样，都在天猫卖家的后台“商家中心”有直接入口，不需要移步到其他位置。相比其他大促，“双 11”的赛马机制每年都会有一些微小的不同，但是依然是整年中赛马竞争度最高，商家搏杀激烈程度最高的大促。

4.“双 12”

“双 11”的大促效果很大程度上决定店铺“双 12”能取得成绩，所以从 2015 年开始我们发现虽然“双 12”是为集市店铺准备的全网大促，但是天猫商家在其中表现比集市卖家更好，这是因为“双 11”他们取得了不错的成绩。

“双 12”的报名入口统一纳入 yingxiao.taobao.com，而报名时间会集中在 10 月。玩法跟通过“6·6 大促”类似，集中在红包、优惠券上。集市店铺的大促活动，还是会以分会场赛马晋级主会场的机制进行。比如，2015 年“双 12”的赛马机制为：

- 11 月 25 日当日的预售会场以小时为单位按单品预售成交金额赛马排序。
- 11 月 26 日～ 11 月 30 日，以天为单位按单品预售成交金额和店铺总预售成交金额赛马排序。
- 12 月 1 日～ 12 月 11 日，以天为单位按成团率（征集量 / 征集目标）、单品预售成交金额、店铺总预售成交金额赛马排序。
- 在预热期，以天为单位按全店加购的金额、领取店铺红包的金额高低来赛马，安排会场展示排序，所以在预热期内，商家主要目标为增加全店加入购物车的金额，同时商家应不断提示或引导消费者完成本店铺的红包领取。
- “双 12”当天，竞争进入白热化：以小时为单位赛马，根据全店成交情况安排会场展示。

5.2 特权类“品牌商家活动”资源

在 2015 年“双 11”、“双 12”会场里，我们见识到了两类表现非常突出的特色会场，即“极有家”和“中国质造”。今年我们或许会看到更多的特色会场表现出色，如“iFashion”、“潮电街”、“农资”、“小微快采”、“全球购”、“质 +”等，所以对于生产型或处于集中产业带的规模型企业（集市店铺或企业店铺业主）来说，应该尽早认证打标，以备在大促和各类日常的扶持活动中可以获得更好的收益。

举例淘宝集市（C 店）卖家进行“中国质造”申请的步骤。

（1）进入“中国质造”网站进行申请，地址为 q.taobao.com。

（2）进行实地认证申请：新增实地认证，直接购买实地认证服务（在淘宝服务平台，认证价格为 1200 元），注意从“中国质造”网站上点击链接进行购买，谨防上当受骗。如果是已经通过了 1688 深度验厂的卖家并满足相关的复审要求，就只需要购买 200 元的认证服务包即可（同样从“中国质造”官网点击链接进入）。

（3）申请实地认证后，“中国质造”会安排对接的专家组成员上门完成实名认证。

“中国质造”、“极有家”这类资质认证店铺，在淘宝PC端、手机端首页展示，商品打标，搜索加权，优秀的商品可以参加频道活动，还有“聚划算”专属报名模块等。这也是淘宝为传统型企业进行平台电商转型提供的成长沃土。

第 6 章

淘宝新时代：粉丝为王

将粉丝的力量作为核心驱使力推动平台的代表当为小米手机，这个前两年风光无限的国产手机，正是依靠微博、QQ 空间大量的铁杆死忠粉，在淘宝“双 11”留下了辉煌的篇章。

近年很多人都在研究小米模式，由雷军亲笔作序，小米联合创始人黎万强著的《参与感》这本书风靡一时。

6.1 微平台电商的粉丝自建

淘宝作为平台电商的魁首，江湖地位至今无人能及，但也会因为消费者习惯变化和平台商品塑型效率较低带来很多的发展问题，光是凭借平台管理方“摇旗呐喊”提升品质化，并不能实际性地解决掉问题或者危机。

与淘宝相比，京东作为体量相对小一点的多品类平台，它的品质管控能力更强势，也更直接有效。而对应的唯品会这样的垂直品牌快促平台，也可以将类目商品品质塑造得更精细，更效率化。

Tips

刚刚挂牌新三板的“淘系知名电商品牌”韩都衣舍，从它公开的销售渠道数据明显可以看出其在唯品会 2014 年、2015 年的销售数据占比高达 21.75% 和 27.37%。据爆料 2014 年韩都衣舍在唯品会回款 1.8 亿元，2015 年回款增加至 3.4 亿元，而这仅仅是回款，增幅接近 100%！

垂直类目大牌的数据摆在眼前，我们还敢说韩都衣舍是“淘品牌”吗？而韩都衣舍的快速发展，根本就在于其将快速上新打款的新型电商产业链模式做到极致，要使得新品不断爆发增长，品牌拥有的粉丝的重要性不言而喻。

6.1.1　淘宝站内粉丝聚合

虽说淘宝是商品销售环境的平台，但我们都知道商品是与人打交道，而淘宝最初作为“廉价”的标签，似乎经过这么多年的各种改动，品质化都没有将其完全撕掉。

因此，你要跟淘宝的买家（粉丝）谈感情，从互动升级到信任，是一件极难的事情。韩都衣舍之所以做到淘宝站内粉丝破千万级（见图 6-1），是因为其将强大的生产、设计链发挥到极致，不断去迎合平台的成交属性。

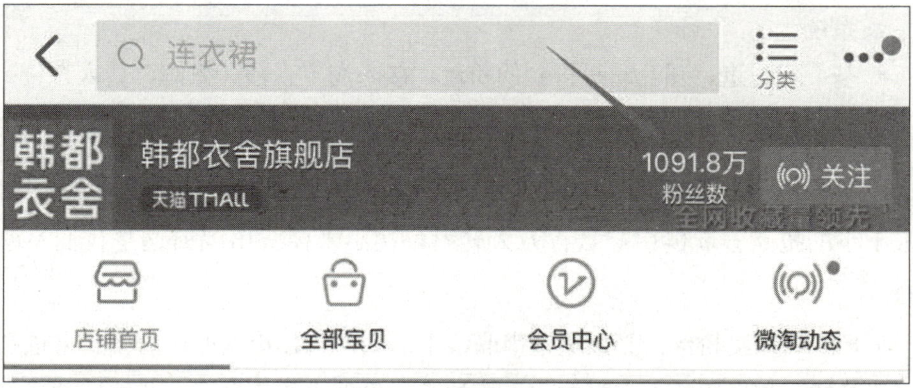

图 6-1　店铺粉丝

淘宝目前是手淘为大，手淘以极致千人千面进行商品展示，这就导致哪个店铺拥有的粉丝多，商品展现量就足。

淘宝的粉丝定位非常粗暴：但凡买过店铺商品的，收藏、加购过宝贝的都算作店铺的粉丝，很多消费者连自己怎么成为某家店铺“粉丝”的都没明白。

按照社交环节中“粉丝”的定位，其实淘宝的这种粉丝，应该叫作“泛粉丝”。也许消费者仅仅是不经意看到某件商品，偶然有了兴趣，甚至看到了钻展或直通车的推广被吸引，并没有对这个品牌产生浓厚的兴趣和强烈的追逐感、认同感，更别谈参与感。

淘宝给予商品进行排名前期（特别是新品期），最重要的考核要素是点击率，如果店铺连“泛粉丝”都没几个，展现都拿不到，那么谈何点击？没有点击，就没有排名，淹没在茫茫商品海洋中。

Tips

从这个角度去理解，我们就不能把“粉丝”的黏性、忠诚度、参与感等字眼强加在“淘宝买家粉丝”这个特殊的群体身上，而应该极致化地去追求数量（当然你也没办法像微博一样花少量的钱就可以买到大量的僵尸粉）。

在卖家的账户里面，达人账户（不论是否加 V）和微淘账户的粉丝是共享互通的，只要跟店铺或商品扯上关系就可计入，而淘宝针对这块的粉丝目前随着视频、直播的出现慢慢开始给予卖家多种选择：

- 基于关系管理维护、打折、VIP 权益等得到的粉丝，接入淘宝 ECRM 系统。
- 基于玩、逛、强互动等得到的粉丝，接入淘宝直播、微淘、达人系统。

拿小米来说，要做“参与度”感受很高的黏性粉丝，只能选用微博和 QQ 空间这种扁平化，裂变速度非常快的多媒体通道，快速地跟粉丝形成链式互动传播，一张小小的抢购券就能引起数百万人转发，在小米模式出现前这是我们不敢设想的。

小米的高黏度粉丝，必须通过串联线下活动，自建论坛社区的模式来进行高频度的互动，而淘宝的电商卖家，主要精力都集中在商品和平台营销环节，哪有那么多的精力去做这种事情，只能使用淘宝平台提供的有限的粉丝沟通工具进行互动。对于站内粉丝的囤积和积累来说，微淘、达人都会不断推出新的互动模式，卖家理应积极参与、尝试，甚至做到极致化。

Tips

或许我们无力去瞬间改变自己的命运，但是我们总要尝试改变，哪怕是在死撑的过程中给自己打开另一扇窗。目前新浪微博已经跟淘宝系统进行了多处无缝结合，除了刚刚结束的“淘宝造物节”，我们会在以后看到更多淘宝平台结合微博甚至优酷、土豆以及其他多媒体渠道（粉丝聚合度高）的活动模式诞生。

我们总不能老是以自身没有优势、不懂、人力不够、不专业为由来掩饰自己内心的恐慌，更不能老是带着“做了这个事情能带来多少个订单”这么直接的念想去尝试新生事物。笔者不期待所有的淘宝卖家（主要是中小卖家）都能快速地把电商生意思维转变为“高大上”的生意人思维，但是请一定要慢慢开始接受这样的变化，尝试去改变。

今日的网红、视频冲击，表面看是形式上的改变，更深入的理解应该是思维上的转变，意识形态上的变化。比如，我们之前不玩微博，但当淘宝把微博和店铺粉丝更多地有机结合起来，并尝试把微博粉丝带到淘宝来成交的时候，这种流量的求同存异就会让我们不得不把“微博粉丝”是站外粉丝的想法，转变为“站内粉丝”在参与引流。

其实不仅是淘宝“自家”的微博，直接竞争对手腾讯的微信、朋友圈、QQ空间甚至手机短信，淘宝都在做努力。

微海报、淘口令、一键分享，甚至在买家喜好度里面增加“买家推荐率”的考核指标，都是告知我们平台电商不仅需要帮助平台吸引流量，还需要自己去刻意维护好自己的粉丝，经营好自己的客户。

本书前面章节中，笔者讲到了达人卖家账户、新版微淘的核心玩法，其实耗费不了我们多少时间，难点在于话题如何切入热点，制造话题并跟商品有机地结合起来，千万别信看几本书就能熟练掌握这些“意识流”的技巧。你若有这种心态，那么最终难逃“抄袭”的命运，乐于写作的人很多，擅长创作的人了了，不然这个世界上就不会只有那么几位文学泰斗了。

是不是突然有种“我为什么当初不学文科”的感觉呢？平台的粉丝聚合慢慢将囊括多种渠道（如果细心就会发现微淘粉丝里面有个来路叫微博），店铺、达人、微淘的粉丝将变得多属性，多标签化，往后我们可能不会叫这些粉丝为“淘宝粉丝”，应当称其为“微电商平台粉丝”。

其实你也大可不必惊慌，如果我们在创作方面确实没有天赋，也没有此类专才可用，后面有个章节的内容就不能错过了：淘宝 ECRM 应用。

6.1.2 淘宝站外粉丝裂变

近年来笔者有不少学生开始从事“微商”，在微信朋友圈售卖商品。而随着2016 年 6 月和 7 月相关部门对微信朋友圈包括未认可的微商城生意模式的“不保护”、“不支持”态度（文件）的消息的发布，也随着很多人并不很理解朋友圈的定位和有效的信息传递方式，微商的生意并没看上去那么好做。

这些都导致微商在 2016 年开始步入一个拐点，甚至是一个比较畸形的势态：到底坚持下去，有没有意义？

Tips

其实相比微商朋友圈的生意模式，QQ 空间的才算是鼻祖级的“微商”。早在微信开始之前，2005 年推出的 QQ 空间，时至今日是公认的 90 后最喜欢活跃的场景。其无上限的场景模式，匿名访问，评论点赞公开化，在新一代年轻人的“喜炫”心态滋长下获得了充分的释放。众所周知当前处在风口浪尖上的王凯歆这个走位标新立异的 95 后创业者，正是 QQ 空间“微商”模式的代表人物。

2016 年 7 月，微信一波波地严打涉嫌传销、恶意引导、吸粉类的公众账号，大规模封杀使用带有安全隐患第三方插件的个人微信账号等，致使微信朋友圈这种微商模式变得越来越如履薄冰。

微信朋友圈，既然叫作朋友圈，那就是一个高黏度的极具信任的场景。在这个场景硬生生植入商品和广告，说得不好听点，就是“卖脸”。如果选择的商品好，无毒无公害还有益身心健康甚至是高需求的产品，那么对“朋友们”就是一种帮助；反之，丢失的恐怕不止是“朋友”的身份。

作为淘宝卖家，平台是可以为你提供流量的，虽然今天我们说淘宝的扶持近乎没有了！马云为什么会被这么多人追捧，不是因为他作为 KOL（意见领袖）存在，KOL 一抓一大把，如百度的李彦宏。KOL 是无法复制的，李彦宏有高学历背景，有无法比拟、模仿的技术团队和实力，所以他是搜索行业技术流派的高手，是 KOL。

而马云呢？他除了拥有超强的表达和演讲能力，不就做了一个网站吗？2005

年以前笔者自己都建过这种类型的网站，每一个像笔者这样经历的人都会“刚愎”地认为马云仅仅是运气好，碰到了这个风口而已。但我们都没做到，他做到了。

他的平台我们都可以借助来创业，而且有那么多的成功者，我们可以模仿、跟随。马云不是 KOL，他是 KNL（来自“李叫兽”的词汇：行动领袖）。多少卖家都成为马云的粉丝，甚至脑残粉，就是出自这个道理。

既然卖家都可以成为淘宝的粉丝，那么自然也会有不少消费者习惯淘宝，离不开淘宝，成为淘宝的追随者，乃至让淘宝成为生活的一部分，不信看看你的微信、QQ、微博，当支付宝瘫痪的那一瞬间，多少人会跟疯了似的？

正是阿里旗下蚂蚁金服的支付宝产品，让无数的中国人享受了便利，成为大多老百姓必不可少的生活必需品。

既然消费者习惯用支付宝来完成线上交易，我们为什么非要强制他们改变自己的支付习惯呢？就算有的消费者需要微信支付、百度支付，只要加开支付通道就可以了。

既然淘宝至今都还是平台电商的 NO.1，我们何必要逆它寻求别路生长呢？

就算淘宝运营环境已经大不如从前，我们为什么不把精力放到粉丝经营上，同时也把淘宝店铺保留当作交易场景之一呢？淘宝希望大家帮平台带来用户，并且会给予这些店铺更多的支持、扶助。

Tips

聪明的淘宝经营业主们自然不会贸然出淘（放弃淘宝店），而会多管齐下：哪个场景有成交的可能，就去哪个场景。而真正出淘的人其实没多少，但凡说告别淘宝的人，往往都是说一句气话。

微信、QQ 作为目前一对一沟通效率最高的 SNS 工具，几乎人手均有，而微博显然在及时沟通这块是无法满足卖家的需求的。

卖家千万不要怀着侥幸心理贪图便捷在旺旺跟客户沟通时，直接提供二维码扫码、微信、QQ 账号，甚至利用好评返现诱导用户添加你的微信账号，这是违规的。

如果你一定想这么做，非要用作弊的形式，那么建议把微信号写到写字板上，截图发给对方。即便这样做，也不是万全之策。

微信个人账号现在的好友上限是 5003 个人，建议卖家至少要准备 3 个微信号（实名绑定手机号），微信号最好跟 QQ 号绑定（同号更好），这样能快速传递。

用个人微信账号沟通买家是最方便的，一对一沟通效果好，效率高，朋友圈互动性强。

使用个人微信号来进行买家粉丝沉淀的好处太多，新品破零、上新活动、店铺活动势能聚合，都能快速到位。这里，笔者要给大家说两点禁忌：

- 不要图方便把众多买家粉丝拉到一个微信群里面，消费者之间一旦形成沟通，你的商品价格就透明了，还会引起很多不必要的纠纷。
- 不要疯狂刷朋友圈，你是淘宝卖家，不是微商。

6.1.3 社交账号引粉

很多微博大咖（“大V”，30万活跃粉丝以上）的变现渠道基本都靠微信个人号，而不是依靠微博本身或者微信公众号。

提到QQ这个SNS工具，很多卖家会暗暗发出一丝坏笑：笔者不信有淘宝卖家没有加或被加过“刷单QQ群”，很多人都是利用QQ是腾讯的产品，不是阿里的产品，在里面肆意妄为。这两年随着淘宝大力打击刷单、QT频道，QQ利用率在淘宝卖家群体里变低了。

大家不要忽略了QQ空间（说说，不是日志）这个匪夷所思的功能，尤其对于90后、95后这个即将成为淘宝主流卖家的群体来说，一定要加之利用。

把QQ空间设置为所有人都可以访问，如果要屏蔽一些广告，那么可以选择单人QQ禁止访问，或者评论、留言审核，如图6-2所示。

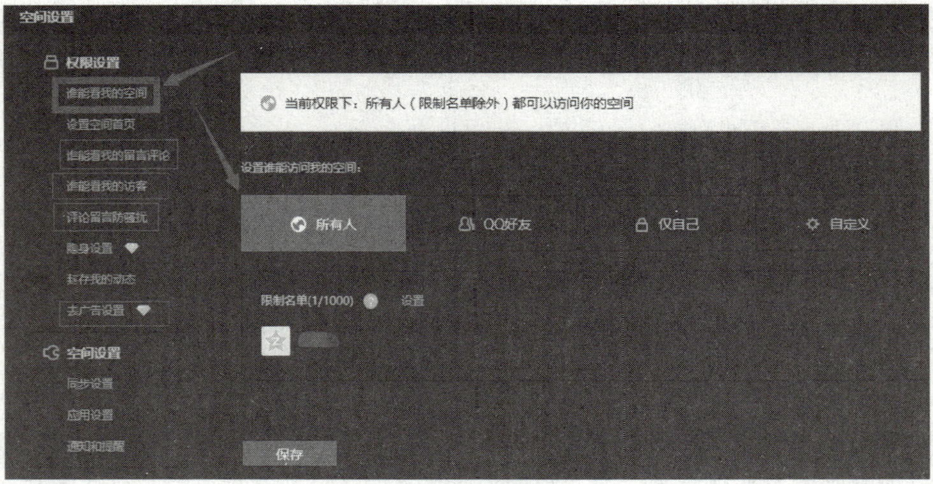

图6-2　空间权限设置

QQ 的好友数有限（1000 人），你可以对核心的老用户添加双向好友并备注，设置好分组，以备不时之需。

Tips

关于 QQ 空间的“特别关注”，你可以在 QQ 签名里强调：“特别关注 QQ 空间，随时获得优惠惊喜。”这类句子来增加你的 QQ 空间黏度，提高频度访问率。

至于如何快速添加淘宝店铺的好友为微信好友、QQ 好友，有两种方式选择：主动方式和被动方式。

主动添加都会有上限，而且受好友数量限制：微信如果是新号不建议一开通就添加好友，极容易被封号（所以笔者会建议你提早准备好微信号，并偶尔发两条朋友圈，跟朋友寒暄几句，提高账号在线活跃累积天数）。超过 3 周以上的微信号较为安全，每天可以添加 20 来个双向好友。QQ 添加不了几个就会提示无法添加。

主动添加的方法有很多：可以通过淘宝店铺导出买家的手机号，导入到手机通讯录里，然后通过手机号实现添加，如图 6-3 所示。

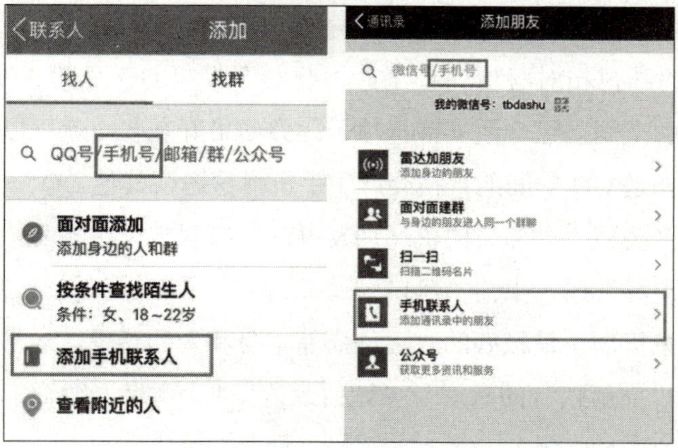

图 6-3　手机联系人导入

至于被动添加，可以选择在商品包裹里放置卡片，上面印制二维码。随着现在获取粉丝的成本提升，你可能需要付出些成本，比如，“亲，您开包裹辛苦了！扫码添加微信（或 QQ），立有 2 元红包送上”，或者赠送小样等。

被动添加形式多种多样，尽量通过包裹来完成。而微信是新号，切忌通过较多的被动加好友，超过 3 周以上的建议每天通过好友数量不超过 230 个。QQ 单向好友对方添加即可，不用管。

微信个人号运营作为淘宝店铺运营的补充，请牢牢记住，你是用作服务补充，而不是用来发商品“通知”的。别人愿意通过你的好友申请或者加到你，是认可你是个“人”，而不是机器。做微信沟通，笔者有一些心得，写下来与君共勉：

- 朋友圈偶尔来段原创长文，可以是心得，可以是吐槽，接地气一点，别太“高大上”。
- 别动辄鸡汤、产品，你若真没什么想发的内容，就不发。
- 朋友圈中跟你的经营类目相关的内容应该占比 60%～80%，其他的内容占比 20% 足以。秀恩爱、秀美食、秀车等只会显得你缺失很多东西，实在想秀就自拍张或拍下团队打包发货的场景。
- 你的朋友圈可能充满了微商和各种鸡汤，不要屏蔽，既然是客户，就要忍着。偶尔也要去点赞、评论一下，要知道一个赞和几个字，就是两个路人变好友的最好开场白。
- 不要动辄去转发什么善心求募捐、寻人启事、寻狗启示，哪怕掌柜真的是大善人，也要记住，你开的是店铺，你的微信背后是个生意人，不是善信堂，这与道德无关。

QQ 空间的维护相对就更简单了，下载一个手机 QQ 空间 APP，发“说说”即可。现在 QQ 空间已经全面支持直播了，你如果好友多，就可以借这个风口直接做直播。要知道 QQ 空间的直播会产生手机弹窗邀请其他 QQ 好友来观看。

现在有很多类似“微商”的快速加友办法，纵观整个生态圈，每个人都能感受到一股子“浮躁”风，生怕“风口”过了。

在生意链条里面，最核心的永远是商品本身和人的感受。老祖先几千年传承下来的生意经里面最核心的永远是“诚信经营”4 个大字，微商、电商都只是生意的种类。

人生在世几十年，多者过百年，三十年河东三十年河西，勿因小失大。丢了个人的品行和诚信，日后几百几千万元都买不回来。无论做淘宝培训的个人微信号，还是运营店铺的微信号，笔者个人都尽量做到亲力亲为，不强求走捷径，只求踏踏实实为他人多谋一点帮助。

Tips

粉丝裂变，是一门技巧或规则，究其根本，还是良好的口碑来得更醇厚，更有底气，也更持久，溢价最高莫过于信任，而信任产生的溢价，是无限的！

6.2　淘宝 ECRM 实操详解

传统意义上的客户（C）关系（R）管理（M），我们一般惯称 CRM。对 CRM 的应用，很多企业级用户在 2003 年前后开始重视，10 年前诞生了很多优秀的 CRM 系统作品或平台，这些产品大多是以企业自搭自建自构数据的模式开始运行，基于用户的数量积累和服务应用比较简单，譬如，搜集、筛选、整理客户档案、资料，提醒客户生日，记录客户行销过程等。

随着网购人群和网商的增多，网商对电子化消费者的数据和信息要求是比较效率化的：消费流程快速化、消费目的明确化、用户标签多样化、支付流程简单化……正因为如此，传统意义的 CRM 在很多模块功能上已无法满足网商的需求，专门针对电商（零售）的模块化 CRM 软件开始逐一浮出水面。

2015 年，淘宝更新发布了最新版 ECRM（ecrm.taobao.com），借助淘系本身枝繁叶茂的用户数据库和环境接口，助力淘系电商卖家能够快速地累积、观察、分析、整理自己的客户关系，并运用到管理和业绩晋升中。

该系统无偿提供给全网商家使用，只需要打开该网站完成免费订购即可。无疑，基于淘系自身的系统是最适合商家无门槛使用的，用户信息能精准传导，避免网络传输错误或数据环路堵塞，同时也能够结合自身店铺情况很快做出反馈和动作，直接操作的结果亦可非常直观地快速呈现，如图 6-4 所示。

众所周知，维护一个老客户的价值是远远高于开发新客户的，而开发一个新客户的成本是远远超出维护老客户的。

这两年淘系规则变化很快，也是基于行业竞争越来越大（垂直电商平台日益增多，哪天说不定天猫某著名的商家在拥有一定数额的客户基数下自己开发出垂直应用商城），消费个性化越来越明确，消费碎片化越来越明显等因素。

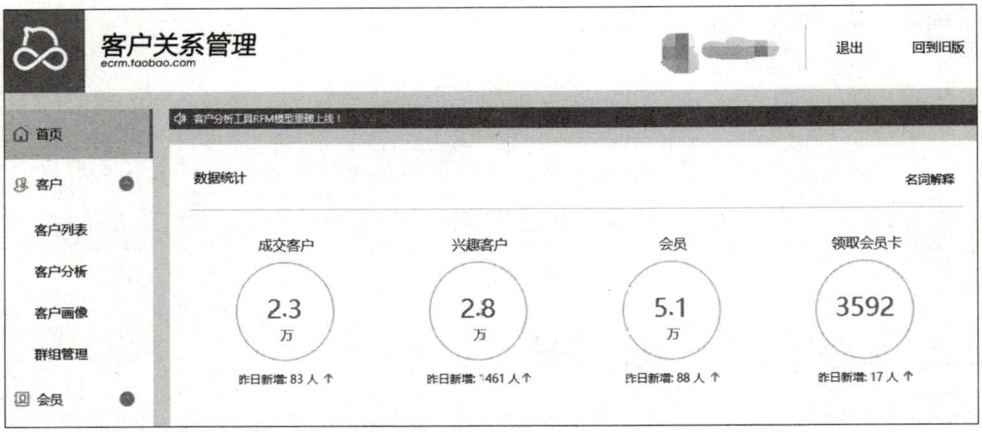

图 6-4　淘宝 ECRM 首页

Tips

淘系平台自身的流量压力越来越大，作为一个“贩卖流量”的平台，当流量越来越少的时候，当然要借精准化流量品质和寻求商家自身产血来稳定平台收益甚至发展。

这两年，天猫推崇“品质化”，打击制假售假、伪劣商品，这是给“外部势力”做表率，真正的原因是为了迎合消费者的品质心理。我们都长大了，不再愿意穿着 9.9 包邮的衣服出去约会，也不愿意被人笑作“一身淘宝货”……

淘宝更多被标记为“便宜、山寨”，所以天猫需要“品质化”，需要欢迎更多的优质商家加入，来提高天猫的品牌调性和商品品质感，以此赢得更多的消费者。

6.2.1　什么是优质商家

优衣库是吗？ ZARA，罗蒙呢？为什么是呢？

2008 年淘宝狠搞淘字号，希望成就一批淘宝自身的“品牌”，结果不尽如人意，还不如搞成金牌卖家来做成“信任溢价”。真正容易被记住的品牌，基本是经历一定风霜沉淀，抑或具有快速拓展信任能力的商品集。

线下的连锁店，早在十几年前就开始运用类似 CRM 模块聚集好了自己的用户圈，基于线下拓展速度较慢，店面覆盖面积有限等原因，大量的实体转做淘系商家，这些传统商家哪怕是线上便宜 1 元钱都能够快速地给线上店铺带来丰硕的订单和源源不断的流量。这类商家，淘宝认定为“优质商家”。

淘系流量越来越少，这不是历史发展的必然趋势，是平台自身无法避免的。

Tips

在手机淘宝肆虐的今天，强调 UV 价值产出（流量价值），强调流量获取能力（收藏、加购、收藏转化率、加购转化率）才是搜索排序的核心主旋律，而老客户（淘系认为 180 天内算为老客户）作为对店铺品牌、商品和掌柜人品认可度极高，消费频次很高，产出率很大的群体，理所应当是 2016 年淘系商家必须要重视的。

很大层面上可以说，今年掌柜们的老客户做得好，店铺就能稳得下来，再谈发展。这也是笔者为什么要强调淘宝 ECRM 重要性的原因。接下来我们看看淘宝 ECRM 能够给予我们掌柜什么帮助以及如何快速应用。

6.2.2 客户关系管理

这里有 4 层意思：客户、关系、管理和客户关系的管理，别说笔者抠字眼，这是本质。

客户数据这是每个应用系统所具有的通用模块，对淘宝来说要想知道你邻居的狗是否喜欢你邻居女朋友裙子的颜色，不是难事。

正因为如此强大，淘宝的用户数据才显得更清晰可见。淘宝采用 R（最近一次消费时间）F（一定时间内的累计购买次数，即购买频次）M（一定时间内的购买金额）作为客户的标签属性来划分，当然你要是觉得默认的智能模板不适合你的类目及商品，可以选择自定义来重新定义 RMF 数值区域。

6.2.3 客户活跃度

比如，家电类目商品，交易金额较大，交易频次较低，那么你就不能按照“30 天里这个家伙到我店只交易了 1F（次），所以这不是个老客户”这种逻辑来判断。而对于进口商品（进“嘴巴”里，吃的）、副食或农特产品这类复购率极高的类目而言，你可能需要设置“30 天里这个家伙到我店交易了 5F（次）以上才算是老客户”这种逻辑来判断是否是忠实消费者。以此类推，如图 6-5 所示。

这里的最近交易时间 R、交易次数 F、交易总额 M，详细交代了客户在店铺的活跃度，即“忠实客户”的店铺活跃度。如果交易次数（F）越多，店铺的交易总额（M）和平均交易额（m）越多，就证明客户的店铺活跃度越高。

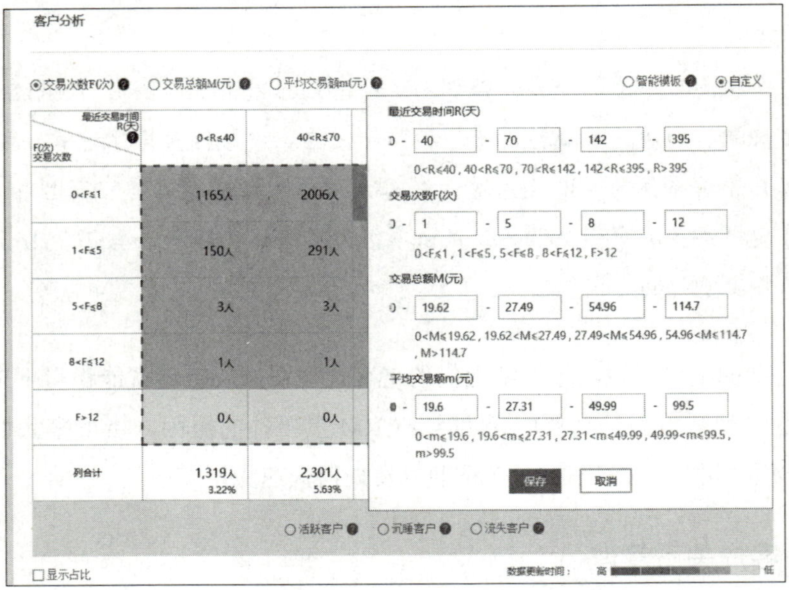

图 6-5　淘宝 ECRM 客户分析

6.2.4　客户标签与分组管理

淘宝在该 RMF 表格里给商户创建了 3 个标签:“活跃客户”、“沉睡客户”、“流失客户”，并且鼓励大家采用优惠券等形式进行客户唤醒和激活，如图 6-6 所示。

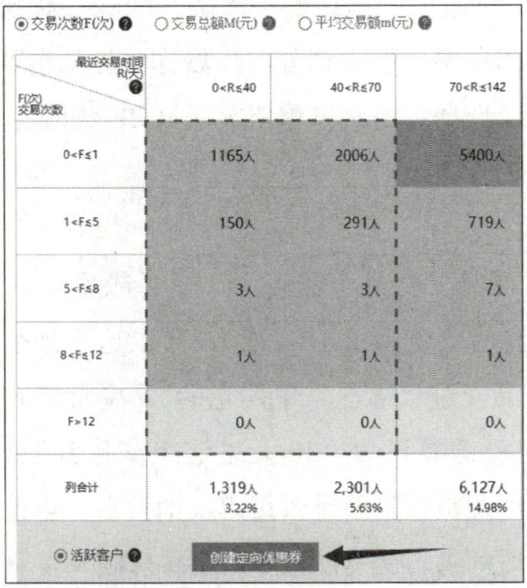

图 6-6　定向优惠券

而在“客户画像”里，则依据淘宝用户大数据给予了详细的用户标签（见图 6-7）。

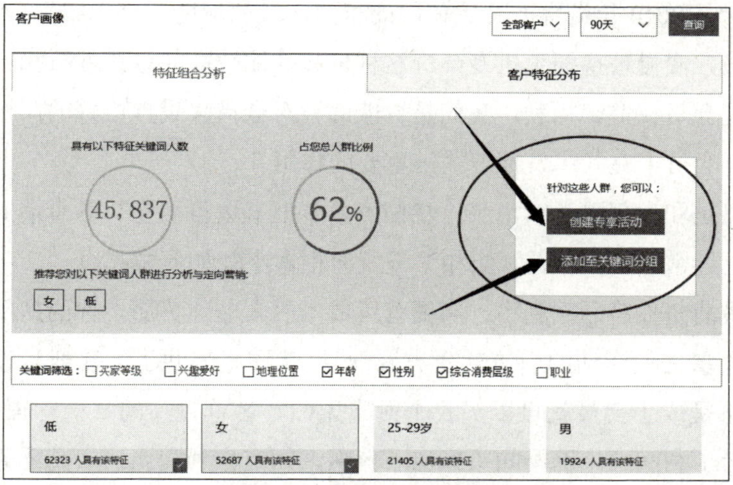

图 6-7　专享活动创建和分组

6.2.5　会员设置与维护

鼓励掌柜通过淘宝大数据的用户基础属性数据“泛”选择添加组，进行专享活动或批量“分组”，这个功能非常适合特别懒的掌柜。

到这里，我们了解了 RMF 表格，基本上会员与淘宝店铺的“关系”我们算理清了一半，但不管下过订单的，收藏过的，购买过的，购买过退款了的，关闭订单了的，介入纠纷过的……都算作了我们店铺的“会员”，那么我们真正想要的会员是什么样的呢？店铺会员等级设置如图 6-8 所示。

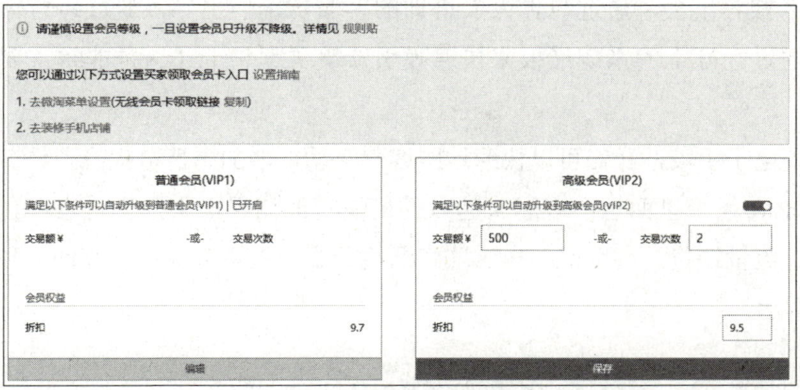

图 6-8　店铺 VIP 分级

就如同我们去理发，预存 1000 元成为折扣高级会员，洗头时间增加 20 分钟，真正的“强关系”还是得靠正牌会员标识来划分。

会员卡是 2014 年淘宝就开始使用的东西，最初应用于“无线”，希望大家重视无线会员，慢慢替换掉手机专享价这种依赖性比较高的过渡性折扣产品。用户是否享受到会员权益、福利，我们是否能够针对会员去设置更好的门槛来服务好优质客户，会员卡在其中发挥着非常重要的作用。

现实总是和理想隔几个山头，我们大多掌柜书读得很多，做事情的时候却老是缺心眼，经常在会员权益（折扣）设置时根本不知如何做起。

其实最清楚你产品毛利率，店铺营运成本的人非你莫属，你的产品如果有太多的秒品（拿去做活动的引流款之类），心里就该犯嘀咕了：我要是设置个 5 折还包邮岂不是成了会员就可以买我个血本无归？客单较高的掌柜动辄来个 3 折，心想反正老子利润高，殊不知买家也不傻啊，知道你利润比这么高还天天添钱给你增肥？

Tips

设置折扣是一门非常有讲究的学问，一旦设置了会员，只能升不能降！这将直接影响你全店的会员数据，一定要谨慎！有些掌柜不是独门店，还有很多分销，设置的时候还要考虑分销商的利弊，若会员价格低于分销价格，分销商就不爽了。

设置好了会员折扣比，并不意味着你的会员卡就会立即生效并且淘宝会全网告知买家赶紧来领会员卡，XXX 打折。这是梦里的场景，你得自己想办法把会员卡推荐出去：通过被你天天培训的客服妹子们引导，通过装修你的手淘店铺，通过旺旺上的系统展板来快速吸引新手买家领卡（这是非常重要的内容块）等。

借助电子手段，我们可以快速地跟客户互动，增加感情、提升业绩。这些在淘宝 ECRM 系统里面也会有越来越多的模块功能拓展出来，支付宝红包、优酷会员卡、流量钱包、淘话费……这些资源给予了掌柜更多与会员互动的环节，如图 6-9 所示。

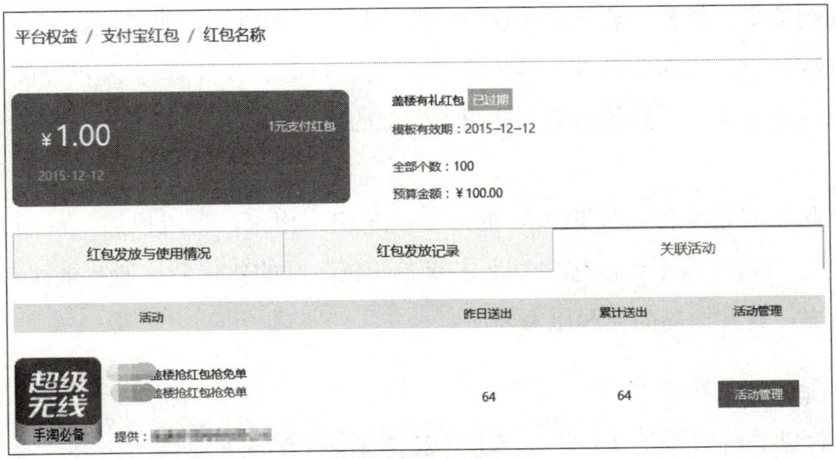

图 6-9　互动工具

而类似抢红包盖楼再抢免单这种行之有效的连续性既带互动又带宝贝动销的活动，是会员乐此不疲的，当然掌柜也应该多多尝试。

Tips

淘系走到今天，正如阿里巴巴集团 CEO 张勇所说：“不能寄希望于将商品摆放到淘宝上，就能产出、售卖，那是野蛮生长阶段，我们已经过渡到理性的“文明”电商时代，碎片化地抓取用户行为、喜好、阅读概率，并有效地结合互动活动来刺激消费，才能达到更强大的流量获取能力。”

而与商品的搜索权重紧密结合的人气指标，淘宝 ECRM 也给予了高度的关注并设置了数据观察点（见图 6-10）。

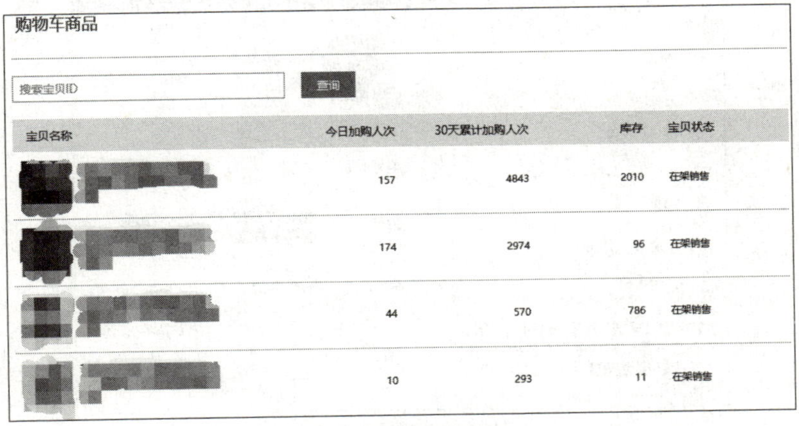

图 6-10　购物车数据

加购数量、累计加购数量在这里一览无余，很多时候，我们没必要去做太多的数据统计，使用淘宝 ECRM 和生意参谋的“自助取数”，其实就已经能够几分钟就搞清楚店铺或单品的趋势。要跟上淘宝的变化，不要老停留在过去的分析报告里。

至此我们只是将淘宝 ECRM 的冰山一角引了出来，形成概述，目的是希望 2016 年，还在淘系平台上想生存下去或者开枝散叶的伙伴们，能够重视老客户，自身造血，提升商品品质和服务品质。

Tips

希望掌柜们多关注自己的用户体验感受，而不要把注意力全部放在补单种菜、拍羊肉发狗头这些杀鸡取卵的事情上，大道至简，不是所有的人都能通过淘宝挣到钱，但是希望通过淘宝，我们能够真正尝试去理解商品贸易环节，慢慢往生意人的意识上去靠拢，镀金、成长。

6.2.6 淘宝客户关系管理系统操作篇

在淘宝 ECRM 里面，除了客户（会员）信息透析及汇总，还囊括关系整理和管理的功能，而会员与店铺的黏性不仅局限于交易本身。我们传统的生意里，哪怕卖了件衣服，但凡善于做铺面的店长，都会叮嘱下属要摘录客户信息存档，并详细备注。

比如，我们看看这位国内知名连锁成衣店店长的微信信息（见图 6-11）。

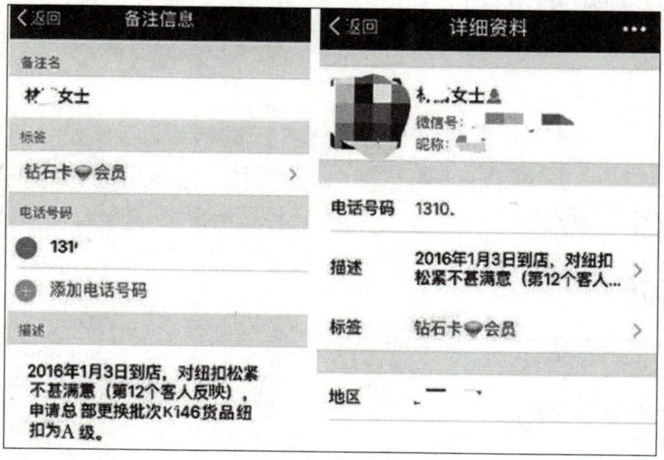

图 6-11 微信备注

店内除了自身的库存管理系统（迅速调配货源、就近支援等），微信也成为辅助的 CRM 管理工具。当这位林女士的意见为多数客户反馈(扣子松紧不满意)，就可以通过系统的 CRM 向上级的品控提出申请“更换批次 K146 货品纽扣为 A 级”，以此解决多数客户提出的问题。并且这位女士再次到店时，势必会为之多备纽扣，甚至提供牢固纽扣的单独服务。

对于线下我们所知的很多客户体验来说，可能会比较好实施，然而对于 E（电子）客户而言，淘宝店主除了给予打折、优惠、返现（现在不能干了）外，还有什么手段可以丰富服务品质呢？

Tips

ECRM 也好，VIP 服务也好，都是一种表现形式，真正站在用户的角度去考虑问题，才能做成百年生意。

基于淘宝的 ECRM 本身也具备各种打标、备注、提醒功能，只不过我们应用得比较少而已。把 ECRM 应用好，并不等于仅仅使用其中的功能块，售前（如新手礼包、开卡礼包等）、售中（如套餐、加购）、售后（如包裹小样、客户惊喜）以及其他辅助的沟通手法（如 QQ、微信等）都属于 CRM 的范畴。

ECRM 应用的常见操作如图 6-12 所示。

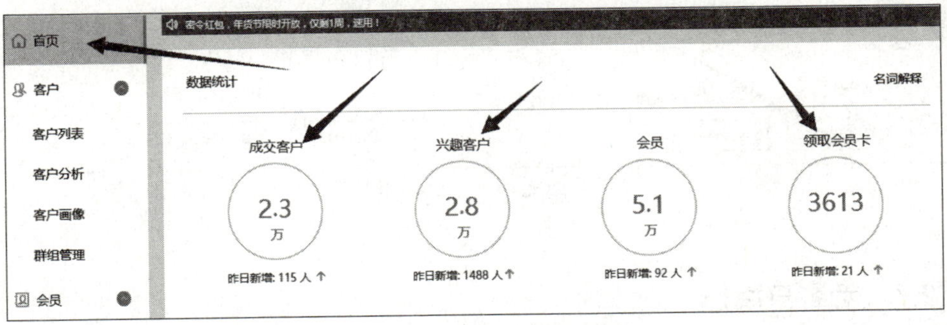

图 6-12　淘宝 ECRM 核心关键词

在首页我们看到的最重要的 4 个数据维度，其中第二个“兴趣客户”是我们目前对大多品类，譬如，生鲜、副食、农特中小垂直类目考核的重心。兴趣用户指的是最近 30 天店铺收藏和宝贝收藏以及加购物车的买家总数，且进行了去重处理。这就意味着我们在该维度下方看到的“昨日新增”数量，即是我们过去一天通过自然搜索、付费推广（直通车、钻展、达人、淘客等）、活动、专门工具（如收藏大师、流量红包等）带来的新增标签人群，这些都是我们的“潜在客户”。

笔者现在的店铺主要就是以这个指标的日 / 周 / 月增量来考核运营的收益指标。

成交客户指的是最近一年（365 天）内有过交易的买家总数。

会员指的是开店以来成交客户中，成为你店铺的 VIP1 及以上的买家总数，当然如果你新开 ECRM 软件，这里的数据就比较少。

领取会员卡很好理解，就是你开店以来累积领取了店铺会员卡的买家数，这个也是根据你什么时候激活 ECRM 软件来统计的，所以，如果以该项的日 / 周 / 月数据来考核你的售后客服有没有将 VIP 权益信息有效传导给买家，就是比较可行的，如图 6-13 所示。

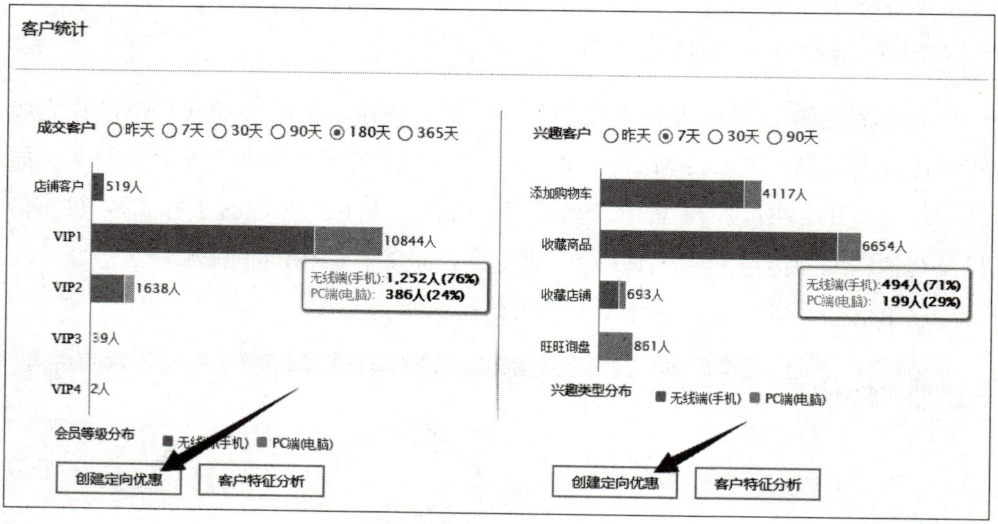

图 6-13　定向优惠

6.2.7　老客户维护

平台默认 180 天内有回店行为的才算作“老客户”，所以一般沉默时间超过 180 天（半年）的基本就判定为“沉睡”客户了。

在 ECRM 首页这个“客户统计”板块，你可以让你的运营针对新增的人群设定单独的“定向优惠”策略，针对已成交过的客户，笔者的建议是有上新动作时，采用定向优惠来做上新测款；而针对兴趣客户，不建议超过 7 天还去做定向优惠测试，大多品类基本效果甚微。这里面请自行区分你的商品收藏和店铺收藏用户的来源，如果大多来自于收藏大师这类，那么效果不明显请不要去撞豆腐。

其实对于某些活跃度比较高的店铺而言，进行定向测试的人群会优选“近期”（如昨天），这样方便观察效果，当然有些如果是拿来做测款的，那么你可以选择最近 7 天甚至 30 天，拉开时间维度来增加更多的测试受众，如图 6-14 所示。

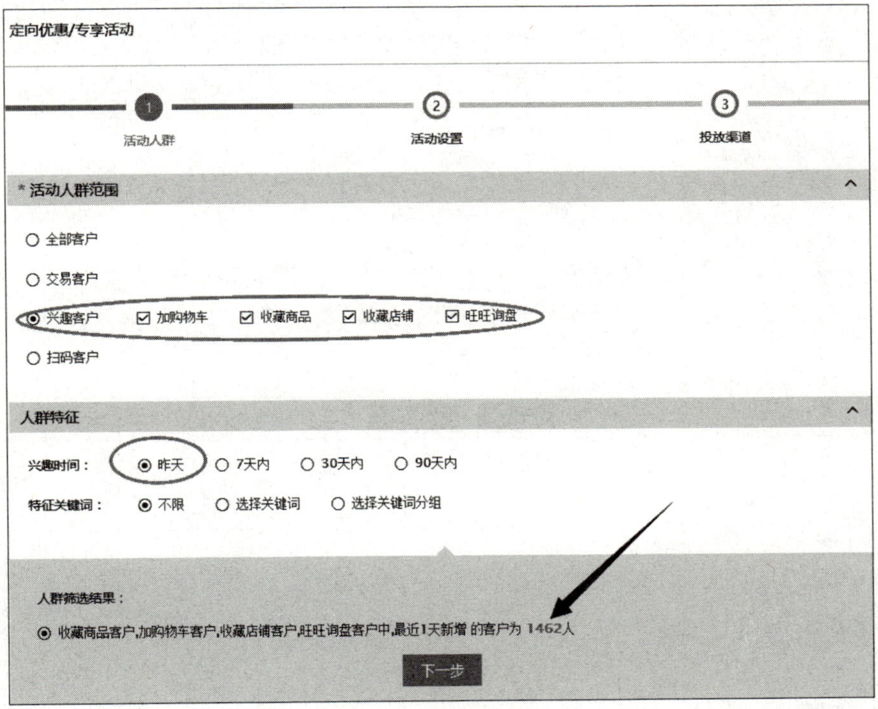

图 6-14　唤醒老客户

注意上新的测款类定向活动，一定要让美工配合做下 Banner，店招要明显，也要注意尺寸大小，为 608×192 像素，不要超过 50KB，品质大于 80 即可。参加活动的商品是可以选择多个的，活动价格不能高于当前售卖的最低价，可以设置限购数量。完成创建后，选择“投放渠道”即可开始新一波的定向活动，如图 6-15 所示。

开展起来的活动，可以在“营销”中的“活动列表”里查看并跟踪。

在客户列表（信息检索）这里，我们是可以很快找到“想要”找到的客户的，如图 6-16 所示。

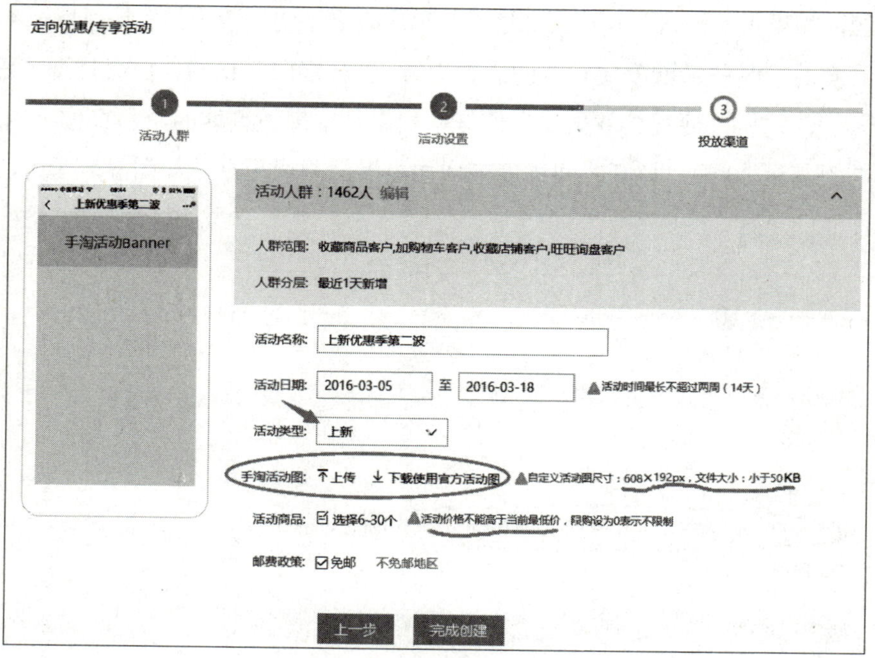

图 6-15　关联活动设置

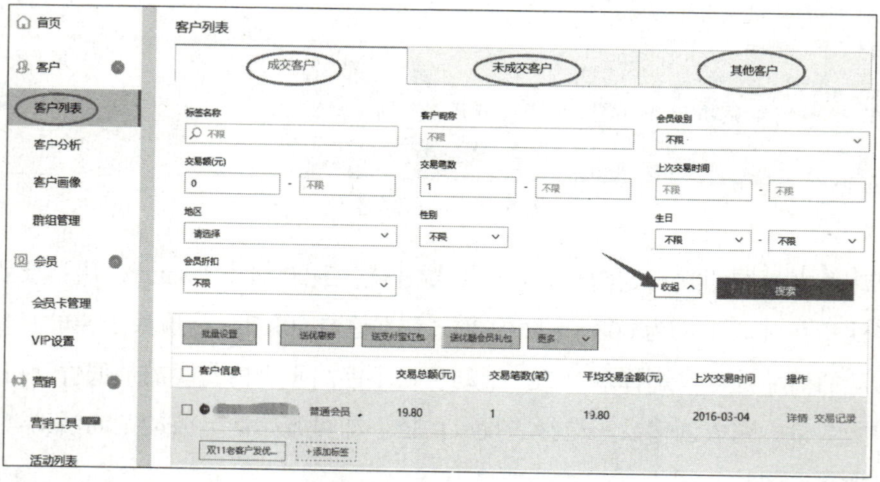

图 6-16　客户检索

成交客户、未成交客户、其他客户（如其他来源），都一目了然，也支持对客户信息进行备注和编排，试想如果一个客户在店内 30 天消费频次达到 10 次，那么我们挑选出来备注，然后发货的时候给他发一个“不一样”的包裹，是不是很棒？如图 6-17 所示。

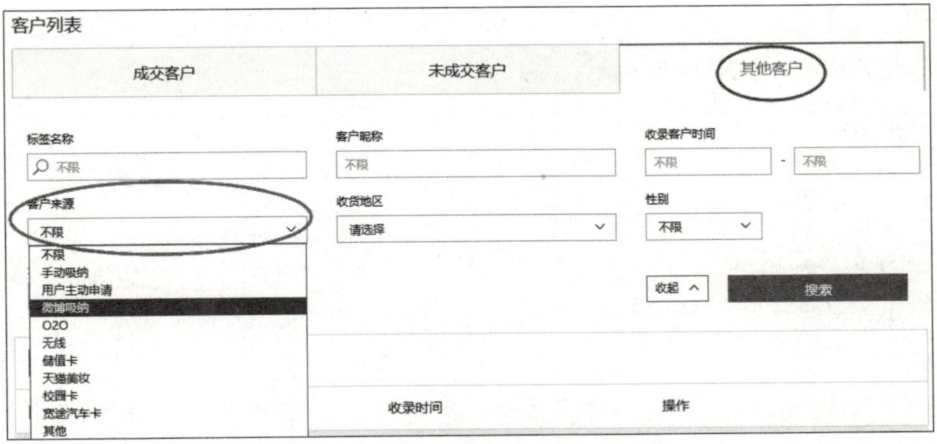

图 6-17 客户来源标识

如果客户来源标记错误，那么我们是可以手动矫正的。

譬如，某个客户是从我们发起的无线活动来的，但是他其实是在微博上看到我们有活动继而来参加的，那么应该把用户的来源更改为“微博吸纳”，方便我们在进行标签用户查看时及时地进行时间段排序，有效统计微博活动的效果。

6.2.8 用户分组管理技巧

标签管理界面如图 6-18 所示。

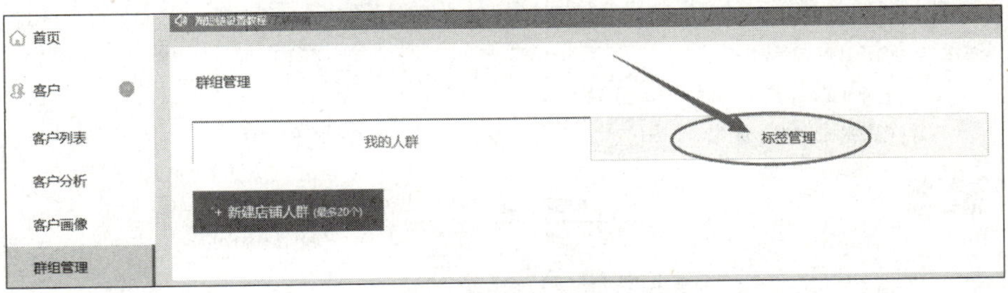

图 6-18 标签管理

在“群组管理”这个模块，目前官方给出的“店铺人群”群组功能其实比较泛，笔者个人感觉不是很实用，推荐使用“标签管理”，如图 6-19 所示。

通过标签，我们就可以把所有的活动（如优惠券、上新优惠等）用户、渠道归纳的用户、多次交易的用户、参加任务（如签到等）的用户归类管理并进行有效的互动了。

我们可以设置的标签比较多，有 100 个，有的掌柜比较懒，说：“平日里我懒得一个个用户去审计、打标。”那么淘宝 ECRM 也允许你通过泛条件直接筛入标签用户组里，如图 6-20 所示。

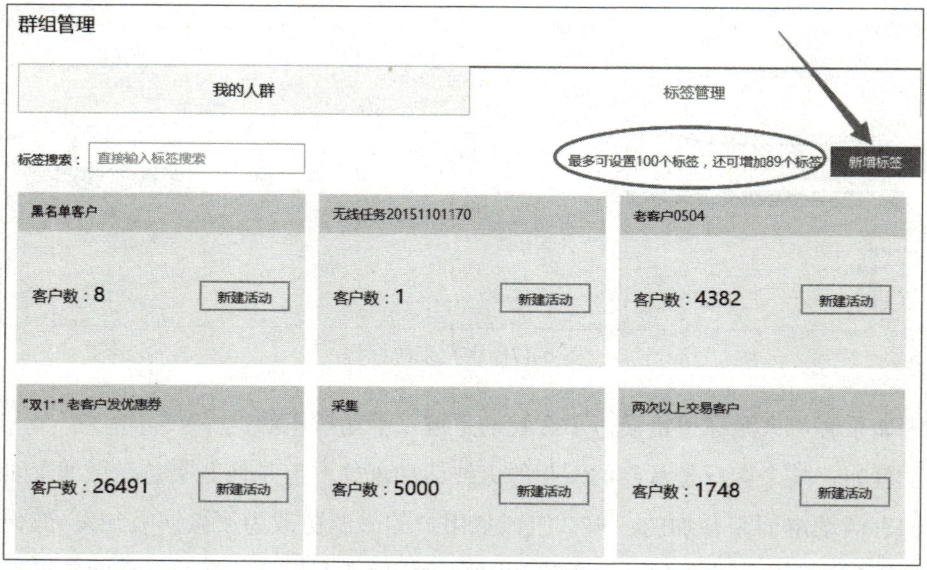

图 6-19　群组和标签

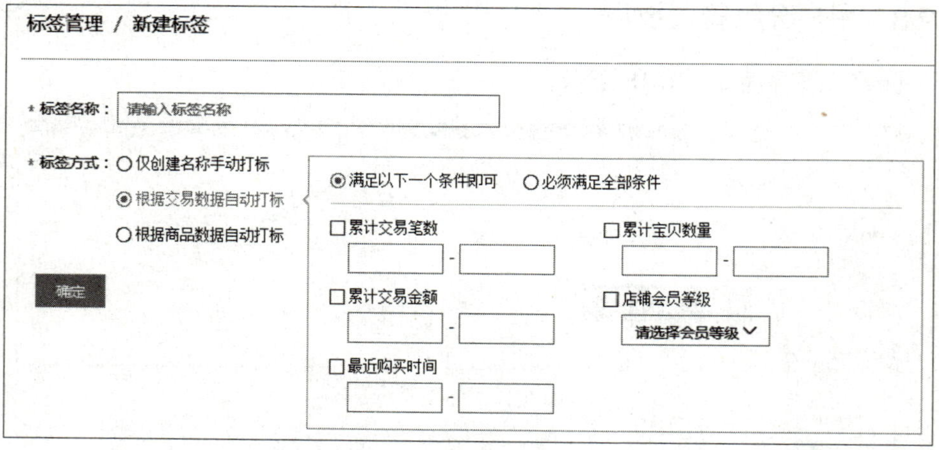

图 6-20　自动筛选

新建标签时，可以选择“仅创建名称手动打标”，那么就会创建一个标签，不会圈用户进来，待日后你慢慢手动一个一个添加进去。“根据交易数据自动打标”是大多数掌柜的选择，可以选择单条件满足（如交易笔数、金额、时间、宝贝数量、会员等级），也可以选择多条件满足。这里有两种模式，一种是 OR（满足一条即可），一种是 AND（所有条件满足），选择哪种自行考虑。

Tips

针对已打上标签的用户，若发现有特殊的情况（如积极互动参与活动等）可以在“编辑”里直接添加或累加标签,也可以在备注里添加信息方便日后查看，同时针对该标签里的单一用户是否可以享受折扣，也可以做一个特殊的处理。

这是非常人性化的功能，如图 6-21 所示。

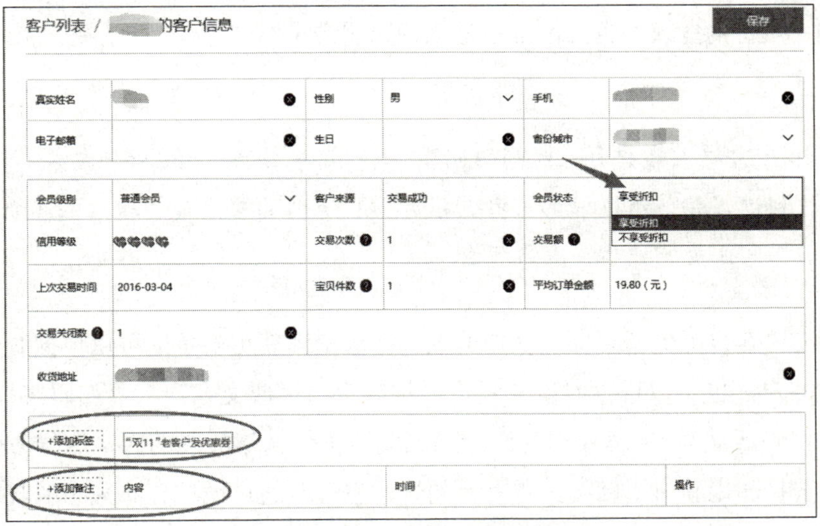

图 6-21　修改用户会员等级

对标签群组里已经圈定的客户，也可以方便地进行移动、复制、添加新标签的操作，如图 6-22 所示。

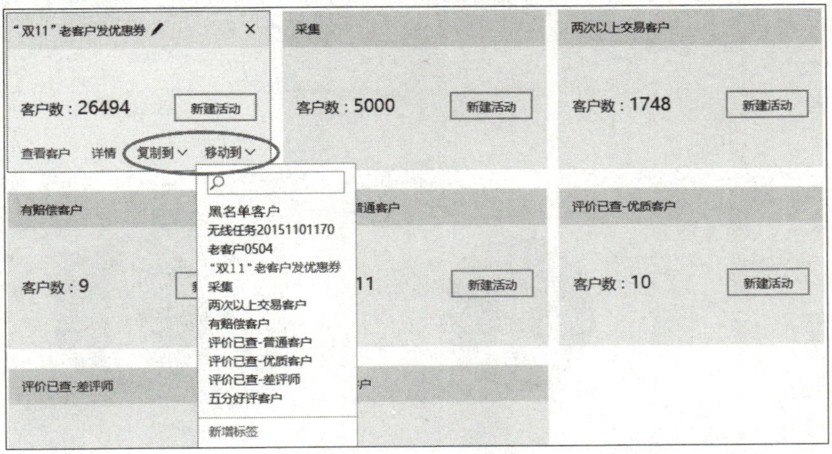

图 6-22　标签用户管理

6.2.9 重要客户维护

譬如，我们需要创建一个消费频次较高的标签组，如“消费次数过 10 次”，创建标签时选择圈定人群为消费次数超过 10 次，即可立刻把店铺的这些忠诚粉丝抓出来，点击查看客户，就可以找到客户的所有信息。

试想，如果你对这些客户加以特别的关怀，那么发个短信对方会不看吗？打个电话会不接吗？你所谓的破 0 这些基本的事情让这些忠诚的粉丝来帮你做，他们的账户本身消费权重也高，是不是就特别靠谱了？

Tips

小技巧：这些客户每次收到的包裹，建议都应该不一样，如内包装的外观，笔者收到过用锡箔纸包装的茶叶，很开心！有新品要上前，给这些客户邮寄一些小样，也是一种非常棒的行为。

而在“客户画像”里面，我们的选择筛选空间就更多了：可以根据时间查看所有的客户，也可以根据时间查看“兴趣客户”、“成交客户”、“扫码客户”（需要发起扫码活动）。了解我们的商品到底卖给了什么年龄段的人，这样方便我们在新品选择和上新时更精准，更有目的性，也可以通过地域分布来了解我们的受众到底集中在哪个区域。

通过分析“兴趣客户”和“成交客户”的地域差距，来精准地了解店铺数据，对直通车等投放地域也更有参考价值，如图 6-23 所示。

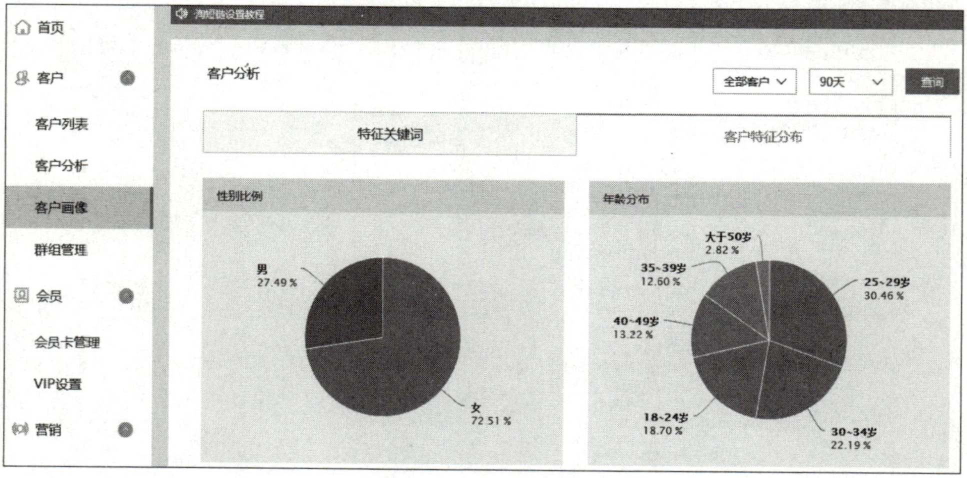

图 6-23 客户画像

这一小节，我们主要对客户的信息整理、分组以及标签用户的使用有了一定的理解，后面内容我们将讲述会员卡的一些领取设置技巧和互动（活动）的环节要点，也希望这个小节内容对你有启发，哪怕仅仅是让你知道如何有效地开始重视你的用户。

6.2.10　客户关系管理系统设置技巧

前面的内容我们理解了淘宝ECRM的数据模型及相关的应用，这个小节里面，笔者将把ECRM的关联应用和操作技巧进一步说清楚。

特别对于服饰、农特、零副食、调味品、家居等有复购率的品类商家而言，有效结合淘宝ECRM把客户快速分类，结合售后环节做好用户体验，是可以极大地提高单品、新品或多品UV价值，快速报取活动，增加宝贝生命周期的。

Tips

"好评返现"这种之前非常行之有效的手法，淘系曾是鼓励的，甚至ECRM里面也有设置"好评返现"的功能和"好评返积分"的类似功能，当然今年我们不提倡直接使用，用ECRM其他的功能同样可以达到异曲同工的目的。

6.2.11　会员专享优惠活动

如图6-24所示，在会员卡管理的地方，我们设置好会员卡折扣（见前面章节内容）以后，应该更多地思考成为我们的店铺会员可得到哪些其他权益，而不仅限一个打折。我们都知道罗锤子卖的不是手机，是情怀，给予会员的应该除了他们最关心的折扣以外，还有更多的"关怀"和不一样的服务。

在设置"店铺会员特权"这里，针对个别的商品，我们应该设置不同的会员折扣和权益。

首先，我们需要配合"营销"里面的"营销工具"设置更多的权益或"好处"，让没有领取会员卡或仅游逛店铺的买家能知道会员卡的好处和领取以后的权益，以此有效地提高忠诚会员的数量，也可以提高店铺或单品的转化率，如图6-25所示。

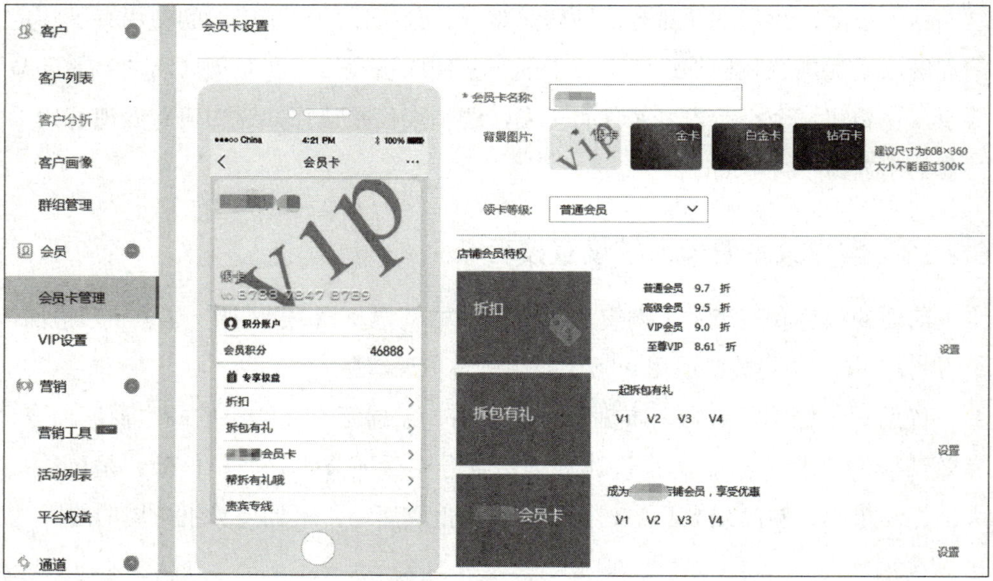

图 6-24　店铺会员卡

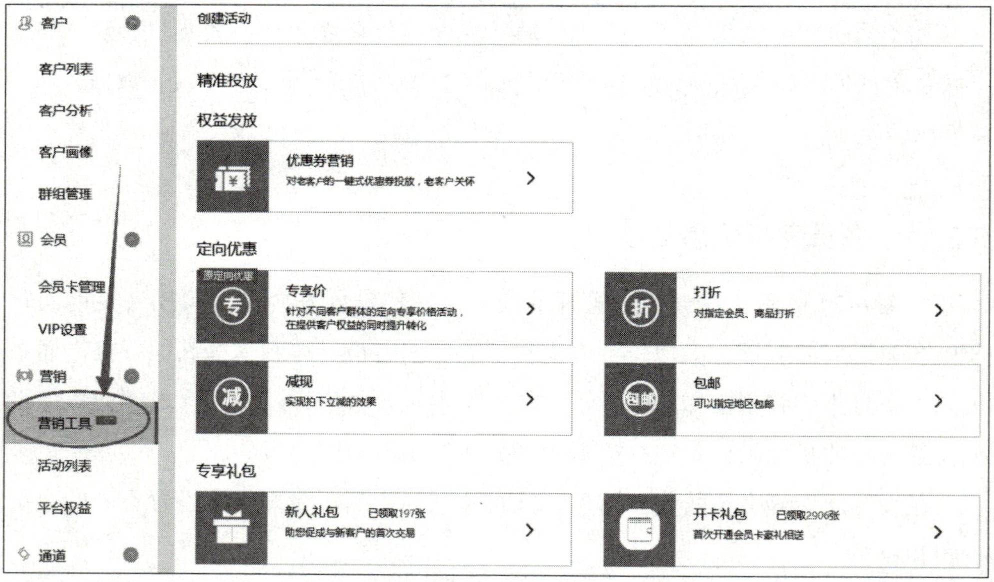

图 6-25　淘宝 ECRM 营销工具

如图 6-26 所示，“专享礼包”是针对新入会员或“开卡”会员的，这两个工具掌柜们一定要运用起来，对提高转化有莫大的帮助。

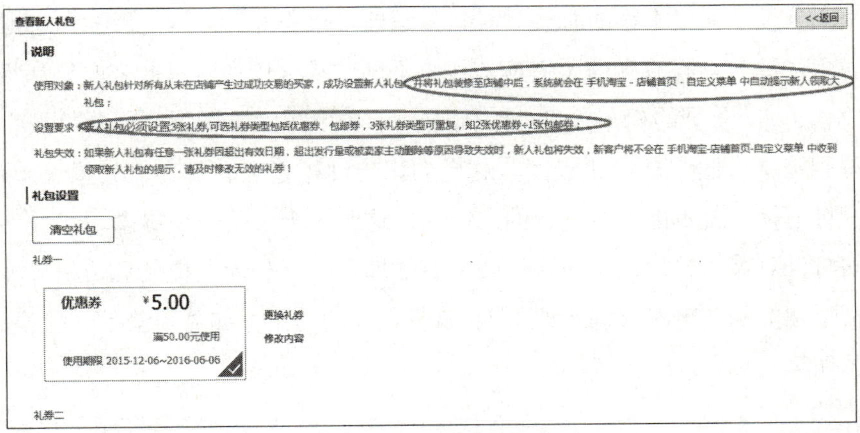

图 6-26　新人礼包

设置好新人礼包后，我们除了需要在手淘店铺里装修（如手淘店铺最下面的微淘菜单），也要在客人新进店（新人）时自动展示在旺旺聊天窗口上。

6.2.12　会员权益制度

会员积分这个既专店所有又非常有意义的物件，也强烈建议掌柜们灵活使用，如图 6-27 所示。

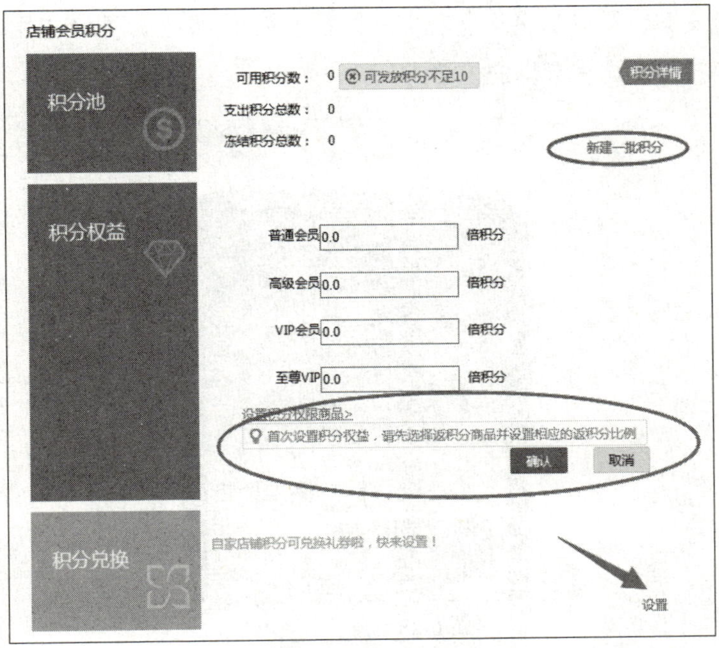

图 6-27　会员积分权益

当积分发放额度不够的时候，你需要“新建一批积分”来给会员进行积分累积，不要吝啬。针对不同的店铺 VIP 应该设置不同的积分倍率，以此来凸显高级别会员的“优势”。会员的积分，不能等同于一个数字，应该设置“积分兑换”来让积分得到消耗。图中掌柜比较懒，这样的积分堆积起来会员会“失望大于希望”的，没有消耗，就不能形成有效的内循环，这跟淘金币是一个概念。

同时，对客服的培训也应该加强：有效地在旺旺聊天里提及会员积分和对应的会员级别的积分倍率（提示即可），以及积分的作用。如兑换新品、兑换小样、兑换公仔等。

Tips

请记住，CRM 就是一套模块系统，它承载的是数据和运算，一切的结果都来源于我们自身的使用频率和坚持，一个客户看不上积分，看不上会员等级，不等同于其他买家不喜欢。这里送大家一句话：有时候坚持的路上或许看不到希望，但往往转折点就是“再坚持一下”的事情。

如图 6-28 所示，在装修你的手淘店铺首页时，建议大家把“会员卡”的领取位置尽量靠前，放置在醒目的位置。鉴于会员卡的说明，笔者建议大家在编辑时用图或者文案，尽量多说几个字，说明清楚，而不要采用系统专用的“领取即可享受更多权益”这类含糊的说法。

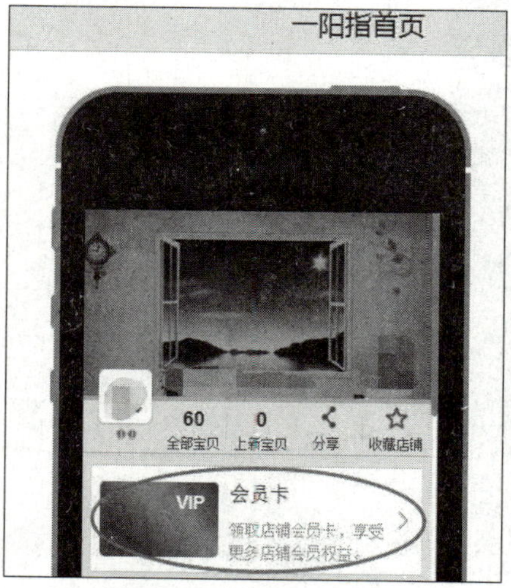

图 6-28　会员卡展示

笔者举个例子：笔者自己的店铺，会用图配上礼包的照片，多装修一个模块，上书“领取会员卡上新可免费获赠，生日有惊喜，还有更多的抽奖等着你”，再配上两张领取了奖品的买家秀，你觉得效果会很差吗？

有人说：“我手淘店铺首页都没几个人看，装了有什么用？”你的客服都不带着买家去领卡，去看你的手淘页，你指望全淘宝的买家都会主动去找你家店吗？

6.2.13　VIP 折扣设置

众所周知，VIP 折扣是在一口价基础上进行打折的，跟其他的打折工具是不可重叠使用的，也就是说你在制作打折工具进行商品打折的时候一定要优先考虑 VIP 的折扣率，如果一个 VIP 折扣还不及你随时都在做的店内优惠，那么 VIP 就失去意义了。

当然，我们设置好了 VIP 折扣，有时候有的商品需要低价来促销（如季末清仓或断码促仓），这个时候我们需要在 VIP 折扣基础上再进行折上折，可以用淘宝 ECRM“VIP 专享商品活动”工具来实现。

如图 6-29 所示，点击“营销工具”里的“打折”。

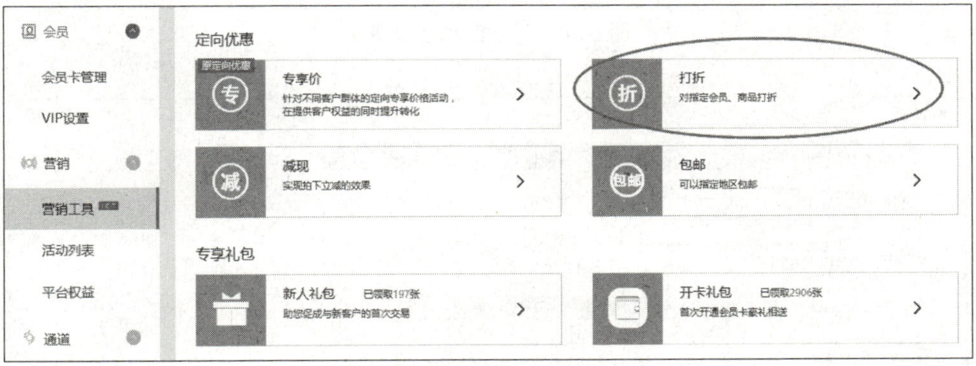

图 6-29　VIP 专享价

选择我们要打折扣的会员等级，如果是多等级都要设置，那么设置多个互动即可，如图 6-30 所示。

如图 6-31 所示，选择“打折”（VIP 折扣基础上再折上折）还是“减现金”或者“包邮”，再选择好活动时间和参加活动的商品，设置好折扣或金额，即可提交开始活动。

活动商品你可以设置好淘宝短链接方便客服发送给我们的买家尽快参与（短链接后面会提到）。

Tips

记住！设置好了别等人自己来找，一定要自己主动推荐出去，该活动一旦结束后，VIP的折上折就消失了，客户看到的就是属于自己VIP等级的折扣价格。

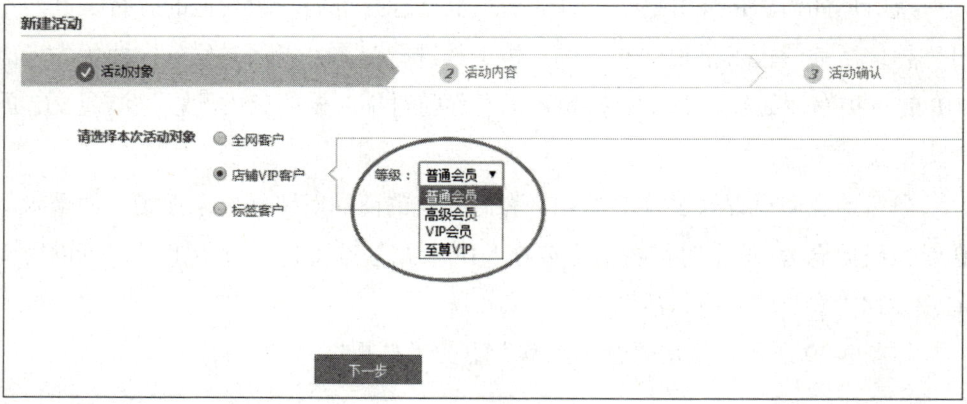

图 6-30　设置活动会员等级

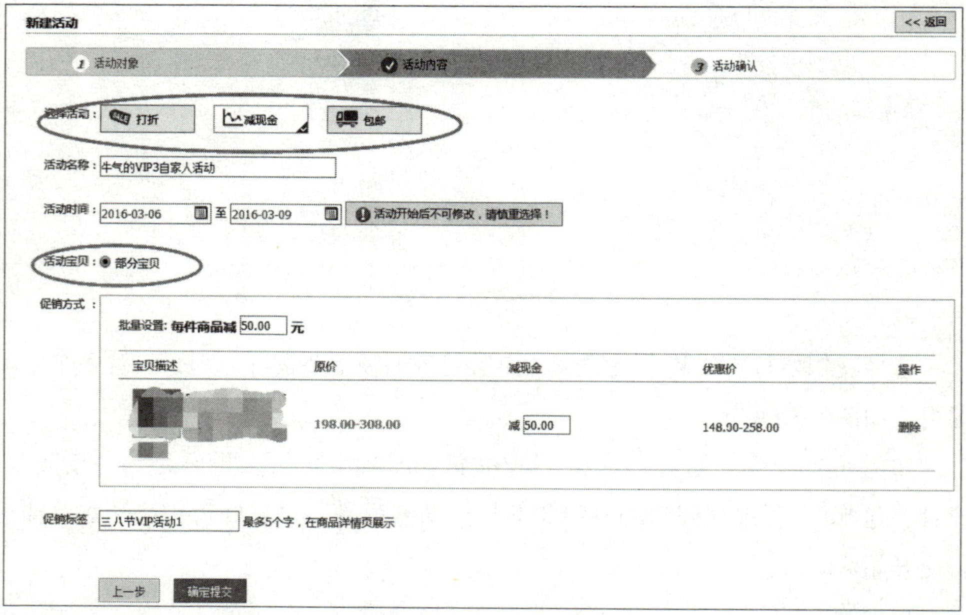

图 6-31　活动形式设置

活动的情况，我们可以在菜单“营销”中的“活动列表”里查看。

6.2.14　其他活动工具

淘宝 ECRM 现在开放的淘宝权益还比较少，如图 6-32 所示。

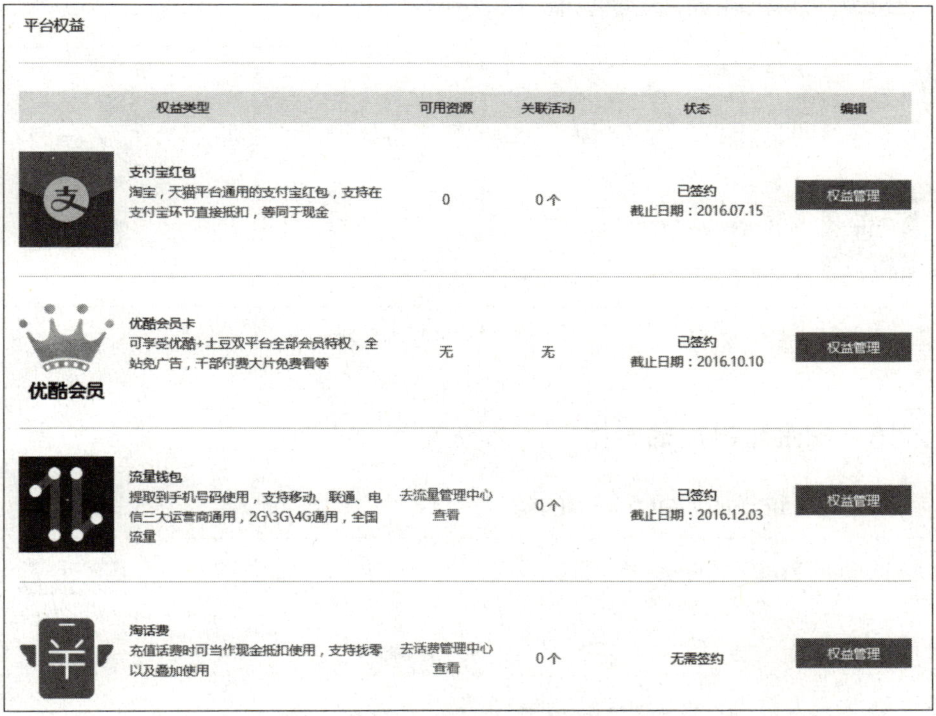

平台权益

权益类型	可用资源	关联活动	状态	编辑
支付宝红包 淘宝，天猫平台通用的支付宝红包，支持在支付宝环节直接抵扣，等同于现金	0	0 个	已签约 截止日期：2016.07.15	权益管理
优酷会员卡 可享受优酷+土豆双平台全部会员特权，全站免广告，千部付费大片免费看等	无	无	已签约 截止日期：2016.10.10	权益管理
流量钱包 提取到手机号码使用，支持移动、联通、电信三大运营商通用，2G\3G\4G通用，全国流量	去流量管理中心查看	0 个	已签约 截止日期：2016.12.03	权益管理
淘话费 充值话费时可当作现金抵扣使用，支持找零以及叠加使用	去话费管理中心查看	0 个	无需签约	权益管理

图 6-32　权益工具

重要的如“支付宝红包”和“流量钱包”想必很多掌柜都已经用过了，在使用这些权益工具的时候，笔者要提醒的是：千万不要以转化为最终目的去衡量工具的效能，我们应该注意店铺关注度提升、品牌关注度提升（天猫旗舰）、单品收藏、加购提升等方面，如果我们的商品本身不具备竞争力，那么这些工具可能都是打水漂。

在权益工具的使用上，笔者的建议是要结合有效的第三方应用工具来提高对店铺有益的指标。

如图 6-33 所示，去年 12 月用过的盖楼有礼，选用的是一个第三方软件来承载，基本很快就可以把红包发送出去，当然结果是好是坏，具体还要回看我们的店铺数据和单品数据。为了避免广告嫌疑，这里隐藏了第三方的名字。这种软件，大家在淘宝服务平台很容易找到。

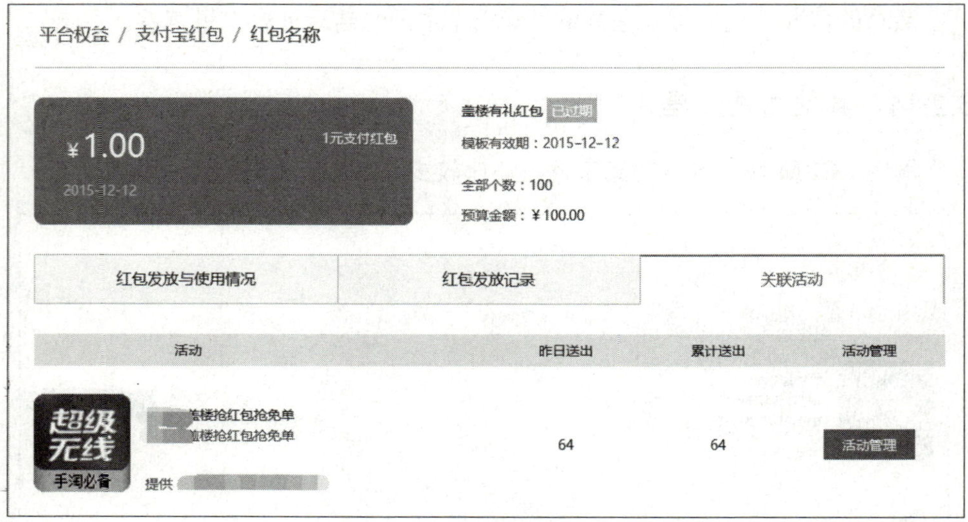

图 6-33　支付宝红包

6.2.15　淘宝短链接的妙用

淘宝短链接界面如图 6-34 所示。

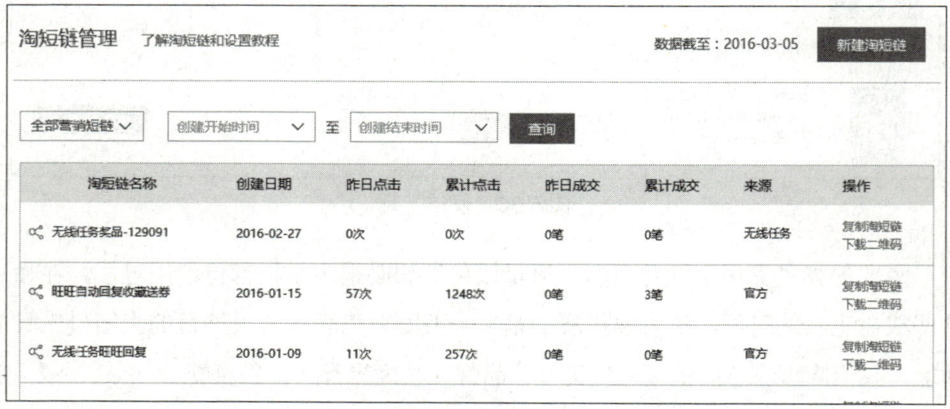

图 6-34　淘宝短链接

很多人觉得短链接就是把宝贝链接缩短，方便输入，其实不是这样的，手淘有很多的页面（H5 页面），无法直接跟 PC 端兼容（特别是有的图处理的时候不是围绕中央像素），那么我们在旺旺上给买家发送一些活动页的时候，就最好通过短链接的形式，这样我们的 ECRM 采集数据和活动效果评估在“淘短链管理”里就一目了然了。

如图 6-35 所示，这样的短链接就是用第三方插件进行了缩减，灵活使用短连接，对店铺的流量维度的帮助也是很大的。

抽奖：c.tb.cn/c.tKMZ

任务：c.tb.cn/c.H6kr

图 6-35　淘宝短链接格式

如图 6-36 所示，这类的应用会越来越多，大多都可以免费试用，当你试用效果好了就可以付费使用，这类工具都可以用淘短链来生成，在旺旺、手机千牛上非常方便快捷地发给客户（也可以设置旺旺自动回复），参与度很高。

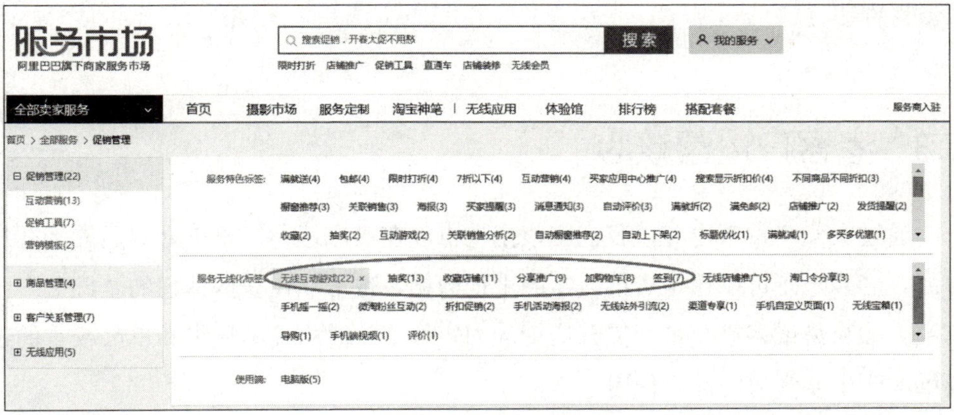

图 6-36　淘宝服务市场

在淘短链管理里，点击“新建淘短链”，即可选择活动链接，将活动页的 H5 页面地址放进去，确认创建，即可生成一个 c.tb.cn 的短链接了，十分方便，如图 6-37 所示。

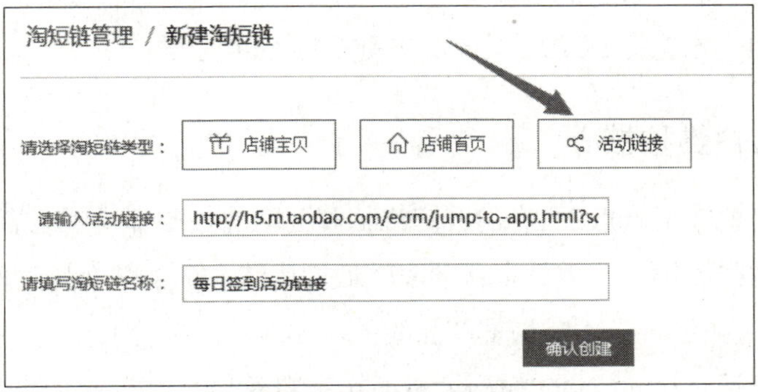

图 6-37　创建活动短链接

6.2.16 小结

到这里，淘宝ECRM客户关系管理平台的操作类内容就告一段落了，相信淘宝ECRM团队会不断地在现有功能模块上推陈出新，给我们带来更多的方便。今年店铺宝贝单品生命周期缩短，不要寄希望于一两个爆款来坐享其成，多热销款、合理的上新节奏、良好的售后环节与客户体验才是好店铺的基石。

Tips

CRM是一个综合的数据、管理模块，是需要基于人的关怀、人文背景来实施的，不要只看到冷冰冰的数据而忽视了客户的感受，这才是淘宝ECRM实施的目的。

6.3 老客户运营核心

通过上一个章节内容，我们应该把重点放在卖家运营，维护好自己的老客户方面。老客户既可以稳定店铺日常的平销数据，也可以在获取信任的基础上产生单笔大额交易或多笔交易，提升店铺的UV价值，对店铺的权重和单品权重的重要维度产生非常大的提升作用。

特别是店铺的新款，从今年上半年的经营情况来看，基本都要靠老客户来解决新品前期的点击、收藏、加购、转化。但同时我们也看到，淘宝ECRM推出也有一段时间了，主体功能还是集中在用户归纳、分组、信息整理、优惠券互动等比较基础的应用上。

所以作为卖家还应该多结合第三方应用甚至其他辅助形式来不断地提高与买家的各种互动，才能将ECRM里面的关键指标不断提升。

6.3.1 老客户维护核心

我们始终要牢记一点：所有的客户维护和互动的核心都是围绕店铺产品展开，这里面要分两类店铺，一类是上新频率较低的店铺，一类是上新频率较高的店铺（甚至涉及通过拓展子类不断拓宽产品线的，如农特店铺等）。

很多卖家通过微信、QQ加到大量的买家粉丝后，要么就是朋友圈或QQ空间里疯狂刷屏，还怪别人不主动互动，说这些客户都是“僵尸”，要么就建个群，让这些老客户去帮自己刷单。这已经完全背离了我们做“淘外”粉丝囤积的初衷和意义，跟粉丝进行互动的目的是要带产品，但是前提是尊重每一个人，把他们当成真正的朋友，更何况这些人都是你的上帝。

其实淘宝的粉丝（我们抛开纯做微商类的）更多的是对你产品认可，找到这类人，可能在 100 个粉丝里面能挑出 1 个或者 5 个，那就可以了，不在于多。微信、QQ 这些都是需要一对一进行沟通互动的，掌柜、运营和客服的精力也有限，不要想一下子抓到成千上万的活跃粉，而应该从精度入手：先深深地影响个别人，再浅浅地影响更多人。以下笔者会举几个例子来叙述笔者自己的店铺是怎么去深耕微信、QQ 粉丝的。

6.3.2 商品小样

我们每次和男朋友或女朋友一起逛商场美妆柜的时候，都会遇到商家赠送试用装、小样，甚至直接试用的场景，这是传统商业模式里面售前营销、拉新最为常见的一种形式。特别是对于新上市的产品来说，赠送小样最利于快速精准地提取用户回馈。

比如，做农特产品的店铺，本身是卖桂圆的，马上新的橙子要上市了，那么我们可以在 ECRM 里面进行用户挑选（见上章节内容），设置为最近 60 天内在店铺购买次数超过 5 次以上的用户（如果你店铺回购率高，就可以将条件设置高些），直接邮寄两个橙子过去，并奉上一篇机打的手信，走心一点即可。如果挑选出来的用户刚好在最新的订单里面也有下单，那就更方便了，在包裹里直接附加上橙子，也随上手信，并希望对方食后多多给予宝贵的意见。

再比如，做车载用品的店铺，要上新香水了，也可以做一些小样，在买家购买汽车坐垫、护理套装的时候赠送之，奉上手信。

又比如，做饰品手串的店铺，用 ECRM 挑选用户后，注意看看最后一次购买的时间和订单详情，看看是什么商品，然后变更一下手信内容，如关心用户之前购买的串珠“包浆”到了什么程度，“养”得如何……并随包裹奉上一些“养珠子”的专业知识（切忌长篇大论，尽量使用卡通、俏皮一点的字词。如果你还想做得更精细，那么可以依据客户的性别来进行内容创作，比如，男性买家可以增加一些性感的内容，女性买家可以适当增加一些卡通、可爱的内容）。

包裹里面可以赠送几根弹力线（常用的是棕色），并附上卡片询问客户一般喜欢什么颜色的弹力线，也要附上穿绳的“攻略”。

包裹里还可以加送几个珠子（已经知道这个买家之前买的是什么商品，如果是8mm珠子那就别邮寄6mm珠子），关于赠送珠子的类型就特别有讲究了，譬如，马上要上新的产品是金刚菩提，而客户上次购买的是小叶紫檀，包裹里就可以送几颗小叶紫檀，并加送一两个金刚菩提，并分别告知小叶紫檀和金刚菩提的保养方法、佩戴益处和佩戴场景，以及我们新款宝贝的上市时间和客单价，并告知客户的会员权益……

Tips

赠送小样就如同是钓鱼的“鱼饵”，质量一定要好，要高，这个环节马虎不得，如果不用心挑选小样，最终就肯定是竹篮打水一场空。

小样商品或内容一定要跟即将上新的产品有关，不然无法实现“提醒”和“串联”的作用。在分辨客户黏性和忠诚度的时候，务必要结合淘宝ECRM仔细地去查看客户之前的订单，如有必要还需要找客服人员了解之前旺旺沟通的情况。不要怕麻烦，找到一个忠诚、黏性高的老客户，比花几千元的广告费还有用。

6.3.3 公仔

不要认为做“公仔”是大品牌、大企业的“特权”，在买家的眼里，当一个品牌或者一个公司开始考虑制作这类提升品牌形象和公司形象的“代言人”时，该公司就已经是个不错的品牌了。

而制作公仔这个事情，作为淘宝卖家不要考虑得太纠结和复杂，大家时常会设想“我是不是要找个设计公司好好设计，并申请专利，还要单独去考量品牌的slogan等”，没必要！公仔并不是只有一个或一种形式，一个玩偶、一个瓶子、一个杯垫、一个U盘、一个支架……都可以看成“公仔”，先随意一点，不要那么严谨。

制作公仔的时候请结合自己的类目商品，比如，做车载商品的，那么公仔肯定要能方便放置在前车窗或后车窗下面，并可以固定（在侧边印制店铺相关二维码即可）。

比如，做办公文具的，公仔就可以是一个笔座，可以以透明的形式印上店铺Logo，也建议在侧边印制二维码等，关于公仔这个环节，卖家们大开脑洞，不要局限在固有的理解思维里，新时代的电商生意人，理应有创新、开拓精神，不断成为潮流的弄潮儿。

6.3.4 包裹形式

关于外包装没有什么好说的，快递公司的外包都一样，买家也不喜欢你里三层外三层包裹得严严实实。

这里重点讨论的是第二层包装，也就是商家的包装形式。

笔者知道每个商家都会说“哎呀，包装不敢随便改啊，要重新设计，要批量印制，时间也来不及”，其实借口和理由我们可以找更多一些，这样自己就可以什么都不用干了。如果是已有的固定的包装形式，就不用大改。考虑下一次设计“完整点”（首次购买商品的用户包装、3 次以上购买商品的用户包装、10 次以上复购的用户包装盒），以此类推，越往后包装设计成本应该更高一些，品质更好一些。

Tips

如果商品受众大多为女孩子，就考虑时尚、卡通一些的包装；如果商品受众大多为男孩子，那么考虑更酷炫一些的包装，印刷的内容也要更大胆一些。

笔者有个学生（3C 类目）做得很极致，包装上印制的是“英雄联盟”游戏里的角色，随机分发，集齐 12、8、6 种不同人物的包装盒就可以分别拿到 1、2、3 等奖励，奖励形式分别为 50×3 店铺优惠券 +300 元现金、50×2 店铺优惠券 +200 元现金、50 店铺优惠券 +100 元现金，每次更换一批热门的游戏、动漫人物或卡片来做店铺活动，效果非常棒。记住！箱体上一定要印上二维码，建议为店铺商家的个人微信号或 QQ 号。

6.3.5 VIP 卡认证

淘宝店铺都会有 VIP 设置，上面一个章节“淘宝 ECRM”中笔者已经讲述过了，这里说的 VIP 是用来引导用户主动添加卖家微信或 QQ 号的。

印制一张（或直接打印）制作稍精美一点的卡片，从 ECRM 里面筛选出多次购买频度较高的用户，送出这张卡片。上面只需要有简单的几个填写项，比如，旺旺ID、姓名、性别、生日即可，不要太多。然后大大地印刷上一个二维码，备注：拍照填写好的卡片，添加二维码发送给我们，立刻获得微信红包一个哦！

这里给大家列举一个数据：以前卖家运作微信公众号的时候，通过“广点通”投放加粉的成本大概为2～3元/人，而2016年的加粉成本已经接近或超过10元/个人了。你应该明白，印制个卡片发个2～5元红包，加个精准的用户粉丝（还是对你店铺黏性很高的粉丝），是不是很划算？

6.3.6 小结

引导用户添加账号，沉淀下来、积极互动，充分运用小恩小惠来增加店铺、商品在高黏度买家眼前的曝光度，这些都是无法通过淘宝目前提供的工具或功能来快速完成的，我们要充分利用自身的优势和兴趣点，快速地在“吸粉”价格越来越高的市场环境下累积起自己的品牌、店铺、产品粉丝，这样才能谈及发展、良性增长。

当你有了大量忠诚的粉丝，即便店铺因为违规、受限等受到影响，也能快速地站起来。这就是话语权，淘宝的优质商家并不一定是超级大品牌，而是能够帮助淘宝平台一起给予消费者更好的消费体验，甚至自身能产血还能帮助平台造血的商家。

第7章

店铺运营：流量筑梦师

这两年淘宝开始不好做，不能像以前那样粗暴地对待搜索流量了，靠闷大棍、虚假交易、偷换客单或宝贝、借由淘客拍 A 发 B 等弄虚作假的手段短期提高宝贝排名，纯依靠人气排序提升宝贝动销，对于如今的淘宝来讲显得越来越虚弱。流量打散、渠道增多、变化节奏加快，我们手足无措。

Tips

不管淘宝如何变，整个平台都在围绕买家服务，如果买家不喜欢某种浏览习惯或者展示结果，那么淘宝就需要改变，一切都是为了一个老生常谈的目的：让买家更快捷、方便、准确地找到喜欢的商品。这是平台的目的或存在的意义，也是我们应该正确去认识和对待的动机。潜台词其实就是：我们如何去判断和定位流量的来源、效果和目的。

可以发现很多知名的店铺、品牌方，在平台电商运营策略上，会引入一个薪资非常高，江湖地位也很显赫的职位：流量架构师。对于很多中小卖家来讲，这个称谓显得比较“重”，因其工作性质的特殊化：太过概念化，囊括知识框架的领域繁多，无法做到一人纵览全局，但正是如此，在手淘肆虐，流量结构发生大幅度变化的今天，这个职位会显得特别重要。

7.1 店铺运营日常数据分析：细节决定高度

你会在“生意参谋”→“经营分析”→“流量地图”→“流量来源”中看到越来越多的流量指标，手淘的流量标签会打得越来越细，以前占比最大的“手淘搜索”或“PC 端搜索”流量会显得那么的弱小，但是它又是最直接有效的。

从流量架构师的释义上我们不难理解：类似筑梦师一样，借由各个流量渠道的相辅相成、互相制约等关系确定店铺或单品的流量目的，层级化分清流量部署和实施的战略及战术意义，迅速分工对应的工作人员配合流量优化策略进行再造施工或结构性突破。

7.1.1 数据分析指导渠道优化

当一个宝贝的自有流量非常大，效果特别明显的时候，那么应该加大这个宝贝的社区分享流量（刺激鼓励买家通过手淘社区进行晒好物等），加大微淘流量、达人推荐。手淘搜索流量虽然少，但是效果比直通车都要好，那么在宝贝数量超多，推广预算有限的情况下，应该让搜索流量自在地生长，而不要灌注更多的效果并不太好的直通车流量去“干扰”它，如图 7-1 所示。

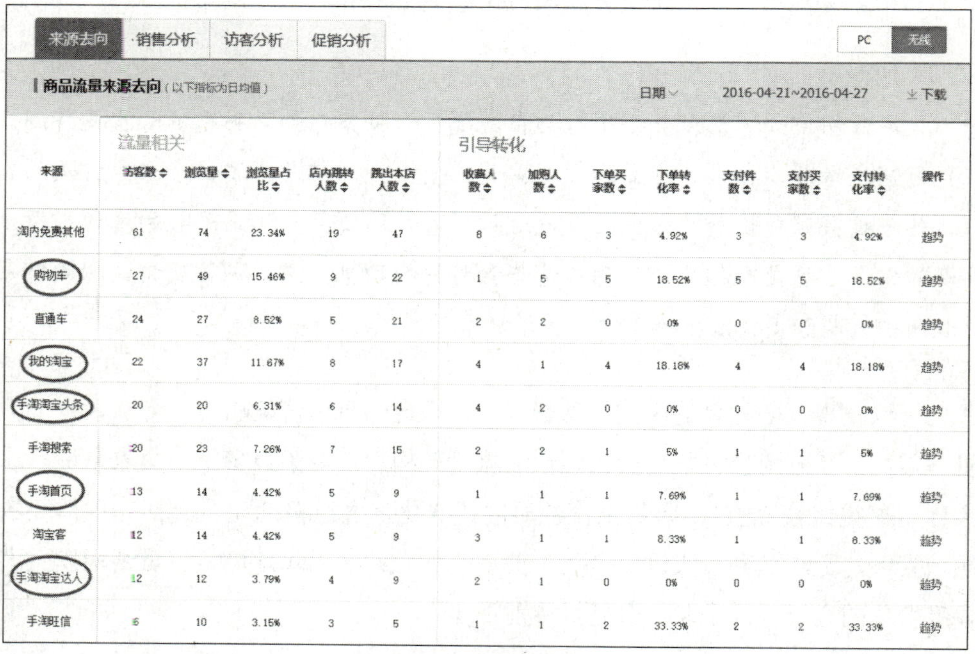

来源	流量相关					引导转化							
	访客数	浏览量	浏览量占比	店内跳转人数	跳出本店人数	收藏人数	加购人数	下单买家数	下单转化率	支付件数	支付买家数	支付转化率	操作
淘内免费其他	61	74	23.34%	19	47	8	6	3	4.92%	3	3	4.92%	趋势
购物车	27	49	15.46%	9	22	1	5	5	18.52%	5	5	18.52%	趋势
直通车	24	27	8.52%	5	21	2	2	0	0%	0	0	0%	趋势
我的淘宝	22	37	11.67%	8	17	4	1	4	18.18%	4	4	18.18%	趋势
手淘淘宝头条	20	20	6.31%	6	14	4	2	0	0%	0	0	0%	趋势
手淘搜索	20	23	7.26%	7	15	2	2	1	5%	1	1	5%	趋势
手淘首页	13	14	4.42%	5	9	1	1	1	7.69%	1	1	7.69%	趋势
淘宝客	12	14	4.42%	5	9	3	1	1	8.33%	1	1	8.33%	趋势
手淘淘宝达人	12	12	3.79%	4	9	2	1	0	0%	0	0	0%	趋势
手淘旺信	6	10	3.15%	3	5	1	1	2	33.33%	2	2	33.33%	趋势

图 7-1　单品流量来源分析

如图 7-2 所示，当该宝贝的老客户转化尤其高的时候，我们应该在 ECRM 里面对最近 7 天购买过的买家进一步地推荐该宝贝（定向优惠）获取更多的老客户回购成交，并在微淘、达人做单品的消息推送，以取得更多的“有好货”、“爱逛街”、“每日好店”推荐，达人采集等。

而这一波的 7 天兴趣用户正是我们的引流款带来的新用户。若搜索流量少，直通车成交一直没有好的效果，应该看一下成交的地域 TOP，优先重点投放下单转化率高的区域省份。

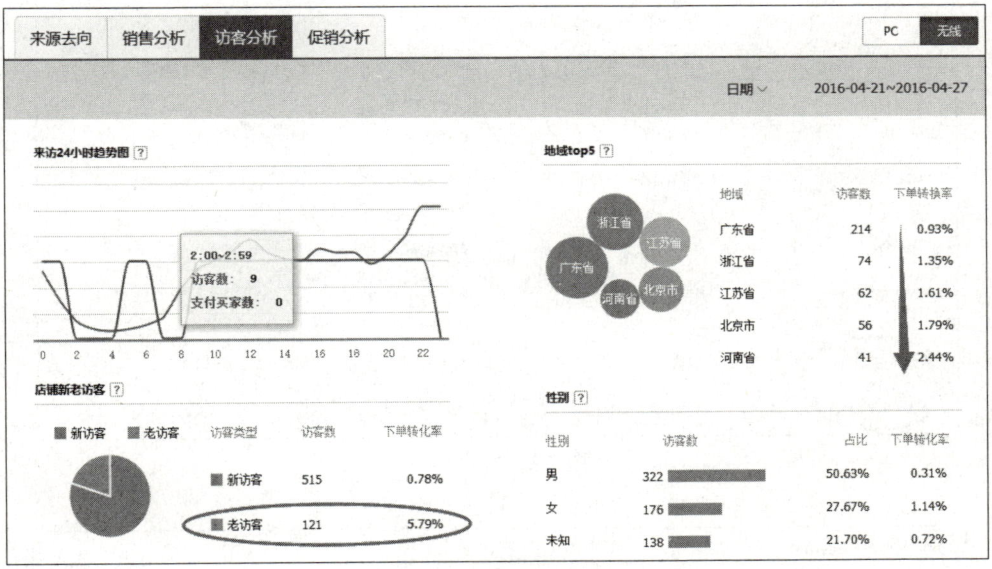

图 7-2　访客区域分析

7.1.2　老客户营销刺激回购

在淘宝 ECRM 里面的“客户画像”中，针对上新的利润款单品，应该优先考虑在款式和样式上是否跟兴趣人群匹配，流量架构师应该建议产品经理在款式设计、图案选取上多考虑一下这些人的爱好、偏向，接下来的兴趣用户定向优惠效果才会有提升，如图 7-3 和图 7-4 所示。

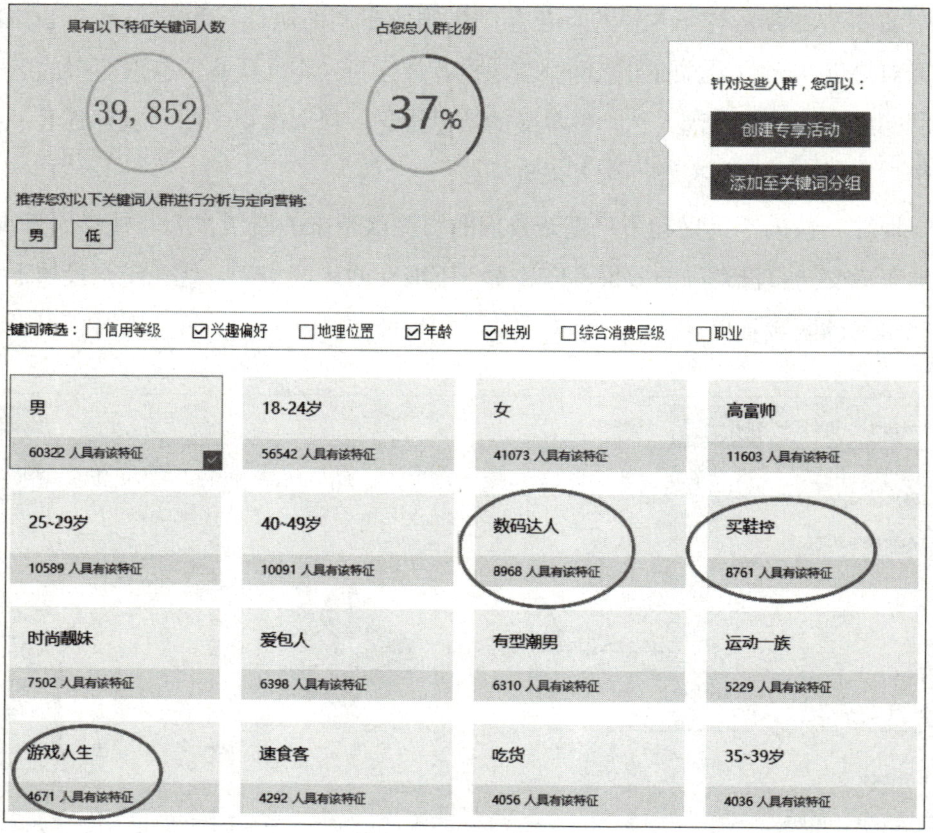

图 7-3　客户画像

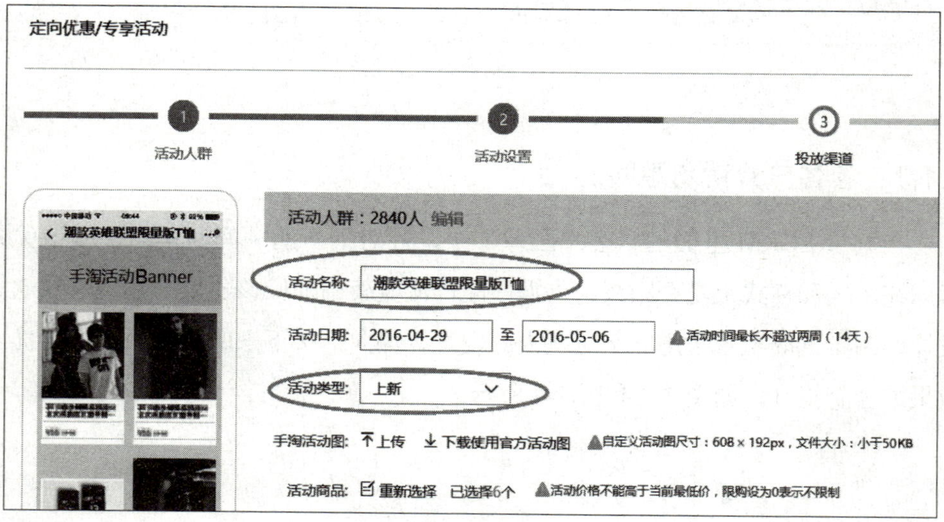

图 7-4　定向活动

7.1.3　流量框架规划

上新的利润款宝贝，除了考虑款式的因素，也需要从全网进行搜索，确定价格标签，使其飙升不至于太明显（如上涨 3～5 元），通过文化渗透、限量版等形式，快速提高成交效率。同时，还要保证宝贝的主要属性（如领型、袖长、是否修身）和引流款一致，才有可能获得“猜你喜欢”等流量青睐。

关于引流款的流量框架，其实不用做太多的限制：直通车、钻展、红包等都可以，尽量用中低价签去快速获取流量和收藏（粉丝）、加购（待转化），一波推广下去，7 天内收割（上新利润款），通过 ECRM、微淘、达人增加流量。利润款的目的是维持收益，平衡引流款的亏损，是不适合用直通车这类关键词推广的流量去稀释的，尽量让模块化流量、买家自有流量（回购类如收藏夹、ECRM 定向等）成交，搜索优先推荐展现来进行成交。

真正考验流量架构师的，便是利润款的流量分析和优化，如果上新的利润款本身没做过市场调研（如针对主要关键词的客单价区间采集），那么流量架构师在分析数据时就很难，以下为利润款优化措施：

- 哪些流量是需要取舍的，对于利润款来说，尽量围绕搜索流量服务。
- 淘客转化低了，果断更换甚至拒绝。
- 钻展拉伸不了优质人群，重新定位核心关键词去框选种子店铺甚至更换位置创意。
- 对接的达人推荐转化率太低，严重影响模块流量的喜好度，导致展现周期变短，果断粉转路人更换达人。
- 严格拒绝直通车碾压搜索效果，最大化拉大利润款宝贝的保值空间。
- 拒绝可能拉低 DSR 等售后指标的活动，持续保值甚至限量化，提升利润款价值。

我们运营大多都处在两种情况下：

- 单纯地推广运营或某个技能运营，如直通车、钻展、淘客、麻吉宝运营，这些运营技术真的不高深，你只要有 2～3 季的行业经验，就是“专家”了。
- 什么流量都想要，根本没考虑过流量的目的和对单品甚至店铺的冲击。

对于大多类目来说，当店铺处在 1～3 支付层级的时候，我们是可以什么流量都需要的；当店铺上升到 4～5 层级，想要冲到 6～7 层级的时候，流量的质量和目的，店铺宝贝的分层设计或利润化分工，UV 价值提升，引流款转入活动款时间节点的把控，利润款清仓还是反季，限量购买……这些才是工作的重心。

Tips

把技巧运营思路转变到“产品运营思路”上来，做意识流，而不是纯粹的平台技术流，这才是今后淘宝运营的生存、发展核心。

7.1.4 小结

对于流量架构师来说，要掌握的基础知识体系是很庞大的，包括对搜索的理解，流量分支的作用和弊端，商品介质和类目商品的发展趋势，消费人群的判断……

希望你不要去做一个纯技术流的所谓电商运营，而是站在“生意”的角度去理解平台思维和商品思维，从淘宝经营中获得真正的知识。

正如我们在 2000 年的时候倡导做 SEO，而从 2008 年开始我们已经不提倡纯粹的技术型优化，而应该是基于产品和平台规则的 SEM（搜索营销优化）。

7.2 商品层次化布局实操案例

华人做生意很厉害，并不单纯指生意规模，也指华人从事生意的人数多。我们都知道一个现象：当某个生意很赚钱，获取暴利时，很快就会有人来模仿、抄袭。淘宝店的呈现方式很简单：商品、详情、价格、销量……几乎所有的数据都处于透明状态，只要资金、资源稍好一点，就可以快速跨过门槛超越。随着淘宝卖家越来越多，品类竞争度也越来越高。

单从直通车的 PPC（单次点击花费）和钻展的千次展现成本来看，我们都会发出感叹：淘宝的生意不好做了。要知道每一个阶段的变化背后危机与机遇并存，淘宝降低宝贝单爆款的权重，按宝贝在线时间慢慢降低其影响力，降低超低客单价宝贝的流量……所有这些改动表面上都是为了提高买家的购物体验，而深刻理解就需要我们卖家去适应变化并相对合理地布置店铺商品结构，达到多品运营、层次化运营效果。

有很多淘宝店都存在“单爆款”的现状，集引流、活动、付费、利润等所有店铺应有的功能于一身，弊端无数。不说刷单导致宝贝死掉，店铺也死掉的情况，单品的生命周期到达，权重降低，店铺也跟着萎靡。上一次活动，如果 DSR 控制不好，就会导致整店数据下滑甚至腰斩等。

Tips

我们要改善店铺状况，就要从上新、扩品来开始规划布置。

7.2.1　商品层次化布局

如图 7-5 所示，我们至少需要把店铺的商品划分为两个类别：引流款（中后期过渡为活动款）和利润款。引流款就是要引流量，是符合市场主流（高销量）客单价区，重点推广的宝贝；利润款就应该是借助引流款带回来的流量进行二次转化或者同时转化的利润来源，既可以带来超高的利润回报，也能够对利润款推广花费进行支持和填补。

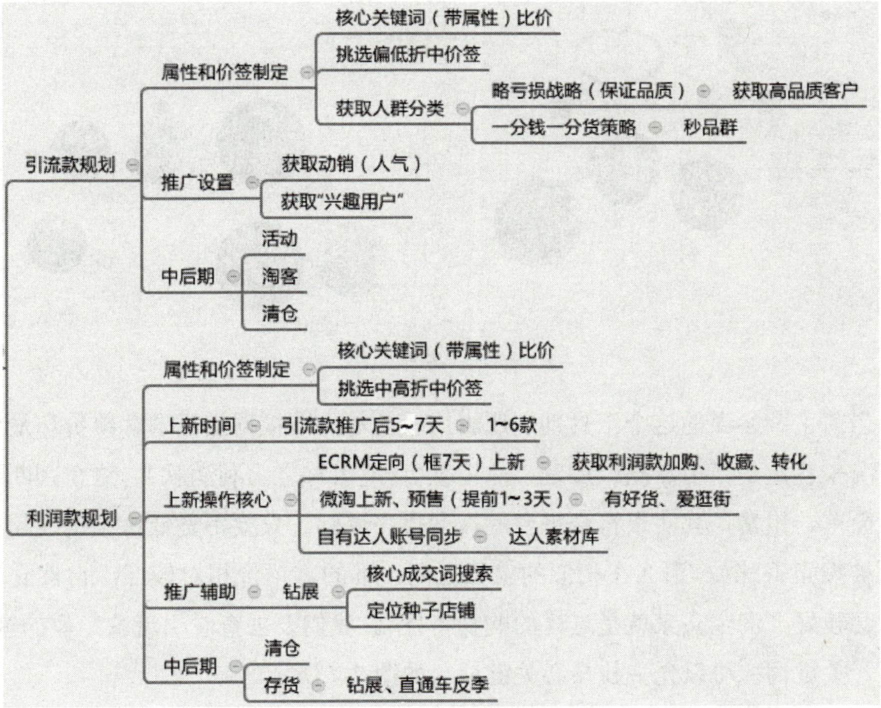

图 7-5　店铺商品规划

在分析引流款和利润款的宝贝客单价、宝贝属性时，卖家应当充分运用如“生e 经”、“生意参谋”这样的工具来进行淘选，针对具体的商品，应该考虑采购竞争对手的商品，拿回来仔细地比对，找到自己的不足，进行详细的改良和生产。

在竞争对手商品有专利的情况下，要尽量避免抄袭，更重要的是要在符合平台购物商品核心属性基础上创新，甚至自主申请专利保护。

7.2.2 数据分析商品定位

生意参谋里有个商品功能判断的小工具，位于“专题工具”→“销量预测”→“定价参考”，选择店内任意一款宝贝，鼠标悬停在上面时，就会出现如图 7-6 所示的提示。

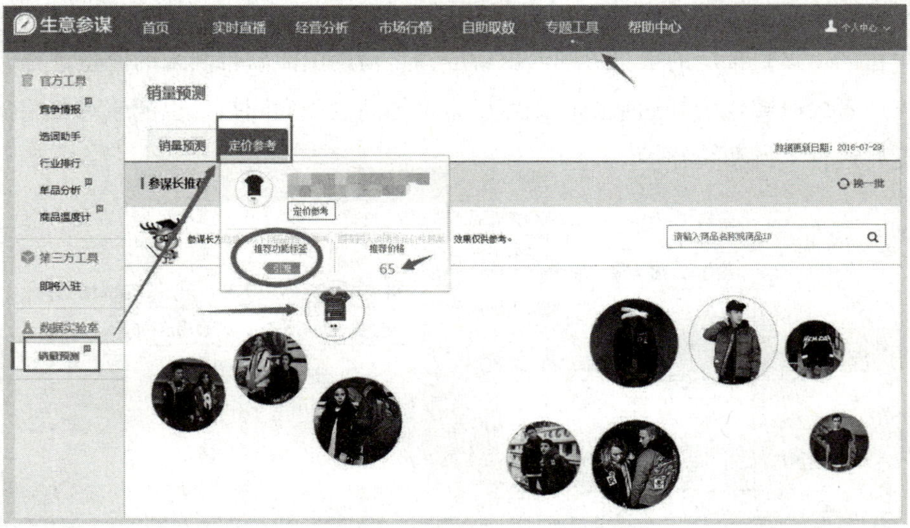

图 7-6　定价参考

当前生意参谋的这个工具判别逻辑比较简单，即根据宝贝的客单价和最近销量情况来鉴定是“引流款”还是“热销款”(笔者称之为利润款)。这个判断逻辑看似简单、粗暴，其实很符合平台的搜索排序原则。只要不是低价倾销（超低客单不被搜索青睐)，那么在相似的宝贝之间，谁的客单价相对较低，自然它的成交也会较好（淘宝买家就是这样的购物特性)。我们要去查看引流款定位的客单、属性、关键词，可以先去找核心关键词，如图 7-7 所示。

打开生意参谋，选取“经营分析”→“商品效果”，并查看“最近 7 天”的“无线”数据，这样参谋长就会排除当前店铺热销的款，点击效果较好的款的右侧“单品分析”，进入，然后把页面拉到下半部分查看“关键词效果分析”，如图 7-8 所示。

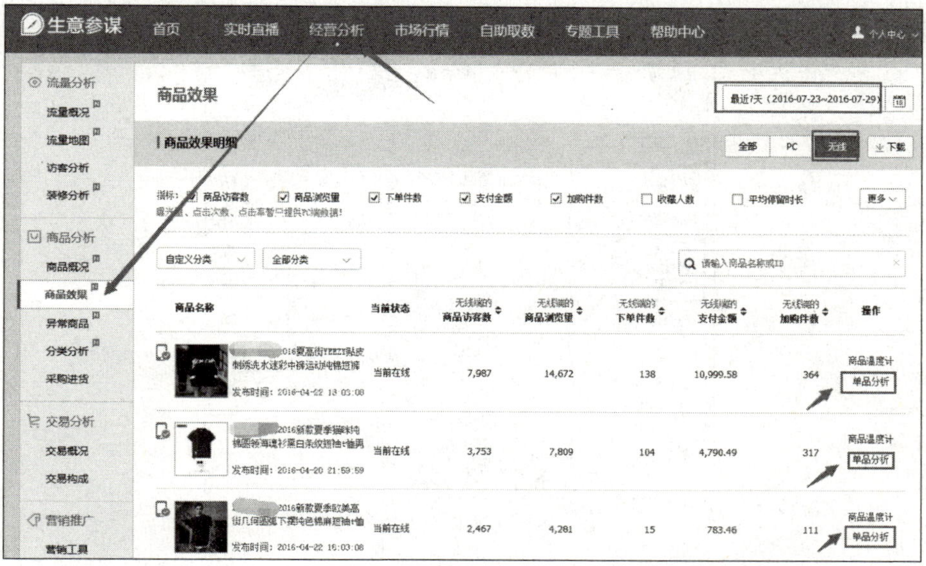

图 7-7　单品分析

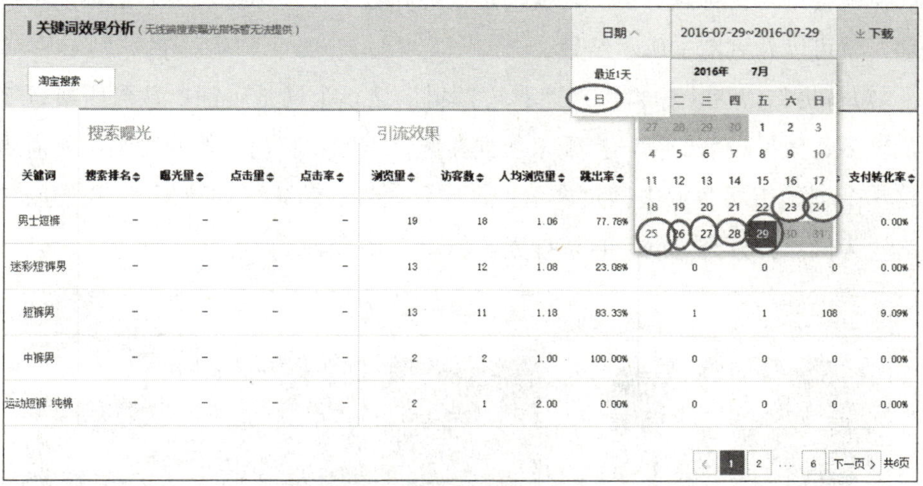

图 7-8　关键词分析

在“日期”里选择“日”，然后挑选最近 7 天的数据来进行比对。注意看图 7-8 中间位置的“引流效果”，点击“浏览量”排序（从高到低），就可以看到这款宝贝对应无线 APP 搜索关键词的进店情况。依次点击右上方日历的前面 7 天，统计得出：短裤男、男士短裤、迷彩短裤男为我们查看的这个宝贝的核心关键词（入围排序依据：7 日关键词的浏览量、转化率、跳出率）。

如果你店铺有生 e 经，那就更方便了，一步就可以搞定，如图 7-9 所示。

无线APP搜索词　　下载

关键词	直接访客	跳失率	直接销量	直接转化率	间接销量	
[illegible]	322	--	7	1.9%	--	
男士短裤	127	--	1	0.8%	--	
潮牌短裤	80	--	0	0.0%	--	
潮牌短裤男	73	--	0	0.0%	--	
迷彩短裤男	59	--	1	1.7%	--	
短裤男	43	--	3	7.0%	--	
运动短裤男	32	--	0	0.0%	--	
皮短裤男	31	--	0	0.0%	--	
[illegible]	30	--	1	3.3%	--	
[illegible]	17	--	0	0.0%	--	

当前1-10条，共455条

首页 上一页 1 2 3 4 5 下一页 末页

图 7-9　生 e 经分析关键词

进入生 e 经，选择菜单上的“宝贝分析”，选择要分析的宝贝下方黄色小字“词”，就会进入“标题分析”功能，再选择“近 7 日”标签，然后把结果页拉到下部，就可以看到图中所示结果。

“短裤男”、“男士短裤”、“迷彩短裤男”这三个词是店铺单款入店最近 7 天流量较多、效果较好的词，接下来新款在选择引流款和利润款的时候，就需要按照这 3 个词的市场数据去确定客单价、宝贝属性、款式（如迷彩）。我们以“短裤男”为例，打开淘宝网，直接搜索，如图 7-10 所示。

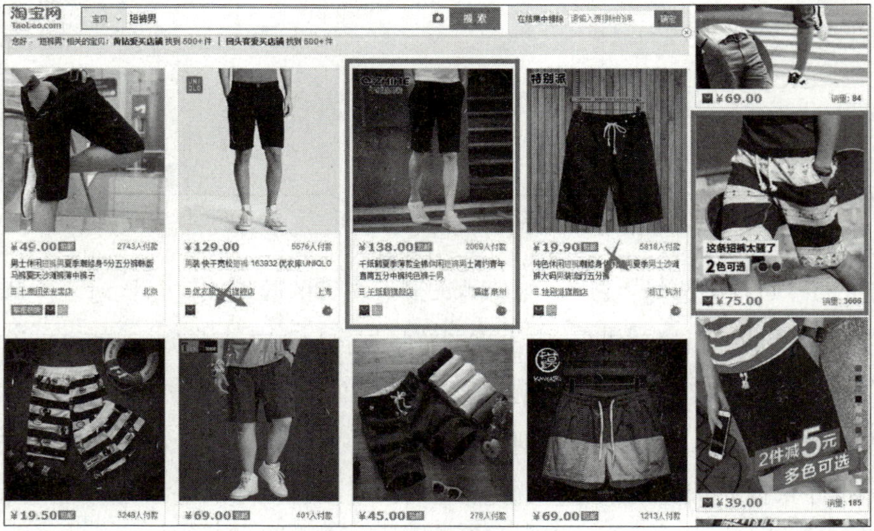

图 7-10　搜索结果比对

在进行数据查看的时候要注意避开两种店铺，一种是图中左起第一排第四个宝贝属于超低客单价的店铺，第二个“优衣库”属于大品牌商家。在第一屏里面，我们看到两个宝贝，一个是左起第一排第三个宝贝138元客单价，宝贝属性、动销（人气、销量）都还不错，可以作为利润款（较高客单）框选范围，右侧直通车推广栏里的宝贝客单价75元，动销还不错，可以列为引流款（直钻推广）选款范围。

按照这种思路，我们对比了1～2屏的宝贝之后，基本可以定位引流款客单价为55～65元，利润款的客单价为108～138元。

Tips

对引流款和利润款的选取，还不能就这么草草看过一遍确定，我们至少要关注这些商品（收藏起来）2～3天甚至7天的数据（不是换季），来排除掉其中大规模刷单的现象。

注意这些宝贝的收藏、加购数据变化（建议建立一个Excel表格来记录数据变化），最后算出均值涨幅最大的宝贝，结合一些第三方工具来查看宝贝的流量来自哪里，是否能确认引流款来自直钻或淘客，利润款大多来自搜索流量或其他流量。

为避免广告嫌疑，笔者在这里就不提什么第三方工具可以查看流量来源了，思路掌握即可。

同时，别忘了查看官方推荐合集里面的宝贝数据，也要结合起来看，如图7-11中箭头指向的合集所示。

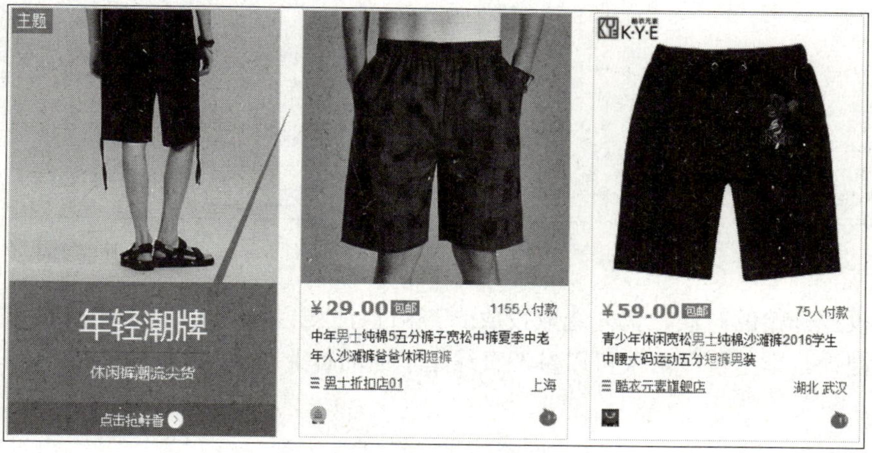

图7-11 搜索结果产品合集

7.2.3 层次化产品操作

引流款和利润款确定后，如果不熟悉商品属性和材料等，那么建议一定购置1～2款回来仔细查看、比对，然后确定自家上新宝贝的材料、工艺、制作细节、拍摄等，按照引流款和利润款比例1:2进行上新。

引流款先上新，我们要提前做好引流款的直通车规划。比如，男裤这个类目的关键词很多，那么就要提前把预算做够。如一个关键词预算基础费用1.5元（PPC），我们单日推广（单款）预算为300元，按照一个关键词至少要带来10个点击（单日）算，得出：300÷10÷1.5元=20个，也就是一个计划拿来做引流款推广的关键词数最多不超过20个。

如图7-12所示，选择关键词的时候优选跟我们主力查找的关键词匹配的长尾词（新计划忌讳直接使用热词）。

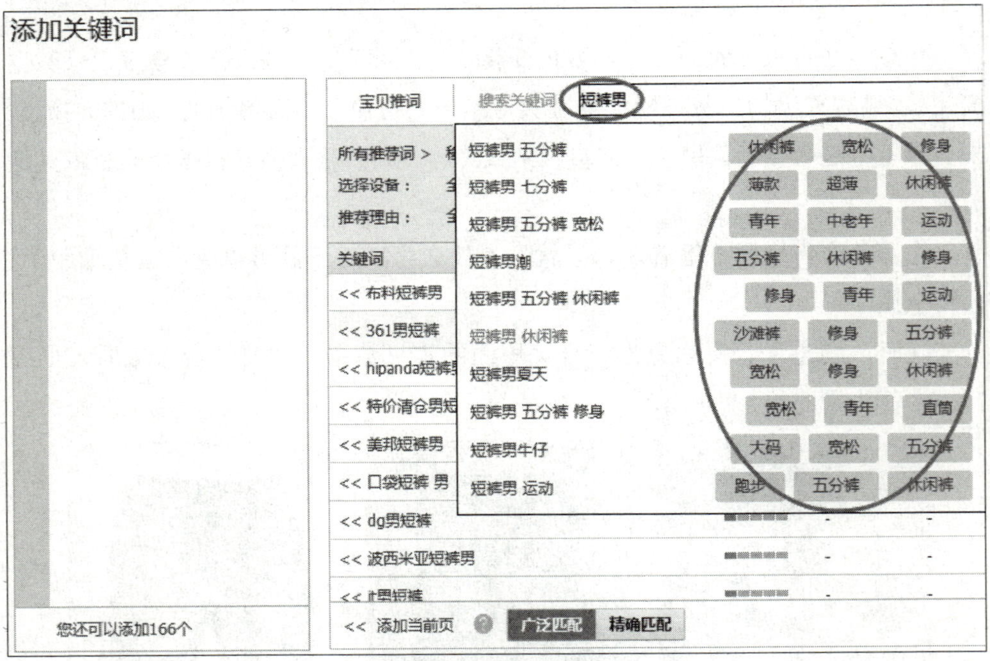

图7-12　直通车关键词选择

投放开始的时候，优先选取投放PC端进行点击量测试，统一出价按照行业的关键词基本出价即可（可以参考直通车里面的行业解析），如图7-13和图7-14所示。

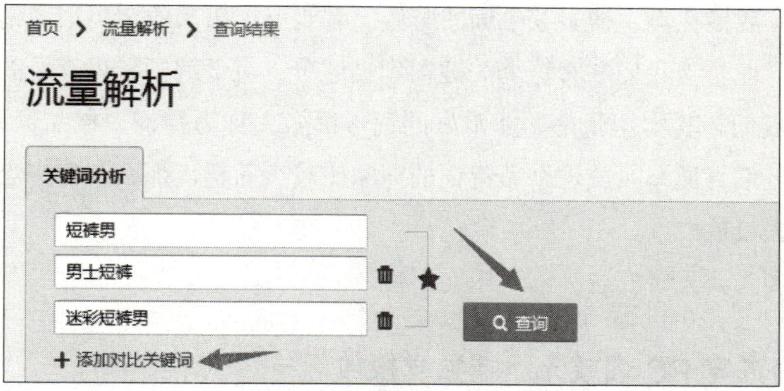

图 7-13　直通车关键词分析

Tips

顺带说一下，要注意直通车"行业解析"里的数据，搞清楚到底代表什么。这里的数据是指选定时间范围内，投放了直通车的商家平均数据，而不是全网数据。

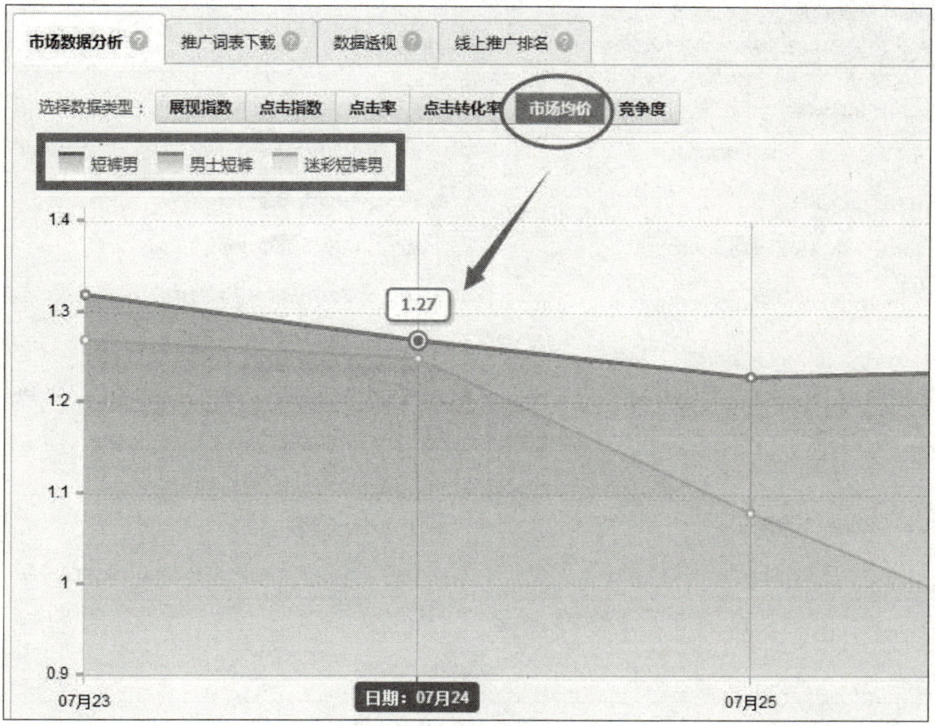

图 7-14　均价采集

比如，我们在淘宝搜索某个词的时候，看到展现出来的宝贝很多销量都不错甚至逆天，但是当我们拿着这个关键词到直通车“流量解析”里查看的时候，发现展现量很低。其实这就是个非常好的词（很多人称为神词、极品词），没有数据是因为近期直通车投放这个关键词的商家比较少而已，那么我们应当马上把这个词加进去投放。

有很多人天天研究这种词，乐此不疲。

7.2.4 直通车 PC 端或无线端独立投放

引流款投放到直通车计划里面以后，由于现在无线端和 PC 端单独出价，所以我们在设置计划投放时，就不要采用无线溢价了，可以直接设置溢价为 1%。

如图 7-15 所示，这种纯 PC 端投放，仅仅是为了测试一下 PC 端的点击率（方便次日手淘端投放有较好的排名）。这种投放时间不宜过长，有了点击就马上要打开移动设备端的投放（下图中左下灰色滑动条）。

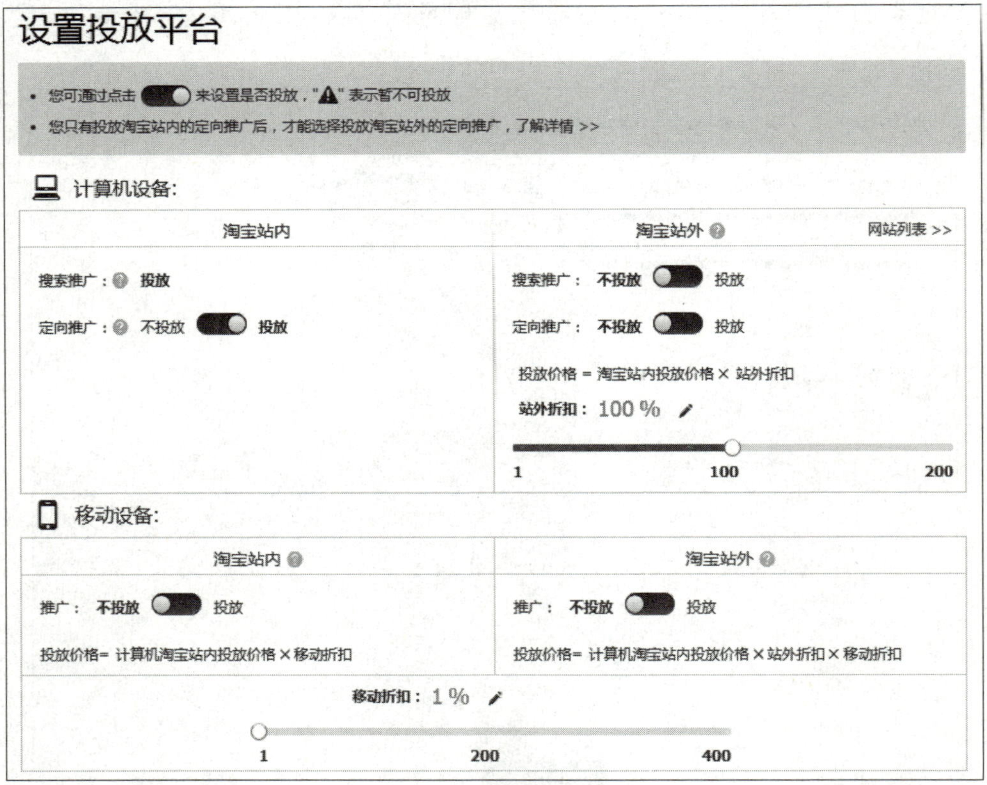

图 7-15 投放设置

7.2.5　直通车地域设置

如图 7-16 所示，初期设置投放地域的时候，建议根据店铺覆盖人群（你作为店主应该知道自己店铺主要的买家来自哪些地区，甚至城市）或者在直通车流量解析工具里面，查看关键词点击率排名高的省份，进行重点投放。

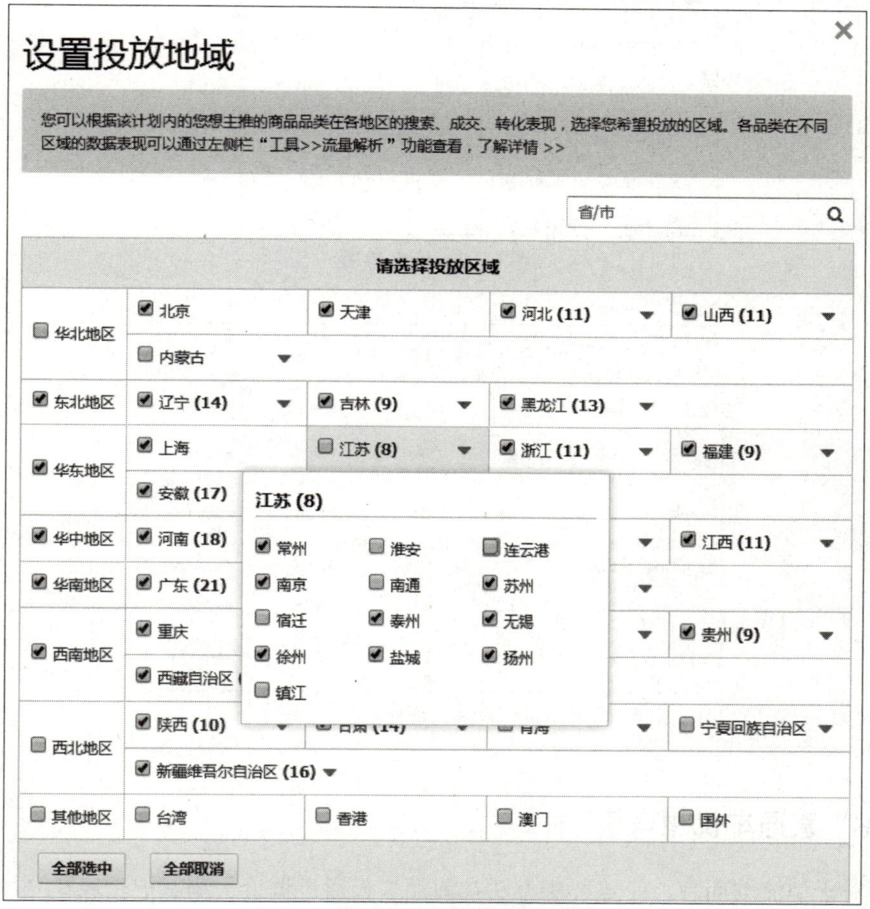

图 7-16　地域设置

前期一定要舍得删掉那些近期数据看起来点击率不好的地区。

如图 7-17 和图 7-18 所示，我们在进行单个关键词调价的时候，系统经常会提示移动端出价多少、PC 端出价多少，可以拿到多少流量，这个仅仅是参考（按我们原来计划 PPC=1.5 元拿 10 个点击作为及格线）。

如果我们店铺在 ECRM 里面看到的客户数较多，那么我们可能出比较低的价格也能获取很高的展现，剩下的就看宝贝客单价和直通车主图带来的点击率了。

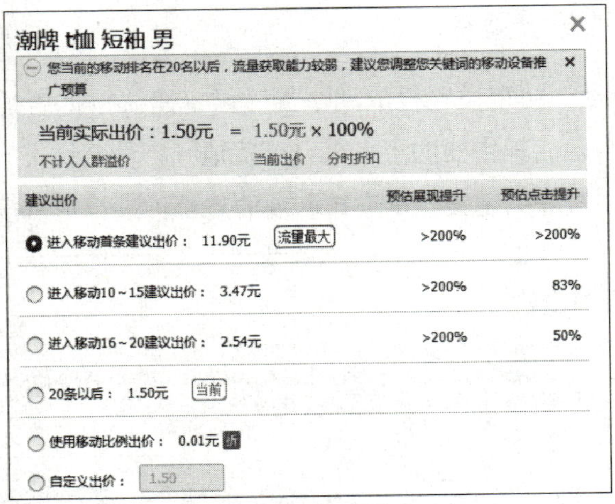

图 7-17 价格参考

计算机出价	移动出价	展现量	点击量	点击率	花费
0.10元	折 0.00元	7	0	0%	¥0.00
0.50元	1.50元	5,606	54	0.96%	¥94.30
0.40元	1.50元	4,290	925	21.56%	¥506.64
0.10元	1.50元	3,714	133	3.58%	¥217.16
0.50元	1.50元	1,829	22	1.20%	¥47.96
1.23元	1.50元	1,555	35	2.25%	¥65.04

图 7-18 合理出价

7.2.6 直通车优化调整

对于引流款而言，一定要想办法在前面 3 天通过调价、测试把预算花光（如原来的计划是每天最低 300 元）。只有点击率上去了，我们的直通车关键词的质量得分才能上来。余下的就是以转化率、收藏、加购、收藏转化率和加购转化率为核心了。

对于 ECRM 里面客户数不多的来说，我们单价出到 3 元、5 元可能都获取不了太多的展现，怎么办？

有两个应对措施：

一是开钻展辅助，钻展用 CPC 和智能投放即可，为店铺带来更多的覆盖人群，提高直通车的关键词覆盖面。

二是适当降低直通车关键词的出价，采用关键词搜索溢价拉高展现，如图 7-19 所示。

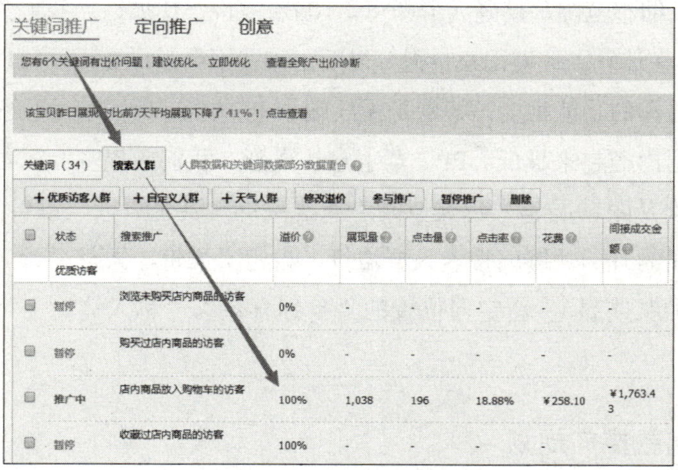

图 7-19　关键词溢价

7.2.7　直通车人群溢价

图 7-19 中案例，针对加购的人群做了一个 100% 溢价，同样我们还可以自定义人群，针对自定义人群的时候，优先选择“大条件”，而不要将条件设置太多，这样容易丢失掉大量兴趣用户，如图 7-20 所示。

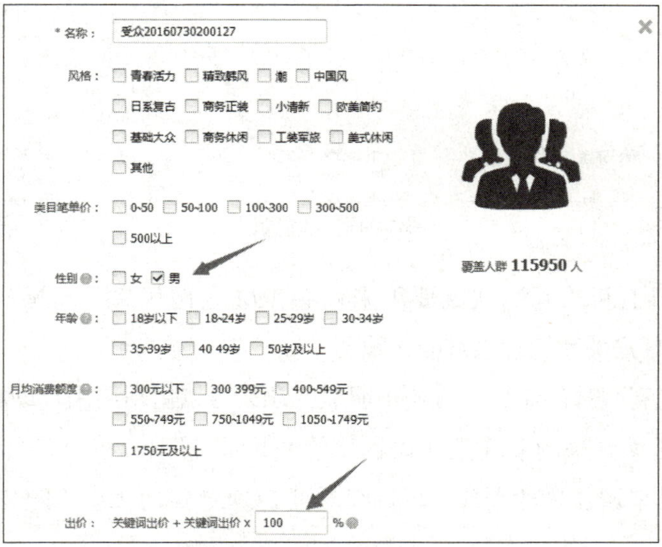

图 7-20　自定义人群

图 7-20 中的自定义人群，我们只设置了一个条件，即性别为“男”。先选取自定义人群，当我们次日查看报表时发现转化率不高，但是展现量上去了，此时再去添加条件，缩小范围，精确人群即可。100% 溢价，比如，当我们关键词出价为 1 元的时候，在计算了关键词质量得分以后，扣费不会超过 2 元，可以大胆尝试。

新版直通车的功能很多，特别是无线端和 PC 端分开计投，快捷推广开放后，直通车的使用门槛越来越低。PPC 竞争愈加激烈，我们应该多尝试各个品类的多个位置，特别是跟钻展越来越类似的“人群溢价”甚至“天气溢价”，这里面效果越来越明显的有：关键词搜索人群溢价、自定义溢价、天气溢价（服饰类目换季上新效果尤其明显），新定向位置的“猜你喜欢”、“私人订制”等（前面章节已介绍过）。

7.2.8 利润款推广规划

引流款投放 5～7 天后，我们就可以上新利润款的单品了。上新后，我们可以看到 ECRM 里面，兴趣用户因为前几天引流款的推广已经有了大幅度的增长，如图 7-21 所示。

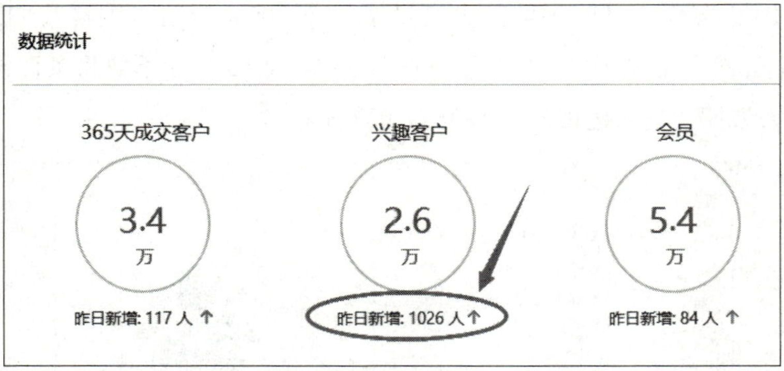

图 7-21　兴趣人群

这时我们上新的利润款就要用来做 ECRM 定向优惠了，操作见前面章节（ECRM 淘宝客户关系管理系统操作篇）。

如果发现利润款的流量上涨还不明显，那么可以用钻展来辅助利润款继续增长流量，在旺季到来的前几天（如秋款的 8 月 15 日前），还可以借助麻吉宝这样的互动工具来增加兴趣人群，再持续通过 ECRM 定向优惠“发酵”转化效果，以此循环。

7.2.9 小结

引流款推广 30 天左右，基本就成型了，最低价也保持够了，通过快速报取活动，并将活动商品和利润款进行关联，提升店铺的 UV 价值……一波流程打完，良性循环，季末的时候用清仓来快速处理库存。

有时候我们发现引流款上新后，走不动，其实我们自己沉淀的粉丝要发挥作用（如微信、QQ 上的活跃老客户）。

Tips

鼓励老客户去做新品收藏、加购，然后转化，返现、奖励，再通过他们去手淘社区分享、微淘互动等，都可以快速让宝贝的人气上升，这些就是我们结合本书前面大多章节内容，融会贯通后的操作方法。

7.3 店铺划线式盈利点调整

我们很多人开淘宝店都是“想到就为之”，大多从零几年走到今天还屹立不倒的店铺其实刚开始也是这样想的，但那个时期有用户增长红利，就算自己怎么乱搞，店铺、商品漏洞百出，也依然不倒。

时至今日，淘宝品控的严格监察力度和国家相关法律法规的逐渐完善，使得平台电商不可能再像以前那样野蛮生长，而商品和类目随着时间推移也会越来越饱和。所以，大多淘宝店主开始理性地思考两个问题：

- 店铺今天的盈利点在哪里？
- 店铺明天的盈利点在哪里？

7.3.1 淘宝 / 天猫店铺财务管理工具

有人会说：“我做好店铺的流水财务报表就可以啦，清楚地知道店铺盈亏点在什么地方。”其实未必，比如，当我们开了一段时间直通车，30 天时间里花了 10 万元，那么接下来这 10 万元的回报期可能会比较长：有的当天买单转化走了，有的看到不错推荐朋友直接进店购买，有的收藏加购数日后购买，甚至次月购买，更有甚者关注了店铺，可能明年又看到了才进行转化。

所以我们要“清楚”地知道每个月店铺的 ROI 到底是多少，几乎不可能，也没办法明确地计算。对于很多中小业主来说，只要我们能保证每个月的流水是健康的，而且根据店铺的经营数据能够算出经营月营业额、毛利率的增长，就可以了。

这样我们就可以依据毛利比和成本控制在某一个着力点发力，让表现很好的渠道表现得更好，让卖得很好的商品卖得更好，这也刚好符合淘宝的商品展现逻辑。

笔者经常被学生问淘宝店应使用什么样的第三方财务软件，其实专业的财务软件不少。

现在很多传统知名的财务软件服务商都已经开发出了淘宝店专用的服务端软件，如中小卖家适用的"管家婆"，中大型卖家适用的"金蝶"等，而这些软件对于不具备财务知识的卖家来说，使用起来，势必会有一些障碍。

淘宝最了解自己的卖家，深知自己的卖家在财务知识方面的储备和财务规划上的态度，所以不太可能在短期内给予卖家非常"专业化"的财务账本类工具，而是给予卖家更多的报表来进行意识上的"普及"和"过渡"，包括直通车报表（分关键词报表和定向报表等）、钻展报表、麻吉宝报表、阿里妈妈工具报表、淘宝客报表和生意参谋报表……

所有的报表基本都支持导出为Excel格式，以便卖家再次加工后快速形成自己所需的表格数据。笔者也经常被学生问"有没有店铺发展计划书"之类的，其实如果你自己都不清楚自己类目的未来规划方向，拿个模板改了便用，那么意义真的不大。

如果拿着自己都不理解的计划书去说服合伙人，找投资人，那么恐怕结果都不会很好。我们这里所说的"店铺划线式盈利点"，对于大多数新手卖家来讲，理解起来会非常困难：淘宝的知识框架和应用工具太多，不是说每个单元有多复杂，而是之间的关联、叠加、蝴蝶效应太过明显，牵一发而动全身。

Tips

我们要尝试着去理解店铺的盈利点，也就要随着店铺运作过程不断地去理解很多的关键词背后的意义。

上一个章节里，我们提到引流款（活动款）和利润款的宝贝，有很多人的利润款打造起来后，会接到官方发出的旺旺邀请去参加某个活动，而本身作为店铺利润款的宝贝已经有了比较健康的流量（大多来自免费流量），如果贸然拿着这款宝贝去参加活动，跟这款宝贝分在一个坑位里的其他宝贝恰好都是低客单甚至性价比更高的商品，那么在活动后这款利润款宝贝的售后分势必会出现大批量滑坡，这款宝贝基本就作废了。

有时候要经得起诱惑，稳得住阵脚。这也是大多数商业书籍、电影电视，明明白白教给我们的真道理。

7.3.2　店铺流水

影响店铺流水最大的经营原因是买家确认收货的时间和效率，这与我们的客服工作息息相关。

笔者多次参加线下的南北卖家聚会，感受非常深：南方卖家的催付和售后重视度较低，这可能跟南方人做生意的性格有关系；北方卖家的催付和售后重视度较高，资金回笼速度较快，UV 价值明显也比南方卖家高。这可能是某些类目的个别现象，但是我们不得不正视这个事实：单个用户产生的价值（UV 价值）和售后手段的完善可以带给店铺更多的现金流支撑。

建议掌柜多看看自己店铺的回款数据，如图 7-22（生意参谋→经营分析→交易构成）所示。

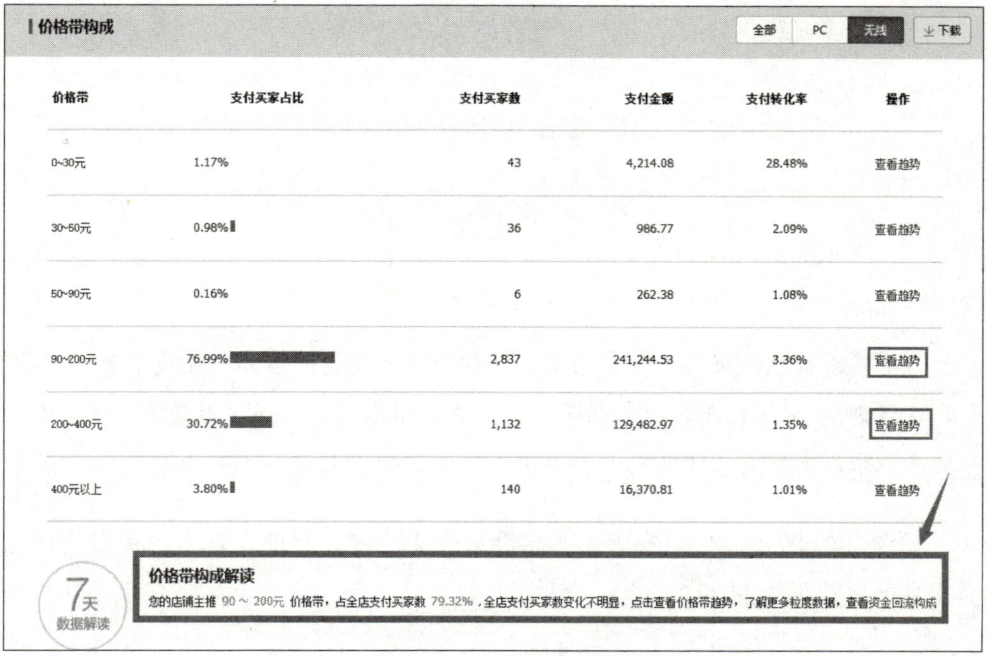

价格带构成　　全部　PC　无线　下载

价格带	支付买家占比	支付买家数	支付金额	支付转化率	操作
0~30元	1.17%	43	4,214.08	28.48%	查看趋势
30~50元	0.98%	36	986.77	2.09%	查看趋势
50~90元	0.16%	6	262.38	1.08%	查看趋势
90~200元	76.99%	2,837	241,244.53	3.36%	查看趋势
200~400元	30.72%	1,132	129,482.97	1.35%	查看趋势
400元以上	3.80%	140	16,370.81	1.01%	查看趋势

7天 数据解读

价格带构成解读

您的店铺主推 90 ~ 200元 价格带，占全店支付买家数 79.32%，全店支付买家数变化不明显，点击查看价格带趋势，了解更多粒度数据，查看资金回流构成

图 7-22　店铺价格带数据

如果我们的商品成交价格区段很集中，那么相对来说是比较稳定的。只需要在客服这块的工作上多做一些细节的改动，如提升一下催付成功率（提升 UV 价值最快），就可以把这个本身比较稳定的价格带稳固下来。

图 7-22 中的 90～200 元以及 200～400 元这两个商品客单区段，就是店铺经营流水健康的“划线点”。再来看看回款情况，如图 7-23 所示。

其实这家店铺的代收款项账期不算长，笔者见过比这占比更多，时间更长的，导致自己开直通车都用信用卡去刷。有时候我们可能运气不好，遇到一大批待确认订单，导致账期拖长。如果刚好遇上旺季预热期，手头比较拮据，那就真的惨了。

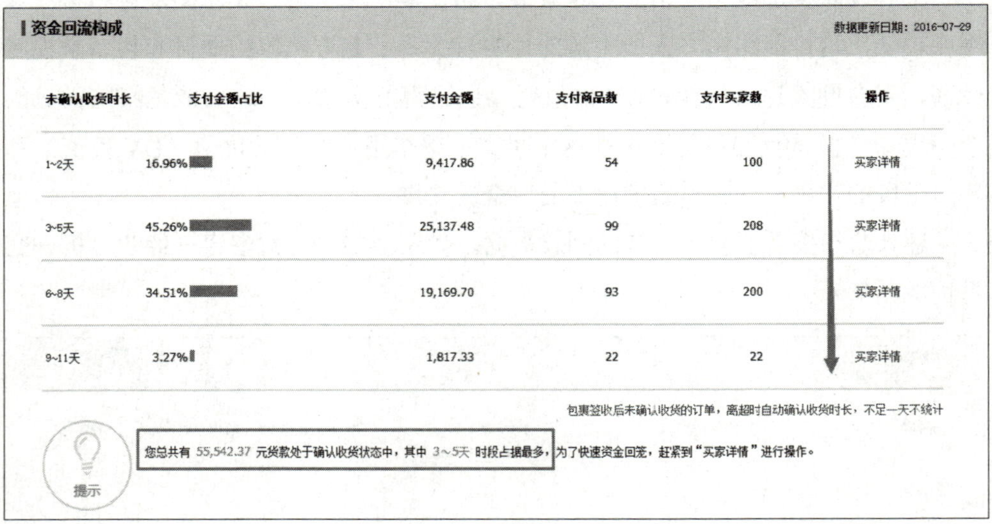

资金回流构成　数据更新日期：2016-07-29

未确认收货时长	支付金额占比	支付金额	支付商品数	支付买家数	操作
1~2天	16.96%	9,417.86	54	100	买家详情
3~5天	45.26%	25,137.48	99	208	买家详情
6~8天	34.51%	19,169.70	93	200	买家详情
9~11天	3.27%	1,817.33	22	22	买家详情

包裹签收后未确认收货的订单，离超时自动确认收货时长，不足一天不统计

提示　您总共有 55,542.37 元货款处于确认收货状态中，其中 3～5天 时段占据最多，为了快速资金回笼，赶紧到“买家详情”进行操作。

图 7-23　店铺资金回流数据

Tips

平时就应该督促客服养成良好售后的习惯，要询问客户收到货后的情况，其实这都属于 ECRM 的内容范畴。只有养成习惯了，客服也知道大多客户拖长店铺账期的原因，才会有好的方法和点子快速去改进、缩短账期。

如图 7-24 所示，生意参谋的“自助取数”功能，目前在官方的免费应用工具里功能是最强大的。

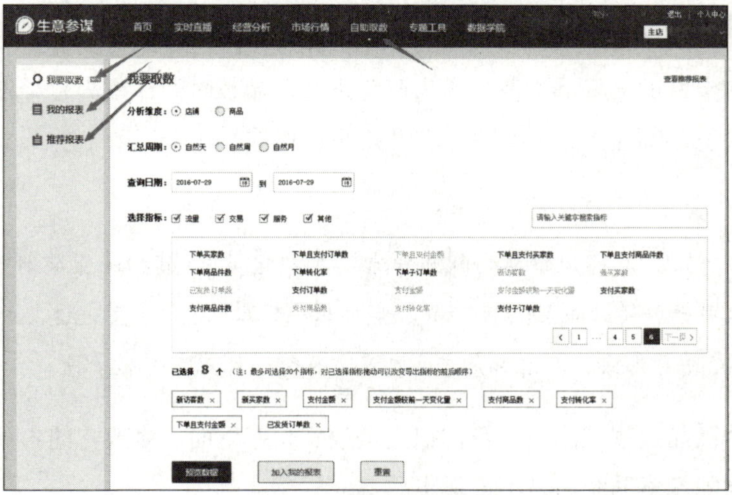

图 7-24　自助取数

目前支持取数品种 119 种（含店铺和商品）。对于大多掌柜来说，这些数据尽管还有待完善（部分数据含糊不清），却已经能够支撑我们的日常报表可取的常用字段。不用刻意随时盯着报表，一周取一次数据，一个月取四次数据。

养成良好的查看店铺经营数据的习惯，可清晰地找到店铺经营流水的“划线点”。用真实的数据制作的店铺发展规划，恐怕比任何的“设想”更具有说服力，也能增强自己对店铺和商品的认知和信心。

7.4　单品生命周期规划和时机掌握

每一个淘宝的商品都会对应唯一的宝贝 ID，如图 7-25 所示。

图 7-25　宝贝 ID

7.4.1 如何利用单品生命周期规划产品运营

目前淘宝网的大多品类商品，为避免出现单品长时间滞留高位导致消费者体验不佳的情况，都在上架 3 个月左右开始下调权重。

Tips

淘宝对商品是否是新品的判断非常简单：宝贝 ID 最初的上架时间（宝贝 ID 创立上架开售的时间）、宝贝标题、宝贝属性、客单价、主图。这些维度里面，只有主图是图片形式，其他都是文字信息，存储、比对都非常方便。

当一个商品违规或降权，我们把宝贝放到仓库里面，修改它的各项信息再上架，试图欺骗搜索系统，是不太现实的。

既然每个商品都有固定的"生命周期"，那么为什么还有很多店铺去年的爆款，今年依然火爆呢？这个概念又要谈到"千人千面"导致的店铺粉丝话题。其实我们要避免店铺单品出现下滑有很多种方法：

- 不断上新，替换旧款宝贝，保留原有商品爆款属性基础上，二次开发升级换代。
- 深挖店铺粉丝的活跃度，引导其不断协助分享单品，使得宝贝人气长期处于生长势头，适当时候辅以直钻（直通车 + 钻展）付费流量。
- 单品超过 3 个月后，可以采用站外淘客等其他较为直接的流量来延长其生命周期，但是要深知一个道理：流量来自哪里，效果就在哪里，权重也就在哪里。也就是流量来自站外，那么对搜索带来的帮助除了增长销量，也就只有提升转化率，转化率提升，自然而然对搜索就有间接帮助，可谓"延长"其生命期。同样的道理，我们也可以报取活动来"延长"宝贝的生命周期。
- "去年"的爆款，翻出来后，其实也可以当成一次"上新"，只不过很难打上新品标（不属于当季新品）。当我们的店铺粉丝数庞大（ECRM 里面看），自然就会有客户持续购买，特别是老客户权重非常高，这样我们就会误认为去年的爆款，又活了。

Tips

受单品生命周期影响调整的类目大多是需要换季或上新较为频繁的类目，如服饰等；而对于标品类目，如具有工业标准的电视机等而言，影响的因素相对就小得多。

7.4.2　季节性产品换季时机把握

非标类目的卖家往往比较关心一个话题：什么时候开始换季，换季的预热在什么时候？其实生 e 经的历史数据，交代很清楚。我们应该注意宝贝属性的变化来精确地分辨出“下一季”上新、预热、推广、销售旺季的时间。

如图 7-26 和图 7-27 所示，男装类目中 8 月和 9 月就是秋季的交叉月。

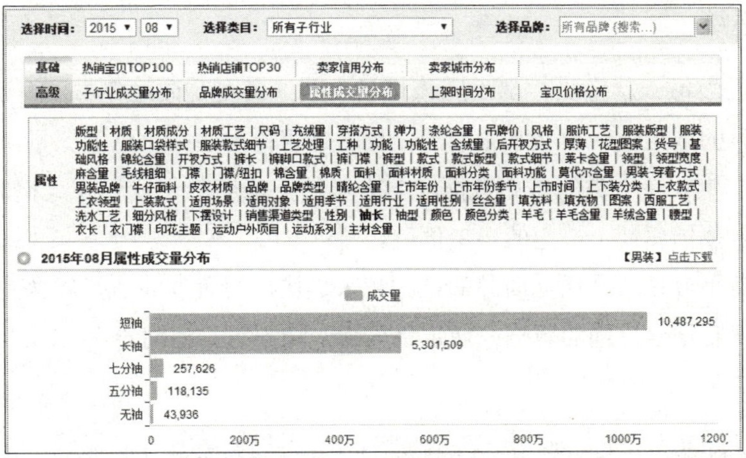

图 7-26　男装 2015 年 8 月数据

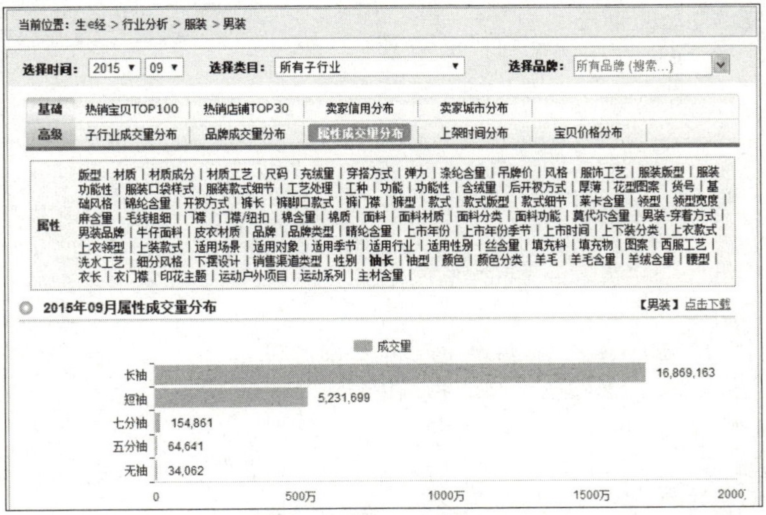

图 7-27　男装 2015 年 9 月数据

在生 e 经的行业分析里，通过查看子类目或通类，比对月份成交商品的重要属性，比如，面料、填充物、袖长、厚薄、适用场合等，再结合店铺去年和今年的成交数据和我们直通车的一些天气数据（如直通车定向数据里的当月“天气人群”测试数据），很容易就判断出接下来几月几号我们要上新秋款，颜色、条纹等属性应该怎么选择。

别等到大批同行的换季新款都已经预热差不多了，再匆忙上新，基本上推广的关键词权重等已经赶不上了，只能“高价吃进”拼命追赶。

7.4.3 小结

店铺里面每一款宝贝，都不应该盲目上新（甚至是碰运气），都应有较为精准的功能目的或定位：要么拿来引流，要么拿来抢对手某个款的流量，要么拿来做利润款。生 e 经一类的历史数据（如去年的）能够给予我们在大概时间段内，宝贝的平台热销属性上一定的参考价值。

但随着平台打造品质化商品的进程越来越快，消费者的消费理念慢慢趋于稳重，我们就要结合店铺的数据来做定量分析，切不可一概而论。

Tips

只有科学化地布置商品，清楚地知道店铺短期亏损的意义，知道应落实在哪些单品上，知道盈利节点在哪个时间段，哪些商品上，才能让自己的淘宝生意做得安心、顺心。

第 8 章

常见问题摘录

笔者从事淘宝运营和培训多年，接触的人形形色色。需要培训的人大多对淘宝的规则理解不透，或者因个人原因无法接触一些核心的变化，也无法结合自己已有的经验快速判断变化的目的和选择应对措施。

其中有不少传统业主、企业家、家庭主妇等，因各自的经历不同、履历不同，所以向我提的问题稀奇古怪。

在这里，我把一些比较有参考价值的问题摘录在本书中，希望能给你解惑。

8.1 规则类问答

问：一个店铺最多可以刷多少单？

答：一个店铺最多允许有 3 次“承认自己错误”并进行“清洗”的机会，上限是 1000 笔订单。这 3 次机会是指从 2015 年 5 月 26 日新规实施开始到当前，如果在店铺的“体检中心”出现涉嫌虚假交易的订单，系统就会提示你“是否要清洗”，点击清洗即意味着你自己承认是刷单行为，并使用一次系统提供的“自检”机会。提这个问题的时候，可以问一下自己：今天的我们，一定需要通过刷单来提升自己商品的曝光度吗？且还能行得通吗？

问：商品做淘宝客活动，打折后的价格是 9.9 元，活动完后提价到 100 元销售，这样会不会出现什么问题？

答：9.9 元到 100 元导致商品价格提高了 10 倍以上，该产品近一个月的销售数据是不计入的，会被删除处理，所以该商品在提价的时候不能超过 99 元。

问：一款产品后台查到近一个月交易成功 93 笔，并且全部已收货，但是搜索结果页却显示只有 59 人收货，为什么？

答：搜索结果页面展示的只有 59 人收货是代表单个账号购买的数量。在规则中我们可以看到：一个账号在 14 天内购买你的商品，多次订单最终只能算作一个有效订单评分，即只会计入一次收货成功。另外还有一些订单可能由于系统的更新时间的问题处于未更新状态。

问：发货时单号填错了，第二天才发现没有物流信息，改不过来了，买家已经收货了，但是因为错误单号没有物流信息怎么办？

答：打电话给淘宝客服求助解决，打过去拨 6，然后说咨询如何开店，就会接到人工台。

问：怎么判定宝贝被降权了？降权的宝贝如何恢复？

答：降权分为两种，一种是系统会提示告知你某个商品被降权，一般会同时伴有扣分提醒（有时提醒扣 0 分）；还有一种是你的商品因为客单价、抽检不合格等情况降权。你要确认商品被降权很简单：从感觉商品转化等变少开始就要通过生意参谋进入单品分析查看宝贝的“来源去向”，观察 1～3 天基本就知道哪里的流量少了，如果搜索的少了，关键词流量呈现腰斩的势态（而本身有少量的转化或收藏、加购还不错），那就可以肯定是被降权了。被降权的宝贝没有“恢复”的说法，只能说怎么挽救它。如果售假导致降权，就尽快下架甚至删除商品。非售假导致的降权，一般不会影响其他宝贝，那么你可以尝试用直通车来推广（如果还有直通车推广的权限），客单价较低的商品可以尝试通过官方试用的活动导入大量的健康流量来尝试“洗白流量”。

问：无线端宝贝标题在 APP 显示都是短标题，能否自由编辑？

答：无线端宝贝标题是由系统自动缩减的，在排序逻辑里并不会因为被系统缩减而影响搜索，即你的宝贝标题还是 30 个字符，也会被排序检索。系统缩减的目的是为了适应手机屏幕，提供较好的用户体验。详细的缩减规则可以参考淘宝官方论坛相关帖子（bbs.taobao.com）。

问：个人店铺如何升级为企业店铺？要多少钱？

答：店铺升级是在不影响正常经营的情况下，将店铺的经营主体由个人变更为企业，同时保留店铺的经营数据（如淘宝旺旺名、信用等级、交易数据等）。店铺升级卖家必备资料：已认证的企业支付宝账户（未绑定淘宝账户，同时其关联账户绑定的淘宝账户必须没有淘宝开店记录），关系类型为法人、股东的相关资料。升级企业店铺需要缴纳服务费 190 元，店铺升级申请公示通过，申请人缴纳店铺升级服务费，费用主要用于淘宝审核申请人提供的申请信息，维护升级信息。如果店铺最终未升级成功，那么已经收取的费用不予退回。

问：因广告法被投诉后该如何处理（如何联系、举证等）？工商执法部门介入怎么办？

答：接到投诉后自查→举证→维权。自查：因广告法被投诉后，要先预判自己被投诉的相关词是否属于极限词，或者敏感词！并且进行全店排查，避免二次投诉！举证：优先阿里旺旺，其次第三方的沟通工具（类似 QQ，争取在旺旺上让客户体现出来联系哪个 QQ），阿里授权的录音工具保存录音（一定要提前做好准备）。

- 天猫会根据订单和双方举证进行核实，若是核实到买家以敲诈为目的，会以督促商家整改为前提，进行协调。
- 商家若是故意夸大描写，违反广告法，则会做出相应的警告，处罚会根据实际情况确定。

不管投诉到平台还是工商，商家一定要积极配合整改，端正态度。若是没有违反广告法，一定不要妥协，例如，“正品”可以提供品牌证明和进货证明等。遇事不要惊慌着急，要确保自己的商品和相关凭证无疑，态度明确，才不会让不法分子钻了空子。另外，买家在违背承诺中发起广告法投诉，投诉不会成立，但是，就商家违反广告法一事，还是会被追查，视违规严重程度商品可能会被下架、扣分等。

问：订单清洗时间是多久？已过期的订单还可以再清洗吗？

答：订单清洗有效期为 24 小时，已经过期的订单无法再操作清洗。

问：订单清洗之后，未完成的交易还可以进行吗？

答：可以的，订单清洗不影响交易正常进行。交易正常进行包含但不限于发货、确认收货等。

问：达人加 V 的“内容质量分”是什么意思？怎么达到 20 分以上？

答：内容质量分是系统评判的，分两个部分，一部分是图片质量分，图片只要分辨率高，没有牛皮癣，就能得高分，另一部分是文本质量分，这个是通过你的内容互动量判断的，评论、浏览量、点赞数都能提高文本质量分。

问：直通车正常开着为什么会被排查下架？怎么处理？

答：直通车被排查下架，要么是图片违规，要么就是直通车创意标题违规。现在直通车排查会直接告知你原因，比如，图片中放了“高仿”两个字被人工排查到，直通车创意标题中有“野生保护动物 XXX”等违规字样。若非严重违规，可立刻改正后耐心等待直通车恢复上线。

问：直通车自动化推广如何开通？

答：目前通过小二对部分店铺主动邀请或直接开通，如一些天猫旗舰店。我们可以多关注旺旺通知或者直通车站内信。没有开通的，继续等待邀请。针对账户欠费，近期没有推广的店铺不予开通，而已经开通却不启用的会被收回。

问：淘宝不让做“好评返现”，怎么办？

答：禁止的行为就不要去做。你的目的是为了活跃评论，给其他买家有力的参考，现在有哪个买家是“傻”的，会完全参考好评买东西呢？何不鼓励买家去晒图，给予一定的奖励呢？这就没有“诱导消费者好评返现”了。商家被投诉好评返现，是因为买家在“已买到商品”填写评价时有个选项叫作“卖家有无引导好评返现的行为”，你要改变的是不要去引导买家给好评，而应该鼓励买家参与各种互动。

其实很多问题属于规则类的问题，淘宝官方有专门的规则论坛，如 rule.taobao.com，对于新手而言，笔者的建议就是要去熟悉这些规则。同时，淘宝官方也有人工的云客服提供解答服务，大家有规则问题可以直接问。

问：一个电脑上挂了 4 个号，最近出现了这样的情况，今天 A 店生意好，B、C 、D 店订单就很少，明天 B 店生意好，A 、C 、D 店订单就很少，已经观察了将近一个月，都是这样，这是否和同一个 IP 有关系？或者有其他的问题？

答：淘宝不允许重复开店（商品一样、类目一样等），如果卖同类目或者相同产品，那么，建议店网分离，就是网络和店铺分离，分别对应。

8.2 技术类问答

问：是否应该针对手机端的下拉框去优化宝贝标题？

答：宝贝标题优化是个很严肃又庞大的系统工程，有很多掌柜优化一个标题都要花 1、2 天的时间，这个一点都不夸张，也有的掌柜优化一个标题只需要几分钟，这是类目和产品知识积累的经验，但是目前手机淘宝宝贝的标题还未独立化（仅仅进行了智能缩减展示），也就是现在宝贝标题手机端和 PC 端还是同一个，所以我们优化的前提是这个宝贝是否在手机端卖得很好或者这个宝贝是否在 PC 端怎么优化都起不来，要去手机端尝试。

当你的宝贝在 PC 端有流量或其他指标都还可以的情况下，按照手机端的搜索词优化宝贝标题，是不明智的，结果可能是猴子掰玉米两手空。手机端宝贝优化的选词跟手淘直通车选词差不多，你要关注点击率、竞争度、站内站外的展现量，在竞争度较小的区域里找到销量提升快的这类关键词进行优化。

标题优化并不是万能的，并不像个别人说的：“你标题都没优化好，宝贝表现一定不行……”或者说：“优化一下宝贝标题就能瞬间上首页。”尤其是在现在官方打乱排序原则以及直通车等付费工具的个性化人群匹配影响下，店铺层级和宝贝单品权重是需要互相配合、相辅相成的，绝不是你找到个“神词”，宝贝就瞬间“高大上”了。宝贝展示的“环境”是由你的宝贝权重和店铺层级甚至直通车等个性化因素影响的结果，标题优化的目的是让你的宝贝如果在目前的环境里“待得不舒服”（如转化低，比不过同级宝贝等），就更换掉核心关键词去“另外一个环境”里跟另外一些宝贝进行竞争或排序，或者丰富关键词，在“更多”或“更宽广”的“环境”里进行展示。所以如果你的宝贝真的通过标题优化达到了“更换环境”的目的，那么宝贝表现不好，瞬间就会没有流量或者流量大幅度减少。

问：我做了麻吉宝的活动，流量挺大，是来自哪里的？

答：麻吉宝是无线引流工具，淘内淘外都有流量入口，比如，手淘、支付宝和其他一些麻吉宝合作的 APP。手淘入口在我的淘宝→会员俱乐部→福利淘这个板块。

问：怎么看买家是不是从淘客链接购买的产品？

答：生意参谋实时访客可以看到访客来源，已经成交完成的订单，在淘宝客后台，效果报表中可以查看订单明细。

问：淘金币是否设置越高抵扣越好？

答：肯定不是。两种情况适合设置淘金币高抵扣，其一是参加淘金币活动（很多都是 30% 抵扣起），其二是你想快速地收获很多淘金币到你的“卖家淘金币账户”，然后来做一些签到送淘金币等店铺淘金币活动。买家淘金币账户和卖家淘金币账户分别是两个不同的账户，一个是你作为卖家的淘金币账户，另一个是你作为“买家”领取淘金币的账户，请区别开。

在手淘 APP 主搜里，你设置 1% 淘金币抵扣和设置 99% 淘金币抵扣不会有什么加权不同的说法，只要设置淘金币抵扣，就会有相对多一点的“展示机会”，仅此而已。当然，还有一种可能，高抵扣淘金币的购买者一般是老买家，如一些黄钻级买家，因为他们的买家淘金币账户里的淘金币才足够来支付你设置的“高抵扣淘金币”商品，钻级买家对你的销量权重会有帮助（如评价等），但话又说回来，你的宝贝如果本身权重不高，排序靠后，那么又有多少“钻级”买家能够找到并且有足够多的钻级买家支付呢？

问：企业店铺是否会额外加权？

答：企业店铺基本就是夹在集市店铺和天猫店铺之间的一种形态。从企业店铺的权限来看（如可以直接开直通车，可以介入“中国质造”、“极有家”，可以直接投放钻展，可以直接报活动等），它更像一个“皇冠集市店铺”。你如果想通过企业店铺获得更多的自然流量，这个想法就不切实际了，但是你想快速地上路，通过企业店铺去运营较好的商品，这是可以的，毕竟在企业店铺的 Logo 下，消费者的感受跟传统的集市店铺还是有些不同的。

问：手机淘宝宝贝详情页一次性更换完，是不是会被降权？

答：区别对待，对销量比较好的宝贝，谨慎点（局部更换详情页内容）是好事，以防被误判为偷换宝贝。原则上只要你在修改宝贝详情的时候不去动宝贝的属性甚至 SKU，官方不会不让你优化详情来提高转化率的。当然了，如果你更换的详情页压根就不是原来的宝贝，变成了一个新的商品，那么这摆明了就是“偷换宝贝”。对销量低点的宝贝，也不能毫无忌惮地去随意“替换”详情页内容，理由很简单，尽量避免偷换宝贝，幸运逃过的概率比较低。当一个宝贝的详情更换完毕后，如果它有流量进入（宝贝被搜索展现），转化或收藏提升了，那么宝贝会越来越好。如果更换后宝贝转化、收藏等都降低了，那就意味着宝贝的某个或某几个维度权重被削弱或清零了，展现理所应当也会降低。这就是宝贝更换详情后搜索找不到了，你以为可能被“降权”了的原因。

问：直通车质量得分如何提升？已经 8 分了如何提升到 10 分。

答：前期通过无线端或 PC 端单独投放，采取单独的出价策略，控制地域和折扣时间，一张还不错的图，基本质量分都可以到 8、9 分，部分还可以到 10 分，但是当我们点击率没有超过行业很多的情况下，质量分保持这个投放就很难提升了，这个时候就该考虑数据量，也就是点击量了，逐步扩大地域、时间，获取更多的展现、点击。

问：据说钻展要和直通车合并，不开钻展意味着以后就没有流量？

答：钻展普及率确实不如直通车，这是事实。直通车本身这一年多的变化很多都在往钻展方向靠拢，如定向，这也是希望中小卖家在做直通车的同时慢慢熟悉钻展的功能，即便直通车的定向等功能直接合并到钻展里面，也没什么好惊讶的。官方当然希望钻展能分担直通车的业绩压力，但是大多的中小卖家觉得钻展很难，难在很多店铺没有“意识流”的美工或品牌策划能力，这是实际的具体情况，没有办法！其实钻展并不像我们大多卖家理解的那么“复杂”，因为大多数人接触少，就觉得神秘，就会觉得不可理解，这也是为什么大多的培训机构不讲解钻展的原因，因为听不懂！

钻展 4.0 四川官方推广会中，笔者作为主持人参加。阿里妈妈钻展小二和官方指定的钻展服务商都讲了很多的干货和具体实操，但是现场几百号人鸦雀无声回应寥寥。笔者只好跟现场的“领导们”解释“四川人比较内向，不熟悉的情况下一般不怎么说话，熟了就话多”……其实这就是钻展用户的现状。某些小类目的商家（直通车关键词较少），笔者建议尝试一下钻展，也许你投入的金钱压力还没有直通车大，获得的效果可能比直通车好得多，而当前手淘钻展也在积极地寻找更多的投放位置乃至向其他 APP 进行扩展，我们怀着一颗平常心去看待变化吧。

问：直接改动宝贝客单价后为什么流量全无？怎么挽救？

答：商品客单价如今（特别是手淘）是很敏感的，尤其是店铺的大多数热卖商品客单价区，一个已经发生了转化、收藏、加购等行为之后的商品，会影响很大一片人（即覆盖人群），宝贝即有了较好的展现。而一旦改换商品客单价，商品会更改它的展示场景，也会影响已覆盖的人群，流量全无就很正常了。如果更改的时间较短，那么建议立即改回原来的价格；如果更改的时间已经超过 48 小时，就别折腾了，当新品重新来培育吧。

问：直接更换宝贝主图后没流量了，怎么办？

答：更换宝贝主图一是怕被判定为偷换宝贝降权，二是怕展示场景发生变化

（比如，有的宝贝本身是白底，符合“猜你喜欢”抓取逻辑，经常在“猜你喜欢”出现，流量巨大），所以建议大家要更换宝贝主图，先把宝贝主图放到后面几张（第二张或以后），观察1～3日，如果流量没有明显下跌（主要是点击、转化、收藏、加购维度带来的），那么再切换到第一张。今日的点击决定明天的展现，就是这个道理。已经更换了，流量也没了，处理如上个问题：更换时间较短，立刻改回去；更换时间较长，已经流量全无，当新品来培育。

问：生意参谋里面的“爱上聚划算”指数是什么意思？

答：是根据你的商品动销比和流量情况综合模拟计算出的一个指数数值，最高分值为100分，有5个档位。指数值越大，商品报名“聚划算”的可能性越大。

问：什么是店铺（覆盖）人群？

答：ECRM里面有临近的解释，店铺会员为购买过的人群，搜索人群指搜索过的人群，店铺（覆盖）人群就是指介于店铺会员和搜索人群之间的人群。

问：如何让宝贝长期在手淘的模块“必买清单”里面展示？

答：商品通过达人的推荐后，会在某一个时间段展示在“必买清单”中，不会长期存在，手淘现在的模块里面，只有一个位置会让你的商品“长期”存在，就是“有好货”，但是也不会一直显示在比较靠前甚至首页的位置，只有在达人推荐的时间段出现这种情况。

问：我的宝贝以前在下架时间段的流量比较好，为什么现在下架时间段反而不好了？

答：现在很多商品在手淘端的流量占比高，宝贝上下架影响流量的说法主要针对PC端，而手淘受千人千面的影响，所以上下架时间段流量高峰这种说法在手淘不适用，即效果不会太明显。宝贝流量不好应该是之前一天的宝贝转化、收藏、加购等指标有所下降，导致第二天的展现不好，你自己把这个原因归结到上下架了而已。

问：手淘千人千面，用什么软件能查询到宝贝在关键词里的排名？

答：手淘没有准确的排名，因为每个人看到的结果都可能不一样，所以就算官方的软件，如直通车里面提示的排名都是预估排名，并不是完全精准的。从这个意义上来讲，就不存在第三方软件能够做到精准排名的说法了。

问：买家投诉我恶意电话骚扰，如何举证？

答：证明跟你店铺主号绑定的相关电话号码是哪个号码（如店铺使用的支付

宝账户绑定的手机号），没有对买家手机号进行多次的拨打（如通话清单），并备注我方的立场："我们是做正当生意的，诚信经营，并无恶意骚扰买家、扰乱市场秩序的行为。"

问：因为出去休假，直通车停了一段时间，回来后质量分都下降了，怎么办？

答：直通车计划有权重，账户也有权重，停止投放，就等于跟同行缴械投降，放弃竞争。建议以后要出去也要留最低额度（如 30 元），让它烧着，当然现在来说直通车花费减少肯定也会影响之前的质量得分。你现在已经降下来了，如果低于 5 分的就可以考虑直接删了重新加词，甚至新开计划重新来。

问：在生意参谋哪里可以找到无线端和进店的关键词？

答：生意参谋→经营分析→商品效果→选择需要查看的单品→单品分析→选择无线端→页面下拉→关键词效果分析。

8.3　意识类问题

问：为什么麻吉宝、店铺宝箱这些访客很多，但是转化不好呢？

答：这些都是无线引流的工具，有一定奖励吸引，人群并不精准，所以选择推广方式要根据自己的需求来，需要引流、收藏、加购、还是转化，分别选用对应的工具和渠道。

问：优惠券的推广范围如何选择？

答：自主推广就是你作为卖家自己推送，公开推广就是平台推送，渠道专享就是如互动平台、阿里妈妈专享之类的专用优惠券，根据自己推广需要进行相应的选择。

问：店铺多类目商品经营是不是会被降权？

答：降权是没有道理的，官方没说过不让你开个"杂货铺"，只不过商品类目繁多，会导致主营类目不集中，中后期开直通车，报活动是无法进行的。

问：钻展 CPC 和 CPM 怎么选？

答：大致来说 CPC 是点击付费，定向方面核心人群最精准，一般来说智能投放就可以拿到比较好的点击，一天投入门槛低；CPM 是展现扣费，图片非常重要，因为点击不高钱也会花掉，定向店铺或智能投放的核心人群最为精准，但是一天最少投放 300 块。更详细的可以在钻展后台看说明来选择自己需要的推广方式，也可以设置两个计划来对比效果。

问：手淘直通车开了就有流量，不开店铺就没流量？

答：付费推广流量是店铺流量的一部分，也是所有的店铺在突破红海竞争或在蓝海区域快速确定优势中取得流量的有效途径。手淘直通车现在鼓励大家去投放，所以会在搜索上给予一些关键词人群匹配或者扶持流量，如果掌柜店铺的自然流量因为没有做好相关的指标，导致自然搜索方面的大多维度权重被稀释或清零，那么手淘直通车基本处于“推了就有，不推就没有流量”的状况。你要做的不仅是要开“手淘直通车”，还要注意观察跟这些关键词相关的自然流量，再次激活带来的这些流量比春雨更贵如油，珍惜之，转化、收藏、加购以及收藏和加购的转化率（后续多做定向优惠）都要跟上，才能带来后续更多的健康自然的流量。

问：店铺因为售假被扣了28分，活动报不了，还能通过什么方式提高销量和曝光量呢？

答：售假扣分的店铺属于严重的不诚信经营店铺，扣分清零会延长2年，而且基本上没有自然搜索，如果坚持做这个店铺，那么建议做微淘和社区的流量，以及店铺联盟来获取一部分流量。

问：是不是店铺里的每一个宝贝都要制作手机详情页？

答：没必要。你店铺里有些宝贝可能在PC端表现很好，也可能客单比较高，它也许根本不适合在手淘进行展示或购买，有些没有设置手机详情页的宝贝在手机端卖得也不错呀！所以，没有绝对的事情。之前官方说2014年12月31日前制作手机详情页的宝贝手机端都会加权，这是为了鼓励大家去做手机端，现在手机端已经拼得你死我活了，这种每个宝贝做详情的事情就可以不用那么刻意了。

问：找淘宝客或找达人推广，一直不理我，怎么办？

答：谁的时间都宝贵，更别说靠效率吃饭，时间比黄金珍贵的“中间人”了。一是要改变沟通的习惯，不要一打招呼就是：“你好，在不在？”而要简而言之、单刀直入，直接告知对方你是谁，你有什么商品要推广，需要多少销量，什么时间段完成，佣金多少，现在宝贝人气如何。二是要耐心，多找、多聊。

问：我是一家不太知名的线下品牌服饰商，我能否直接授权给一个代运营公司帮我运作淘宝店或天猫店？

答：代运营现在处在危急时刻，包括阿里妈妈APM认证的第三方合作代运营机构。并不是说代运营都不合格、不专业，代运营这个服务类型本身风险较大，受市场，商品，商家配合度，投入资金、精力、人脉等影响。从品类的专业角度来讲，如果代运营的团队能够支撑其服务强度，而且能够跟你处在同一个城市（沟通、协调都较为方便），那么选择一家人品比较好、口碑较佳、不吹嘘成绩、不喊口号的代运营公司也不是不可以。但是这种中彩票般的概率，你真的敢去赌吗？

问：现在方正字体会被投诉，该用什么字体？

答：知识产权投诉的话，立刻修改描述里面的方正字体，申诉的时候随意填写一个理由就可以了，建议不要使用方正系列特征明显的字体。可使用华康系列字体，天猫已经购买了版权。具体你想要使用什么字体，这个应该遵从你和你家美工的审美，也要符合商品特性。

问：怎么看我的文案有没有新广告法违禁词？

答：不能有虚假信息和夸大宣传，尽量避免绝对化语言，准确如实地描述产品。具体可以在淘宝服务中心（sellerhelp.taobao.com）查看违禁词和虚假宣传管控的公告。

问："最后一天"这种词违规吗？

答：这种词本身并没有什么问题，谈不上违规。但如果使用了这种词，说明自身对价格做了承诺，就需要严格按照承诺履行，第二天不能还持续这个价格。

问：现在极限词投诉太严重，我在描述中写"买 2 赠 1，送其中最低价的产品"，这个"最低价"违反广告法了吗？

答：在这个具体的语法应用场景中没什么问题，投诉也不会成立，但是建议把这些写清楚，比如，直接写赠送哪一款，避免误导客户，也避免故意找茬的人找事，给自己徒增烦恼。

问：您怎么看待微商这个销售渠道？淘宝店结合微商有戏吗？

答：淘宝为了鼓励卖家把微信的流量引进来，开发了一系列的产品，包括微海报、淘口令、分享有礼等。任何能够产生成交的场景，都是好场景，微信朋友圈自然不例外。通过微商引导客户到淘宝店成交，当然是受淘宝欢迎的，也能快速给宝贝带来不错的权重。其实不仅微商，EDM（邮件营销）、短信营销、电话营销（在不恶意"骚扰"他人前提下），都是不错的营销手法。

问：我的直通车关键词有 100 个展现了，10 个点击，10% 点击率，为什么质量得分是 7 分，不是 10 分呢？

答：光有点击率是不够的，要结合点击量来看。比如，跟你竞争这个关键词的竞争对手日常的展现量都有 1000 甚至更多，点击量有 100 个，点击率还是 10%，但他们的质量得分就比你高一点。同时，点击率只是影响直通车关键词质量得分的一个重要指标，关键词带来的点击转化、收藏、加购、收藏和加购的转化率以及售后，甚至宝贝详情页打开速度、旺旺回复速度，都会影响直通车质量得分。

问：有达人主动联系我，说五千元包我的宝贝上淘宝头条，靠谱吗？

答：不靠谱，再骚扰你可以直接举报他。

问:我通过阿里 V 任务找达人给我的产品做推广，但是没什么效果，为什么？

答：达人负责通过拥有的渠道给你推广，带来流量，最终的绝大部分转化还要看你的产品。

问：会不会有淘宝官方的手淘资源活动主动联系我们啊？

答：官方活动位最好通过官方招商渠道进行报名，而且小二一般通过旺旺跟卖家沟通，可以看到阿里工作人员的标识。

问：有买家大量拍下订单不付款怎么办？

答：C 店等待买家付款状态的订单，卖家均可自行关闭，天猫商家主动关闭未付款订单，买家可以发起违背承诺的投诉，不建议卖家自主关闭订单。集市和天猫商家均可在商品详情页面设置付款减库存，避免被恶意拍单，规蜜也可以做异常订单预警和投诉。

问：为什么我不能在手淘的社区圈子中发言？

答：社区圈子是买家交流的地方，跟卖家没关系，想玩就用买家账号。

8.4 啼笑皆非类问答

问：我是个算命先生，能否在淘宝开店算卦？

答：笔者见过有人在淘宝开店卖“符文”，如平安符等，也有一些不良分子，出售一些带有封建迷信的物件，但是基本都逃不过淘宝平台商业规则的整治。目前淘宝并没有开设“算卦”这类单独的服务项目类目。

问：能否帮我推荐一个别人注意不到的，又能比较快赚钱的类目？

答：淘宝被称为“万能的淘宝”，几乎我们能够触摸到的商品在淘宝都可能有售，别人“注意不到的，还能快速赚钱”的类目不是没有，只是太少了不被注意到，就意味着可能连搜索的人都没有。我们并不是要去开发或寻找一个蓝海的类目，而应该去寻找在热门的类目里的细分子类或扩展商品，比如，下沉到现在比较火爆的母婴类目和农产品类目里面。

问：现在是 7 月底了，我上新的秋装怎么一点儿反应都没有？

答:7 月底作为秋装类目的上新预热期，是开始上新并预热，并不是开始卖！这个阶段上新的应季产品注重的是点击、收藏、加购这些维度，并不是转化。还没到消费季节，消费者为何急着买单？

问：我的店铺为什么没有流量？

答：问这种问题，建议自己先去看看店铺流量结构，以图的形式来问。

编后语

淘宝技术日新月异，唯一不变的是“每天都在改变”，不要迷信某一个技术手段，参考即可。淘宝运营类知识分类众多，给新手的建议：先挑选自己觉得较为感兴趣的，容易上手的学习、运用，学了马上就动，而不是拿去慢慢跟别人讨论。类目不同、商品不同、店铺不同，操作的手法也需要改变。淘宝发展到今天，在知识框架上已经分不清“先后”，不存在先看什么，后看什么，也许，你熟练掌握某一个细节，发挥到极致，就能制胜。

因为在写作的过程中，淘宝也在不停地变化，所以很难说此刻写下来的东西，当你看到这本书的时候，方法还适用，希望你能够归纳其中的方法，去寻找适合自己类目、商品的技巧。笔者在几年的淘宝教学过程中，接触过太多“小白”学员：一味追求效果、目的。笔者曾半开玩笑地跟身边的人说：“这类学员没必要跟他讲太多，你讲越多的道理，他越会觉得你不靠谱，让他去碰壁、试错，走了一回弯路他才会有耐心停下来思考。”也正是许多对淘宝有着“赚快钱”想法的人，才会给那些靠数据、吹嘘的“大神”、“大咖”们赚钱的空间和土壤，而“上当受骗”的往往是荷包里并不宽裕的可怜卖家们。

所谓的“风口”，大多都是为准备充足、追求细节制胜的人或团队而生的，那些不需要太高门槛即可空手套白狼、快速赚钱的门道，有几个经得起推敲，经得起验证？相信自己，不要盲从；不忘初心，方得始终。

2016 年 8 月 2 日，于成都